Claudine Kirsch
Jeudi, le 22 juillet 2004
PARIS

Du cinématographe

DU MÊME AUTEUR
CHEZ LE MÊME ÉDITEUR

Clair-Obscur
La Belle et la Bête, journal d'un film
La Difficulté d'être
Lettres de l'oiseleur
Le Sang d'un poète
Le Testament d'Orphée
Poèmes, appoggiatures et paraprosodies
Théâtre de poche
Entretiens sur le cinématographe

Jean Cocteau et André Fraigneau
Entretiens

JEAN COCTEAU
DE L'ACADÉMIE FRANÇAISE

Du cinématographe

Textes réunis et présentés par
André BERNARD et Claude GAUTEUR

ÉDITIONS DU
ROCHER
Jean-Paul Bertrand

REMERCIEMENTS

Pour cette troisième édition, revue et considérablement augmentée, nous remercions tout particulièrement :
Monsieur Pierre Bergé, Président des « Amis de Jean Cocteau », toujours attentif à bien servir l'œuvre du poète.
Notre sincère reconnaissance à Pierre Caizergues, Pierre Chanel et Lucien Clergue pour leurs très amicales contributions.
Notre gratitude à Élizabeth Perez et le Fonds Jean Cocteau de l'université Paul-Valéry de Montpellier, à François Amy de La Bretèque et à Jean Touzot pour leurs précieux apports.
Merci aussi à Marie-Flore Bernard, Pierrette et Thierry Bodin, Danièle Lacaille, ainsi qu'à Claude Séférian pour leur amical concours.
Une reconnaissance particulière pour ceux auxquels nous devons la première parution de cet ouvrage en 1973, Pierre Belfond et Édouard Dermit.
Pour leur collaboration dès la première heure : Roger Commault, Louis Demay, Jacques G. Perret et Jean Petithory.
Merci enfin à la Bibliothèque de l'Arsenal, la Bibliothèque de l'Idhec, la Bibliothèque nationale et la Bifi, *L'Avant-Scène Cinéma*, *Les Cahiers du Cinéma* et *La Revue du Cinéma*.

A.B. et C.G.

Tous droits de traduction, de reproduction et d'adaptation réservés pour tous pays.
© Éditions Belfond , 1973 et 1988, pour les première et deuxième éditions.
© Éditions du Rocher, 2003, pour la nouvelle édition revue et augmentée.
ISBN : 2 268 04759 8.

« CINÉMA, nouvelle muse. »
(*Poésie*, 1920.)

« Ma prochaine œuvre sera un film. »
(*Opium*, 1930.)

« Hé oui, me revoilà.
On n'en a jamais fini de se dire au revoir. »
(Post-scriptum au *Testament d'Orphée*, 1960.)

Jean Cocteau aimait à répéter qu'il était un faux cinéaste, que le cinématographe n'était pas son métier, qu'il se servait du film comme d'un véhicule lui permettant de *montrer* ce que le poème, le roman, le théâtre ou l'essai ne pouvait que *dire*. « Si je ne m'occupe pas de cinéma, déclarait-il en 1923, c'est que j'ai fourni mon effort ailleurs et qu'il faudrait s'y consacrer exclusivement[1]. » De fait, il a tourné son premier film en 1930, son dernier en 1960. Entre les deux, une inactivité de presque deux fois dix ans, une activité de dix ans (1942-1952).

André Gide « a fait croire, protestait-il trente ans plus tard, que je profitais des modes successives alors que je les combattais au contraire, tantôt par le livre, tantôt par le théâtre, tantôt par le film. En réalité, je n'ai fait que tourner et retourner ma lanterne pour éclairer les faces diverses des thèmes qui me poursuivent : la solitude des êtres, le rêve éveillé, l'enfance terrible, cette enfance à laquelle je n'échapperai jamais[2] ».

Thématique, esthétique constamment revendiquées. Dès 1925, le futur metteur en scène de *La Belle et la Bête*, le futur adaptateur de *La Princesse de Clèves* (qu'il a caressé de réaliser lui-même) écrivait dans *Le Secret professionnel* :

« Rien ne dérange plus que l'aristocratie, quelle qu'elle soit. Un livre comme *La Princesse de Clèves*, dans l'ordre social, est un chef-d'œuvre du genre. Ce conte de fées, divin, humain, inhumain, jette une terrible vulgarité sur les romans qui dépeignent ce que Tolstoï nomme : les hautes sphères. À côté du

---

1. À Frédéric Lefèvre, *Les Nouvelles littéraires*, 24-3-1923.
2. À Gabriel d'Aubarède, *Les Nouvelles littéraires*, 12-2-1953. Gide souhaitait néanmoins que Cocteau fît la mise en scène *d'Isabelle* (cf. *Journal d'un inconnu*, Grasset, 1953, p. 113).

livre de Mme de La Fayette, le monde des meilleurs romans devient du demi-monde[3]. »

Toujours dans le même ouvrage, le futur baron fantôme, le futur cinéaste d'*Orphée* et du *Testament d'Orphée* cette fois consignait cette image :

« Le poète ressemble aux morts en cela qu'il se promène invisible parmi les vivants et n'est vaguement vu par eux qu'après sa mort, c'est-à-dire, si l'on parle des morts, lorsqu'ils apparaissent sous forme de fantômes[4]. »

Thomas l'imposteur lui avait inspiré ce parallèle :

« Le cinématographe devrait dérouler une psychologie sans texte. J'essaie, avec *Thomas*, de dérouler un texte sans psychologie, ou si rudimentaire qu'elle corresponde aux quelques lignes explicatives d'un film modèle. Analyse du faux roman nu et paysages du faux roman descriptif se valent[5]. »

Et décrivant le décor de Picasso pour *Pulcinella* de Stravinsky, il décrivait sans le savoir encore la roulotte des *Parents terribles* épiée par une caméra indiscrète :

« Rappelez-vous les mystères de l'enfance, les paysages qu'elle découvre en cachette dans une tache, des vues du Vésuve la nuit au stéréoscope, des cheminées de Noël, *des chambres regardées par un trou de serrure*, et vous comprendrez l'âme de ce décor qui remplissait le cadre de l'Opéra sans autre artifice que des toiles grises et une maison de chiens savants[6]. »

Ouvrons *Portraits-Souvenir*. Ici, « l'intimité d'Édouard de Max » évoque « plutôt l'intérieur familial d'une roulotte de romanichels ». Là, un archiduc d'Autriche s'écrie à propos

---

3. *Le Secret professionnel*, Au Sans-Pareil, 1925, p. 2. Repris dans *Le Rappel à l'ordre*, Stock, 1926, p. 177-178. Déjà, pour Mme Bernard, dans *Le Grand Écart*, « ses amours avec Jacques lui apparaissaient comme celles du duc de Nemours et de la princesse de Clèves. »

4. *Ibid.*, p. 89 et p. 252.

5. *Les Nouvelles littéraires*, 27-10-1923. Repris dans *Le Rappel à l'ordre*, p. 265.

6. « Picasso », in *Le Rappel à l'ordre*, p. 288. Souligné par nous.

d'un aigle abattu par un chasseur : « Quoi, il n'a qu'une tête ? » Ailleurs, la comtesse de Noailles ressemble à « Minerve, le front appuyé contre sa lance. Raide, inclinée, casquée, pareille au chiffre sept, elle médite[7] ». *Les Parents terribles, L'Aigle à deux têtes, Le Testament d'Orphée...*

Dans *Journal d'un inconnu* enfin, cet aveu :

« Le prestige du sang qui coule est étrange. On dirait qu'une lave de notre feu central cherche à s'y reconnaître. La vue du sang me dégoûte. N'empêche que j'ai intitulé un film *Le Sang d'un poète*, que j'y montre le sang à plusieurs reprises, et que le thème d'Œdipe, auquel j'ai eu maintes fois recours, est drapé de sang[8]. »

Ce serait, d'autre part, oublier que Jean Cocteau était déjà cinéaste avant même d'avoir tourné un seul plan. Pour Henri Langlois, « c'est dans l'enfance que le cinéma et Cocteau se sont rencontrés », Méliès précédant Minerve et lui ouvrant le miroir : « Le cinéma n'a pas attendu *Le Sang d'un poète* pour exister dans l'œuvre de Cocteau. Il est partout dans *Le Cap de Bonne-Espérance*, il s'est infiltré dans les vers de *Plain-Chant*, il est dans *Opéra*[9] ». Et dans *Le Grand Écart*, dont on peut s'étonner qu'à la différence des *Enfants terribles* et de *Thomas l'imposteur*, il n'ait encore séduit aucun cinéaste. Certes, les premières lignes ne semblent guère favorables au nouvel art, le septième selon Canudo (« Jacques Forestier pleurait vite. Le cinématographe, la mauvaise musique, un feuilleton lui tiraient des larmes », « fausses preuves du cœur » qu'il cachait « dans l'ombre d'une loge ou seul avec un livre », et non « larmes profondes », « vraies », « rares »), mais, en réalité, le jeune romancier découpe, met en scène, monte et mixe littéralement son récit.

Ainsi, ce passage d'un plan d'ensemble à un immense gros plan :

---

7. *Portraits-Souvenir*, Grasset, 1935, respectivement p. 155, 217 et 218.
8. *Journal d'un inconnu*, p. 178.
9. *Cahiers Jean Cocteau*, n° 3, Gallimard, 1972, p. 28 et 30.

« Aussi vite que sur l'écran du cinématographe se succèdent une femme petite parmi des groupes et le visage de cette femme en premier plan, six fois grandeur nature » et faisant la nuit autour de lui. Ou encore, cet échange de regards magnétiques, où alternent érotisme et narcissisme :

« Cette fois, le désir rencontrait une surface sensible et la réponse de Germaine était l'image même de Jacques, comme l'écran délivre le film qui, sans obstacle, n'épanouirait qu'une gerbe blanche. Jacques se voyait dans ce désir et, pour la première fois, sa propre rencontre le bouleversait. Il s'aimait chez Germaine. »

Ailleurs, le son et la couleur renforcent les déformations de l'image, les truquages :

« Jacques regarde la piste. Elle s'allonge et se courbe dans des miroirs déformants. La musique aussi change comme quand on s'amuse à écouter un orchestre en se bouchant et se débouchant les oreilles. Il voit Peter et Germaine, moines du Greco. Ils s'étirent, ils verdissent, ils montent au ciel, pâmés, foudroyés par les lampes au mercure. Ensuite ils roulent loin, très loin : une Germaine large, nabote ; Stopwell devenu un fauteuil Louis-Philippe qui lancerait ses pieds à droite et à gauche. Le bar tangue. Louise approche le visage flou des films artistiques. Elle remue la bouche et Jacques n'entend aucune parole. »

Un peu plus loin, se succèdent champ, contrechamp, surimpression (ou flash mental) et travellings latéraux :

« Louise, avec le même geste du menton (…), montre à Germaine le malheureux.

"Il se remettra", dit-elle.

Ce mot était humain dans le sens où la loi estime pitoyable la balle que l'officier tire à bout portant sur un fusillé qui respire encore.

"Une cigarette ?" offre Stopwell.

Charmante attention des hautes œuvres.

(…) dans l'automobile de Germaine. Jacques hissé, ballotté, sans force, voyait à droite et à gauche un décor trouble. Un profil : Mahieddine, l'Odéon, des affiches, le Luxembourg, la taverne Gambrinus, le bassin. On reconduisait Stopwell [10]. »

Il n'est pas jusqu'à l'image poursuivant le héros de ses deux amies endormies après l'amour, « enlacées comme des initiales », « reine de cœur sans robe », « idole hindoue à plusieurs membres », qui ne soit devenue un cliché ! On pourra donc les recouvrir de cette « écume de dentelles et de mousseline » prévue également par le poète, décidément toujours à contre-mode.

Quelle est la source de sa passion pour le cinéma, lui demande *L'Écran français* en 1946 : « Un film de William Hart (…) *Forfaiture* avec Sessue Hayakawa (…), les films de Chaplin [11]. » Dès 1919, en effet, dans *Paris-Midi* où il a carte blanche, Jean Cocteau recommande à ses lecteurs *Charlot soldat* et *Carmen du Klondyke* (« film disparu », dont « la beauté n'existe plus que par lui », souligne Langlois), appelant de ses vœux un « art neuf servi par un moyen neuf ». « En attendant ce régal, contente-toi de ce qu'on t'offre et cherches-en le meilleur [12]. »

Ce meilleur, il va le trouver, ce régal le faire partager, au fil des livres, faut-il le rappeler. Dans *Opium* (1930), il privilégie « trois grands films » : *Sherlock Holmes junior* de Buster Keaton, *La Ruée vers l'or* de Charlie Chaplin et *Le Cuirassé Potemkine* de S. M. Eisenstein, auxquels il s'empresse d'ajouter, dès qu'il les a vus, *Un chien andalou* et *L'Âge d'or* de Luis Buñuel. Il dit, en quelques lignes, dans *Essai de critique indirecte* (1932), son admiration pour Harpo Marx et Ernst Lubitsch. Pour Charlie Chaplin, en plusieurs pages, dans *Mon premier voyage* (1937), où il rapporte également, de passage à Hollywood, sa visite à King Vidor. *Le Foyer des artistes* (1947), sélection d'articles parus dans *Ce soir* et *Comœdia*, retient *Les Temps modernes*, *Tarzan*

---

10. *Le Grand Écart*, Stock, 1923. Respectivement p. 52-53, 58, 147-148 et 150-151.
11. *L'Écran français*, n° 68, 16-10-1946.
12. *Paris-Midi*, 28-4-1919. Repris dans *Carte blanche*, La Sirène, 1920, puis *Le Rappel à l'ordre*.

s'évade, *Les Anges du péché*, Greta Garbo dans *Anna Karenine* et *La Dame aux camélias*, Arletty dans *Madame Sans-Gêne*.

Telle était la partie visible de l'iceberg. Restait la partie cachée, ces multiples écrits autour du cinématographe, articles, préfaces, hommages, notes, qui demeuraient épars ou inédits, et que la mort avait empêché l'auteur, membre actif du Club des amis du septième art et d'Objectif 49, président d'honneur du jury du festival de Cannes et de la Fédération française des ciné-clubs, de rassembler et de présenter lui-même. Autre secret professionnel, autre journal d'un inconnu : l'écrivain de cinéma.

Jean Cocteau se méfiait de « l'œuvre de cinématographe », même si elle lui apportait les joies de l'artisanat et du travail d'équipe, « car l'hypnose où elle nous engage est telle qu'il est difficile de dire où elle cesse. Même alors que le film se détache de nous et, nous ayant dévorés, gravite d'une vie désinvolte, plus lointaine que celle des astres, notre machine lui reste soumise et ne se décrasse pas [13] ».

De cette hypnose témoignent durablement tant ses textes sur ses propres films que ses textes sur la poésie de cinéma, le cinéma de poésie, les cinéastes, les films, les acteurs qu'il a aimés, qu'il a aimé aimer. Où ses familiers le retrouveront fidèle à lui-même : ébéniste, et non point spirite ; en proie à la difficulté d'être et de créer ; toujours aux côtés des accusés, jamais du côté des juges.

André BERNARD et Claude GAUTEUR

---

13. *La Difficulté d'être*, Paul Morihien, 1947, p. 157.

BIBLIOGRAPHIE

Le lecteur trouvera des textes de Jean Cocteau sur le cinématographe dans *Le Rappel à l'ordre* et *Opium* (Stock), *Essai de critique indirecte* et *Portraits-Souvenir* (Grasset), *Mon premier voyage* (Gallimard) et *Le Foyer des artistes* (Plon), tous ouvrages sus-cités, et dans *La Difficulté d'être* (Paul Morihien, 1947 ; Plon, U.G.E., 10/18, 1964), *Maalesh* (Gallimard, 1949), *Lettre aux Américains* et *Journal d'un inconnu* (Grasset, 1949 et 1953), ainsi que dans *Le Journal de la Belle et la Bête* (J.B. Janin, 1946 ; Le Rocher, 1958), *Le Sang d'un poète* (Robert Marin, 1948 ; Le Rocher, 1957), *Orphée* (La Parade, 1950), *Le Testament d'Orphée* (Le Rocher, 1961) et le reportage de Roger Pillaudin : *Jean Cocteau tourne son dernier film* (La Table Ronde, 1960), sans oublier les essais consacrés à Jean Marais (*Jean Marais*, Calmann-Lévy, 1951 ; *Poésie critique I*, Gallimard, 1959). Et dans les éditions posthumes suivantes : *Poésie de journalisme* (Pierre Belfond, 1973), *Portraits-Souvenir* suivi de *Articles de Paris* (Librairie Générale Française, 1977), *Mes monstres sacrés* (Encre, 1979), *Lettres à Jean Marais* (Albin Michel, 1987) ; *Le Passé défini* I, II et III (Gallimard, 1983, 1985 et 1989), *Journal 1942-1945* (Gallimard, 1989).

I

CINÉMATOGRAPHE ET POÉSIE

Je suis, en bloc, contre les spectacles populaires parce que j'estime que tous les bons spectacles sont populaires. La preuve en est faite par le cinématographe qui déborde le public des salles de théâtre. Le gros public ne préjuge pas. Il ne juge jamais d'après l'auteur ou les interprètes. *Il y croit.* C'est le public d'enfance, le meilleur.

Un film, composé sans aucune idée morale ou sociale, mais avec passion, risque d'être mal vu à travers les glaces déformantes du public d'exclusivité. Passé ce stade, il respire, il marche, il peut vivre. Notre rôle sera de construire une table solide, non de la faire tourner. Un ébéniste ne saurait être un spirite et vice versa. L'hypnose collective où l'ombre et la lumière plongent un public de cinéma ressemble beaucoup à une séance de spiritisme. Le film exprime alors autre chose que ce qu'il est. Nul ne saurait le prévoir. De toute manière la dose d'amour qu'il renferme agira davantage sur les masses que d'ingénieux préparatifs spirituels.

Je me résume. Je ne connais aucune élite, aucun tribunal qui puissent prendre sur eux de décider ce qu'un film déclenchera pendant sa route innombrable. La seule juridiction d'un film devrait porter sur son style, sur sa puissance expressive. Le reste est un mystère et le restera toujours. (*Allocution prononcée à l'Institut des hautes études cinématographiques, le 9 septembre 1946.*)

Notes autour du cinématographe

Il faudrait répondre par un livre à la demande que vous me faites. Un sujet ricochant si loin s'arrange mal des mesures trop courtes d'un article.

Pour simplifier, ne parlons pas d'un cinématographe qui réjouirait les artistes. Ce cinématographe inconnu animera les volumes, les ombres, les perspectives, sans intrigue. Certains films actuels nous en donnent l'idée. Par exemple, les maisons qui se bâtissent toutes seules, les lettres de l'entr'acte qui s'ouvrent instantanément comme un explosif, les surprises de ralentisseurs et d'accélérateurs.

*

Le prix d'une bande oblige le cinématographe à de grosses recettes et je n'envisage pas encore la possibilité d'un spectacle franchement neuf.

*

Le faux perfectionnement menace l'art du cinématographe. Le théâtre en meurt.

Pourquoi aimons-nous le cirque, le café-concert ? Parce qu'on y trouve encore ces couleurs, ces synthèses, ces raccourcis brutaux que le « perfectionnement » supprime sur notre scène.

À force de mettre en scène de *vrais* fauteuils, de *vrais* dîners, de *vrais* costumes, de *vrais* scandales, on émousse peu à peu les angles, on enlève au théâtre toute sa puissance d'expression.

*

Grave méprise entre la ressemblance et la réalité.
Une scène de clowns est *ressemblante*. Les clowns Fratellini, quelques fantaisistes de music-hall, résument d'un mot, d'un geste, d'un soupir, d'une grimace, quatre actes de pièce à thèse. Ils donnent de la réalité un trompe-cerveau aussi en relief que certains trompe-l'œil italiens.

*

L'homme aime imiter, voir imiter, entendre imiter. Vieille habitude de singe, sans doute. Il ne se rend pas compte qu'on obtient la bonne ressemblance en s'écartant du modèle *d'une certaine manière*.

*

La mauvaise ressemblance inspire aux Chinois une anecdote profonde. Un peintre, disent-ils, passe sa vie à peindre un tigre, si exact que le tigre sort de la toile et mange le peintre.

*

Le faux perfectionnement flatte la paresse du spectateur. Son esprit ne cherche plus à parcourir la distance entre un objet, un sentiment et leur figuration. Il demande l'objet même, tout cru, simplement éclairé par une rampe.

*

Au cinématographe il ne tolère cette figuration que dans la farce, parce qu'alors elle lui semble un surcroît de farce.
Plusieurs publics applaudissent Charlie Chaplin en raison de ce malentendu. Oui, la foule aime Chaplin, le jeune homme innombrable. Mais sait-elle qu'il faut chercher la réponse de son sourire dans l'*Intermezzo* de Henri Heine ?

*

Déjà, toute particularité dérange le public. Tout ce qui sort de ses habitudes lui paraît ridicule. J'écoute encore son rire lorsque William Hart, dans *Pour sauver sa race*, buvait à même le seau.

On rit aux films les plus nobles : Naissance d'un insecte, Mœurs des pieuvres, Partie de tennis au ralentisseur.

On me dira : Si vous louez l'accidentel, si vous encouragez le charme du hasard, nous sommes loin de compte avec vos théories. N'écriviez-vous pas : *il y a le moment où toute œuvre profite du prestige de l'ébauche*. « N'y touchez plus ! » s'écrie l'amateur. C'est alors que le vrai artiste essaye sa chance.

Certes, si un artiste perfectionne une œuvre sans lui enlever sa fraîcheur d'ébauche, nous nous trouvons en face du chef-d'œuvre. Mais peut-on demander cet effort individuel à une entreprise collective ?

*

Il est à craindre que le cinématographe progresse en employant les foules, le symbole, alors qu'un objet seul prend sur l'écran une beauté sans le moindre double sens.

Avec le relief, la couleur, la voix, une projection risque de perdre tout intérêt. Elle deviendra une sorte de théâtre fantôme.

*

Le cinématographe est le contraire du théâtre. Le théâtre, art de l'artificiel, des masques, des objets simplifiés, grandis pour se voir de loin. Le cinématographe, art du détail, de la nature, *des objets grossis pour se voir de près.*

On regarde la pensée prendre forme dans l'œil du personnage comme dans un alambic.

Un arbre, une automobile nous émeuvent. Le moindre geste, une grande main qui triche, un pied qui cache un couteau, deviennent des acteurs.

Je redoute qu'on abîme, à la longue, l'imagerie poignante du cinématographe.

*

Du reste, ces sortes de déchéances peuvent être fécondes. Les vrais artistes n'y trouvant plus aucune pâture, se révoltent. La médiocrité stimule. L'œuvre hardie pousse dans un coin *par esprit de contradiction*. (*Le Film*, 15-11-1919.)

À PROPOS DU FILM PARLANT (I)

Nous rirons bientôt des films muets, des bouches qui remuent en silence. Il est dommage que des questions de trust empêchent la découverte du relief (qui existe) de se joindre à celle de la parole. Dans *Halleluiah*, chef-d'œuvre du film commercial, – j'y assistais à la Madeleine, un matin, – le frère criait *rue Vignon*, alors que ma bonne volonté ne l'imaginait pas *plus loin que les coulisses*. Le chef-d'œuvre de Buñuel : *Un chien andalou*, prouve que le cinéma est une arme dangereuse et merveilleuse entre les mains de poètes. Buñuel tourne un film parlant ; il faut attendre de lui un de ces points de départ auxquels les jeunes reviennent lorsque le progrès, la facilité d'agir condamne, comme tout confort, à quelque fadeur. Comme les premiers Chaplin, les premiers Far-West, les films d'un Buñuel prendront des forces et grandiront au fur et à mesure qu'on croira qu'ils se démodent. (Images plus dramatiques, contraste de la platitude visuelle et des reliefs sonores, voix plus âpres, etc.) On me commande des dessins animés. J'ose à peine employer ce prodige. Un caricaturiste peut abandonner les dessins intermédiaires à des sous-ordres ; je ne le pourrais pas. C'est, je suppose, un travail immense, une source de rires absurdes et de malentendus à rendre fou.

Je dessinerais une tragédie, mais il ne suffirait pas que des dessins de moi bougeassent. Encore faudrait-il une animation dont la singularité serait du même ordre que celle des dessins.

L'exemple du disque me prouve que la poésie aborde un monde inconnu. *Le rôle subalterne des machines va disparaître. Il s'agira de collaborer avec elles.*

Chez Columbia, j'ai enregistré des poèmes. Or, au lieu de me contenter d'une photographie de ma voix, j'ai changé ma voix, j'ai cherché un timbre qui permettrait à la machine de parler sans avoir l'air d'être un écho. Ces disques deviennent donc des objets sonores; ils rendent les poèmes employés illisibles et prouvent qu'il faudra, maintenant, des poésies et des musiques dont une firme de machines parlantes serait le seul éditeur.

Pour en revenir au cinéma parlant, il est sûr que la parole, le relief, la couleur amèneront une forme d'art ignoble; mais toutes les formes d'art sont ignobles, le théâtre en tête, et n'existent que par l'exceptionnel.

P.-S. – Je viens de revoir *A Girl in every port*. C'est interminable! D'un sentimentalisme odieux. Le film *Halleluiah* subira rapidement le même sort. Nous sommes émerveillés par l'imagerie qui bouge, par le mégaphone, mais ces films correspondent à la pire littérature.

Voilà pourquoi, de plus en plus, le film doit être un véhicule poétique.

(Réponse à une enquête, in *Les Annales politiques et littéraires*, n° 2360, 15-6-1930.)

THÉÂTRE ET CINÉMATOGRAPHE

Je crois pouvoir affirmer que le théâtre va sortir du long sommeil réparateur où l'avait plongé la surprise du cinématographe. Déjà l'esprit se lasse d'une bande d'images plates qui ne cesse jamais de tourner et d'offrir, en coupe, sur la vieille toile des lanternes magiques, un monde fantôme auquel la découverte des bruits et des sons en relief (ajouterai-je l'élément de surprise disparu) ôte beaucoup de charme.

Cependant, ne vous y trompez pas ; un charme singulier remplace l'autre ; il vient d'un malaise, d'un déséquilibre, d'une lutte adroite entre ce nouvel univers sonore volumineux et comme en couleurs et le vieil univers de platitude et de camaïeu des photographes. Bientôt, cet ensorcellement, qui correspond à celui du strabisme de certains regards, ne jouera plus. Couleur et relief marcheront ensemble sur toute la ligne et les dramaturges naïfs tomberont dans le piège de ce théâtre commode et commercial. Or, la pièce et le film se contredisent. Le métier de théâtre ne peut servir les artistes de l'écran et vice versa. On constate même que ces deux métiers, l'un de souffle et d'étude, l'autre de mécanisme et de vie animale surprise, se desservent. L'artiste du film se montre gauche, lâché seul sur le désert des planches ; l'artiste des planches grimace et s'épuise dans le travail d'une foule de petites scènes construites à la loupe et chacune avec la minutie d'un numéro de music-hall.

Donc, le cinématographe se hâte vers une perfection néfaste. Au reste, cette perfection n'empêchera pas les cinéastes de créer des chefs-d'œuvre soit en exploitant, soit en contredisant ce faux théâtre. Et il adviendra cette surprise que théâtre et cinématographe y trouveront leur compte. Cinématographe, parce que le chef-d'œuvre y deviendra moins facile lorsque la grisaille n'apportera plus son étonnante statuaire. Théâtre, parce que les dramaturges, se ruant vers un théâtre à la manivelle, forceront bien des scènes de troisième ordre à disparaître ; les planches se déblaieront et la place restera libre pour ceux qui aiment le vrai théâtre, qui désapprouvent les formules boiteuses et qui veulent, par l'entremise d'interprètes en chair et en os, communiquer un feu mortel que la machine se trouve de plus en plus impuissante à mettre en œuvre.

Qu'un film reste un film sans qu'aucune de ses images puisse être traduite dans aucune autre langue que la langue morte de l'image, qu'une étoile de cinématographe reste la fascinante étoile morte dont la palpitation arrive aux hommes bien après qu'elle la propulse, que le public du cinématographe reste le public hypnotisé par des forces d'outre-tombe, mais que le théâtre, trop longtemps dérangé par le rythme et le tempo des films, retrouve ses privilèges, grâce auxquels une grosse Yseult et un vieux Tristan peuvent nous arracher des larmes.

Le théâtre et le cinéma rendront en outre aux livres ce qui n'appartient qu'aux livres et qui engendrait notre sommeil : le verbe, le verbe si beau à lire ou à entendre lire, le terrible verbe qui se substituait de part et d'autre à la nécessité d'agir, nécessité d'agir si impérieuse qu'un bel acte lassera le spectateur d'un drame convaincu d'avoir contemplé le prodige d'un décor qui souffre, d'avoir regardé le spectacle avec ses oreilles, écouté le dialogue avec ses yeux. (*Entr'acte*, avril 1934. *Programme de* La Machine infernale, *Comédie des Champs-Élysées Louis-Jouvet.*)

SUR LA TRAGÉDIE

La tragédie est avant tout un cérémonial.
Le public mal dressé par le cinématographe permanent, la radio en chambre et les spectacles où les artistes délèguent des fantômes d'eux-mêmes ne possède plus le moindre sens du cérémonial.

Au théâtre, il arrive en retard, dérange les spectateurs et les artistes. Plus d'ombre de respect, plus d'ombre d'atmosphère propre aux grandes paroles, aux actes suprêmes, pareils à un silence.

En outre, dès que le théâtre redevient du théâtre, c'est-à-dire actif, ce public rompu à confondre le sérieux et l'ennui trouve le spectacle suspect et le traite de mélodrame.

Ce qui est neuf, c'est que les artistes, privés de l'exercice (rythme de vie) et de l'hygiène qui furent ceux de grands tragédiens d'hier, ont fait un mélange des privilèges du tragédien et du comédien, jadis fort distincts les uns des autres. La tragédie avait le sien. L'acteur nouveau les emploie instantanément, du rire aux larmes. Shakespeare reste l'exemple type du dramaturge dont les interprètes doivent se munir de deux masques.

Le succès de Jean Marais en 1938, dans *Les Parents terribles*, vint de ce qu'il n'hésita pas à rompre avec la réserve et la crainte du ridicule qui paralysent les planches. Il joua son rôle comme il imaginait que dussent jouer les monstres sacrés dont il ne connaissait le style excessif que par ouï-dire.

Dans le rôle de Néron (*Britannicus*), il mêla avec une science profonde du réalisme ce naturel que de Max employait par boutades, en alternant le vrai et la déclamation.

Je le cite parce qu'il fut le premier jeune premier en date qui eut le courage de se jeter à l'eau.

Alain Cuny, Serge Reggiani, Gérard Philipe, Jean Marais, Jean-Louis Barrault, François Périer, Henri Vidal, Michel Vitold, etc., sont des tragédiens-comédiens et s'il nous fallait cataloguer Alain Cuny dans *Le Bout de la route*, nous le cataloguerions grand tragédien au même titre que Laurence Olivier ou que Marlon Brando lorsqu'ils interprètent des comédies-tragédies modernes de Londres et de New York.

Ajouterai-je que le drame, qu'il ne faut pas confondre avec la tragédie, entre dans le mélange des genres auquel notre époque doit un genre nouveau. Strindberg, par exemple, écrivit plus des tragédies que des drames et plus des drames que des comédies. Il en résulte un trouble chez les critiques. Ils ne savent sur quel pied danser. Ils cherchent le « timbre vocal » alors qu'il cesse d'être indispensable (ou plus exactement refusent de saluer plusieurs dons conjoints chez un seul acteur).

Chez les jeunes femmes le mélange est plus rare. Il se forme. Au cinéma, Mlle Michèle Morgan nous apporte ce merveilleux malaise dont Mme Garbo demeure la souveraine. Les deux comédiennes-tragédiennes les plus typiques de l'écran sont : Bette Davis et Katharine Hepburn.

Tout bouge. Tout change. Tout s'adapte. Et les critiques grecs ont bien tort de blâmer l'emploi neuf des vieux mythes et de considérer, par exemple, *La guerre de Troie n'aura pas lieu* comme un sacrilège. Ce n'était pas l'opinion de la foule d'Athènes au théâtre Hérode-Atticus.

Avec *Le Jeune Homme et la Mort*, j'ai essayé un autre mélange. La tragédie, le drame, la comédie, la danse. J'ai donné comme fond à cette entreprise une œuvre de J.-S. Bach qui impose le respect perdu.

Peu à peu, la masse adopte ces grandes noces. Il reste à l'aider et à lui faire comprendre que son goût est sûr, à ne pas essayer de la convaincre qu'elle se trompe.

Secrets de beauté (I)

Le cinématographe est l'arme des poètes. Encore faut-il, pour en user, qu'ils sachent que l'écriture n'y compte presque pas, doit être réduite à rien et que le style n'y existe que par l'enchaînement des images.

C'est pour les yeux que le vrai récit doit poursuivre sa course et ne jamais se perdre sur les routes de traverse dont les possibilités de l'appareil nous tendent le piège. Méfions-nous du pittoresque ! La beauté du cinématographe aime nous prendre par la main et nous perdre. Elle nous entraîne vite jusqu'aux lieux où Barrès dit que :

« Le héros qui enfourche Pégase risque de devenir son seul spectateur. »

Le public auquel s'adresse le cinéaste est innombrable, disparate et ne se décide pas pour certaines salles comme pour certains théâtres. Il entre partout. Il est un élément effrayant qu'il serait fou d'analyser, un élément dont les profondeurs nous échappent, dont nous ignorons la faune, dont la nuit reste une énigme, un élément d'une cruauté enfantine mais soumis lui-même à des lois assez simples qui devraient nous permettre de deviner ses réflexes et de les prévoir.

Le rire est le premier réflexe défensif d'une salle de cinématographe. Elle en use contre la poésie qui dérange ses habitudes et que l'écran lui jette à la figure avec une telle force qu'elle se trouve prise entre l'impossibilité de n'en pas tenir compte et la révolte d'en avoir reçu le choc. Il est probable que la ligne qu'elle suivait paresseusement se brise soudain, de par la trouvaille du poète, et qu'un regard, un mot, un geste inhabituels, amplifiés par la projection, provoquent dans l'esprit du spectateur quelque chose de si brusque et de si insolite, que la chute, l'automatisme caricatural et le rire qui en résultent ne se produisent plus l'un après l'autre, comme nous le décrivait Bergson, mais instantanément et pêle-mêle.

Ce rire qui menace de décourager les producteurs et de les pousser vers le bas peut-il être évité ? J'en doute. Il n'en reste pas moins vrai qu'il ne se déclenche que par une rupture de l'état d'hypnose et que l'état d'hypnose imposé à un public par l'intérêt du récit nous permettra de courir moins de risques.

Les rires intempestifs que soulèvent, au Paramount, *Les Anges du péché* sont d'un autre ordre. Ils ne s'adressent pas au film. Jean Giraudoux et Robert Bresson, le metteur en scène, ont monté pièce par pièce la merveilleuse machine que Roland Tual nous présente. Ils l'ont montée de telle sorte que ce film, qui risquait de couler comme un fleuve de lait ou de pendre au soleil comme du linge qui sèche, se couvre de moires, d'irisations, et décrit un méandre qui ne cesse jamais d'amener des surprises.

Dès que le film commence, Robert Bresson nous met en garde. Un téléphone, un parapluie sur la table et cet ancien boxeur, qui conduira l'automobile, nous annoncent que nous sommes dans un couvent qui ne ressemble à nul autre.

La soupe que Jany Holt précipite dans les escaliers, ses hurlements, la pluie, la nuit, les becs de gaz ne nous laissent aucun doute ; nos bonnes sœurs seront des égoutiers du ciel.

Elles dirigent la « Légion » des femmes. Le film s'élance, d'une traite, jusqu'au déclic des menottes qui précède le mot : FIN.

Les rires – et c'est triste – s'adressent à la règle des religieuses.

Le public est prévenu qu'un père dominicain, le père Bruckberger, a surveillé les moindres détails et donné le branle à l'entreprise. Les rires ne viennent pas de fautes, mais de précisions aussi précieuses que celles d'un documentaire. La preuve est faite : ce public rirait du couvent de Béthanie s'il pouvait en écarter les voûtes et l'observer comme le diable boiteux.

Je le répète, notre seul fil d'Ariane sera le fil du récit. L'intérêt de l'histoire que raconte le film nous permettra de passer de la beauté en contrebande.

Quelle est la recette de cet intérêt, capable de rendre le public assez attentif pour que la poésie ne lui semble pas une insulte ?

Cette recette, c'est le découpage. On ne saurait y apporter assez de soins. Le découpage résulte d'une attente de chaque minute entre l'auteur et le metteur en scène. La longueur actuelle du film (2 800 mètres) est une mauvaise longueur. Trop longue ou trop courte. Trop longue pour y raconter vite une histoire. Trop courte pour l'y faire vivre par les personnages, et que le public la vive avec eux.

L'auteur et le metteur en scène tenteront le prodige d'escamoter le temps et de lui donner de funestes prospectives. Ils ne gardent que les scènes indispensables, supprimeront les scènes intermédiaires, se priveront de scènes explicatives, dessécheront le dialogue et devront se mouvoir dans les limites sous peine de couper dans un organisme où la moindre amputation amènerait la mort. Car un film est un organisme qui doit vivre et respirer. Peu importe l'aspect général du film. L'essentiel est qu'il évite d'être un automate aux gestes agréables et inhumains.

Et voici le drame du travail d'équipe. Les vagues qui se succèdent et doivent concourir au total.

PREMIÈRE VAGUE : Le travail de l'auteur et du metteur en scène. Un découpage parfait équivaut à un montage. L'idéal sera de collaborer avec un metteur en scène qui soit un monteur professionnel. Il arrive alors que, réserve faite des nuances et du rythme, le montage ne consiste plus qu'à mettre les prises de vues bout à bout.

DEUXIÈME VAGUE : L'auteur ne quitte pas le plateau. Il échange ses ondes avec le metteur en scène et les artistes. Les artistes, maquillés dès le petit matin, arrivent sur un plateau de feu ou de glace. S'il est froid, rien ne le réchauffe. S'il est chaud, rien n'arrive à le rafraîchir. C'est dans cette atmosphère ingrate que les artistes répètent les scènes trop courtes où ils ne peuvent s'émouvoir, scènes coupées de gros plans, scènes où ils doivent plusieurs fois de suite rire et pleurer sur commande.

TROISIÈME VAGUE : Le metteur en scène règle ses mouvements d'appareil et cède la place au chef opérateur, qui recommence le même mécanisme. Sans sa science, le rêve de l'auteur et du metteur en scène ne resterait qu'un rêve.

Le chef opérateur déchire et troue les papiers qu'il place devant les projecteurs et qui lui permettent une fois sa source de lumière découverte, de sculpter et de modeler la pénombre.

QUATRIÈME VAGUE : Le chef opérateur cède sa place à l'opérateur (cameraman) et à l'assistant opérateur qui fait le point. C'est le redoutable trio des hommes maniant la mitrailleuse à tuer la mort, puisque la minute fugace est mise en conserve et sera conservée morte s'ils se trompent d'un millimètre, s'ils prennent une image floue, si la pellicule est d'une mauvaise émulsion.

QUATRIÈME VAGUE (*bis*) : Le photographe qui fixe la scène immobile.

CINQUIÈME VAGUE : L'ingénieur du son. Il enregistre la scène et quitte son casque. Son verdict décidera s'il importe de reprendre la scène. Car la meilleure scène peut être détruite par quelques coqs lointains ou quelques pannes de laboratoire. (Sans oublier le perchman qui perche les voix à la ligne).

SIXIÈME VAGUE : La projection. La prise bien jouée. La prise bien cadrée. La meilleure prise où les artistes n'accrochent pas bien les lumières. Laquelle choisir ? Il est rare que les artistes approuvent le choix du metteur en scène.

SEPTIÈME VAGUE : Le montage où les scènes, longuement vues et revues, défilent si vite qu'elles nous déçoivent.

HUITIÈME VAGUE : Les « sons seuls », les phrases redites et qui doivent sortir de l'ancien mouvement de bouche, la musique et ce que les cinéastes appellent dans l'atroce vocabulaire moderne « l'ambiance ». C'est le « mixage », le mélange fabuleux des voix humaines, des cris d'animaux, du vent dans les feuilles, de la mer et de l'orchestre qui les accompagne.

Et tout ce travail dont le public ne possède par chance aucune idée, et dont l'effort disparaît à l'écran, même aux yeux des spécialistes, se déroule en désordre, dans une intrigue qui se chevauche dans des épaves de chambres et d'époques, épaves qui flottent sur le temps démembré du cinématographe, épaves couvertes d'électriciens, d'habilleuses et de script-girl, épaves construites (entre la première et la seconde vague) par les calculs du décorateur pour qui le destin n'existe pas et qui fera un homme se suicider le premier jour et vivre ensuite, pour peu que les nécessités du décor l'y obligent.

Voilà, en hâte, quelques-uns des obstacles qu'il faut vaincre pour plaire au public inattentif et que le moindre signe d'originalité indispose. Je conseille aux cinéastes de passer outre, de s'inventer des techniques d'audace et de braver le rire. Car une technique inventée restera fraîche et une technique soumise au progrès technique se démodera dans la mesure où le progrès détrône le progrès. (*Comœdia*, n° 109, 31-7-1943.)

À PROPOS DU FILM PARLANT (II)

On ne saurait incriminer le cinéma sous prétexte qu'il montrât de mauvais films. L'année 1943, malgré tous les obstacles, porte le cinéma français à un rang inconnu jusqu'à ce jour. C'est que le cinéma ne reste plus entre les mains des seuls spécialistes et que des poètes s'y mêlent. Ils ne s'y mêleront jamais assez. Du reste, les jeunes metteurs en scène ne demandent qu'à travailler avec eux et à leur faire la plus large place.

L'imagerie existe depuis des siècles. Ce sont des images que la foule regarde et c'est par leur entremise que l'enfance s'exalte et prend contact avec les légendes.

Le cinéma n'est autre que la forme nouvelle de l'imagerie et peut-être la couleur et le relief en donnant à cette imagerie populaire une efficace définitive rendront-ils encore plus émouvantes les vieilles images plates et sans couleur que deviennent les films ?

Il ne faut pas oublier que nous en sommes au daguerréotype.

(Réponse à une enquête de Pierre Masteau, « Pour ou contre le cinéma », *L'Appel*, 25 novembre 1943).

Mystère de la pellicule

On imagine de quel prestige mythologique les gens eussent entouré la pellicule qu'on enferme dans des boîtes et sur laquelle s'inscrivent nos rêves.

Cinéma, la dixième muse, préside aux métamorphoses de cette vierge sensible à l'extrême et fécondée par la lumière. La vierge dormait, enroulée dans l'ombre. On la réveille. Elle se déroule. Et elle doit vivre à toute vitesse de la vie des autres.

Peu de personnes, lorsqu'elles regardent un film, se doutent des dangers courus par l'image avant qu'elle puisse apparaître. Les fantômes, prisonniers de la pellicule, ne se prennent pas au piège si facilement qu'on le pense.

C'est d'abord une chasse sournoise qui les traque jusqu'à la minute où les éclairages les aveuglent et les obligent à se croire seuls, à s'exposer sans crainte, à verser parfois des larmes qui n'émeuvent pas les chasseurs cruels.

Les chasseurs, c'est le chef opérateur, l'opérateur et l'aide qui fait le point, accroupi près de l'affût. L'affût, c'est une plate-forme mobile, montée sur rail, chargée de véritables acrobates s'enroulant autour de l'appareil comme les pneus autour d'un cycliste.

« Le rouge ! moteur ! allez ! on tourne ! » Non loin de la plate-forme que des machinistes qui rampent vont pousser avec des gestes d'Indiens-Sioux, se campe le perchman, les bras en l'air, brandissant la gaule terminée par le microphone. Le moindre souffle, le moindre rail qui grince, le moindre coq intempestif, un avion qui passe, que dis-je ? l'ombre de la gaule sur le décor, dérangent l'homme qui pêche les voix à la ligne. Son chef (le chef du son) le surveille sous son casque.

Un simple signe du chef et le mécanisme se désorganise. Les lampes s'éteignent. La pellicule est morte. La plate-forme recule sur ses rails et le gibier se retrouve, éveillé de son hypnose, face à face avec un monde auquel ses sens ne correspondent plus.

Un danger de bruit, d'ombre chinoise, n'est pas le seul qui menace la pellicule. Va-t-elle courir jusqu'au bout ? Non. Est-ce la faute du gibier qui s'offre mal de profil ou d'une lampe qui a changé de place ? L'opérateur coupe les lumières. Le gibier s'énerve. Il arrive que la pauvre pellicule recommence toute une journée cette épuisante chasse à l'homme.

Ensuite, les bouts d'essai alignent le tableau de chasse. Et la pellicule passe à l'usine. On la développe trop ou trop peu. En 1943 les bains d'argent sont rares. C'étaient pourtant les bains d'argent qui donnaient à notre nymphe rapide le velouté de sa peau.

Que d'obstacles il faudra vaincre avant la chambre de montage où le metteur en scène charme des kilomètres de serpents transparents.

Le film s'achève. Et la foule s'écrase devant ses portes. Et la pellicule tourne, se dévore, récite inlassablement la leçon apprise par cœur.

Jadis, dans la ténèbre des salles, j'essayais de suivre les films que j'aimais, non sur l'écran, mais à travers la gerbe de rayons qui s'y écrase. Je m'émerveillais de cette gerbe qui se tricote et dont un mur dénonce l'âme secrète. À force d'attention je parvenais à reconnaître dans le sens de la longueur, un geste, une robe qui s'éloigne, une lettre qui sort d'une poche, un cheval qui galope. Car, semblable à la tige des fougères, dont la moelle simule, en coupe, un aigle blanc, l'étrange faisceau mobile cesse de signifier lorsqu'on ne le coupe pas en tranches. Le verre de la lanterne magique s'est changé en pellicule. La pellicule changera. Sa forme s'élargira. Elle fixera le relief et la couleur. Mais c'est toujours sa mystérieuse sensibilité qui fascinera les foules et obligera la jeunesse, triste de ne pouvoir attendre ses héros à la sortie, à rentrer dormir vite pour les rejoindre dans ses rêves.

Le film, véhicule de poésie

Je n'arrive pas à comprendre la question naïve : « Le cinéma est-il un art ? » Le cinématographe est un art très jeune et qui doit acquérir ses titres de noblesse. Il a cinquante ans : mon âge. C'est vieux pour un homme, jeune pour une muse, si l'on pense à l'âge de la peinture, de l'architecture, de la musique, du théâtre. Les films médiocres n'incriminent pas plus le cinéma que les toiles, les livres, les pièces médiocres ne compromettent la peinture, les lettres, le théâtre.

Il serait fou de ne pas considérer comme un art (et même un très grand art) ce véhicule de poésie incomparable.

On imagine la joie de Shakespeare s'il avait connu cette machine à donner corps au rêve, celle de Mozart s'il avait pu enregistrer le générique de *La Flûte enchantée*.

Adieu nos derniers films incolores. La couleur arrive. Elle sera employée par les uns sous forme de chromo, d'autres y puiseront le moyen d'inventer un style.

Je tiens à ajouter quelque chose. Il est exact que l'auteur d'un film est le metteur en scène. Tout lui appartient. C'est parce que je voulais être le véritable auteur de *La Belle et la Bête* que j'en ai fait la mise en scène. Je tenais à le dire pour qu'on ne s'imagine pas que j'ai voulu prendre la place de mes amis. (*Le Livre d'or du cinéma français*, 1946.)

Avant tout, le cinéma est un travail d'entente. La confiance réciproque qui règne du haut en bas se voit dans un film et une de ses plus grandes chances vient d'une atmosphère amicale. Je parle même des électriciens et des machinistes, car il se trouve toujours parmi eux un ou deux hommes extraordinaires qui travaillent dans l'ombre et qui assurent autant la continuité du rythme que nous-mêmes (par exemple : un homme qui pousse le travelling).

La caméra prend autant ce qui est invisible, capte aussi bien la mauvaise humeur que la bonne humeur d'une équipe ; un acteur qui n'aime pas son rôle, mais qui est honnête, peut mystérieusement corrompre le travail d'un film.

À l'heure actuelle, le metteur en scène est le grand maître du film, c'est lui qui groupe les moindres détails et qui donne le jet grâce auquel une œuvre cinématographique roule d'un bout à l'autre et ne forme pas de flaques.

Puisque vous m'interrogez, mon cas est un peu spécial, je pense un film en metteur en scène et c'est la manière dont les images s'emboîtent les unes dans les autres qui m'intéresse. J'écris toujours la colonne de gauche et celle de droite et je n'attache pas plus d'importance au texte, que j'essaie toujours de réduire au minimum, qu'au style visuel. C'est le véritable style puisqu'il s'agit avant tout d'écrire pour les yeux. Le film de Marcel Pagnol, c'est l'écriture de Pagnol. Un film de metteur en scène, c'est forcément mon écriture traduite dans une autre langue. Et même si cette langue est belle, il existe entre ma langue et celle du metteur en scène quelque chose qui boite.

J'essaierai désormais de faire mon film tout seul et de profiter même du relief de mes fautes. Il n'en reste pas moins vrai que la collaboration avec un metteur en scène exerce sur moi une séduction considérable. (*Paris-Cinéma*, numéro spécial sur « Le Cinéma français », 1945.)

SECRETS DE BEAUTÉ (II)

La poésie de cinématographe. On me demande souvent ce que j'en pense. Je n'en pense rien. Je ne sais ce que c'est. J'ai vu des films tournés sans la moindre préoccupation poétique et dont la poésie émane ; d'autres films poétiques où la poésie ne fonctionne pas.

La poésie des films vient des rapports insolites entre les événements et les images. Ces rapports, une simple photographie peut les obtenir. J'ai chez moi des photographies prises dans l'entrepôt où les Allemands fondaient et détruisaient nos statues. Les statues les plus médiocres y prennent de la grandeur.

*

Le Sang d'un poète a été l'objet de mille interprétations. Dernièrement encore, toute une jeunesse y a vu la Passion du Christ. Qu'y puis-je ? Ces jeunes gens traduisent ce film comme nous essayons de traduire la nature. Ce poème par images a été fait dans le demi-sommeil. Je ne cherchais qu'à emboîter les thèmes qui m'émeuvent, à m'introduire le moins possible dans ce déroulement de documentaires irréels. Il ne s'y rencontre jamais un symbole. C'est ce qui permet qu'on symbolise. Je suis ébéniste. Je construis une table, libre à vous de la faire tourner et parler.

Le Sang d'un poète est un film « qui ne s'arrange pas ».

Le poète est une énigme. Il ne pose pas d'énigmes. Il raconte un monde qu'il habite, monde vierge où les touristes ne savent atteindre et qu'ils ne peuvent joncher de papiers gras.

Le public a ses poètes. Mon film s'adresse à eux. Ils devinent que notre monde existe et se documentent. Le Tibet est en nous et autour de nous. Il est notre naissance, notre sommeil, notre jeunesse, nos amours, notre sang. C'est le monde où nous sommes, privé des déformations que lui fait subir la crainte ignoble de l'inconfort.

*

C'est la rupture avec ce confort de lâches qui lui fait voir des éclairs de poésie, pas n'importe quel spectateur, dans un film de guerre où l'actualité lui impose des fautes d'orthographe monstrueuses, l'arrache de force au banc d'école où il comptait vivre et mourir.

*

Pour un poème, pour une pièce, pour un film, il faut imiter l'huître et sécréter une excroissance. La perle se forme toute seule autour.

*

Avec quelques hardes, quatre perches, quatre vieilles toiles, Bérard fait un spectacle somptueux. Au théâtre, au cinéma, tout est trop cher et trop riche.

*

De plus en plus j'ai toutes les peines du monde à prendre contact avec le réalisme de la vie. C'est surtout le matin lorsque je quitte la vie du rêve qui n'a aucun rapport avec la mienne. Voilà pourquoi j'aime le travail d'un film dont les responsabilités écrasantes m'obligent à faire acte de présence. Voilà aussi pourquoi, sans doute, un film simple comme *L'Éternel Retour* donne tant de rêve aux innombrables inconnus qui se dévorent de solitude en province et écrivent des lettres. (…)

*

Comédiens poètes.
C'est ce qu'il y a de plus rare.
Ce n'est ni par le timbre, ni par le visage, ni par les gestes que se trouve le comédien-poète, mais par un certain comportement de l'âme qui met en jeu de l'insolite et gêne la masse des spectateurs.
Le physique sportif de Jean Marais le protège un peu contre la haine qu'on porte aux poètes et trompe beaucoup de monde.

Alain Cuny est moins armé pour la mise en œuvre de ce malentendu. Charlie Chaplin a été protégé par le rire. Qu'il fasse moins rire, il fait peur. Ses premiers films évoquent Kafka.

*

Un acteur doit penser ce qu'il dit. Il ne doit pas penser à ce qu'il dit.

(Extraits de « Notes prises pendant une panne d'automobile sur la route d'Orléans », *Fontaine*, n° 42, mai 1945).

LA BEAUTÉ AU CINÉMATOGRAPHE

La beauté est faite de rapports. Elle tire son prestige d'une vérité métaphysique et particulière qui s'exprime par une foule d'équilibres, déséquilibres, boiteries, élans, haltes, méandres et lignes droites dont le propre est d'être inimitables et dont l'ensemble compose un nombre merveilleux, né, semble-t-il, sans douleur. Son signe est de juger ceux qui la jugent ou s'imaginent en posséder le pouvoir. Les critiques n'ont aucune prise sur elle. Il faudrait qu'ils en connussent le moindre mécanisme, ce qu'ils ne peuvent, puisque ce mécanisme est un secret. Le sol d'une époque est ainsi jonché d'un désordre de rouages que la critique démonte à la manière de Charlie Chaplin lorsqu'il démonte le réveille-matin après l'avoir ouvert comme une boîte de conserve. Le critique démonte les rouages. Incapable de les remonter et de comprendre les rapports qui les faisaient vivre, il les jette et passe à d'autres exercices. Et le tic-tac de la beauté continue. Et les critiques ne l'entendent pas, car le vacarme de l'actualité leur bouche les oreilles de l'âme.

La beauté, la plus disparate dans ses figures, n'est cependant que d'un seul jet. Elle se propage et se perpétue par l'entremise des cubistes qui lui servent de prétextes ou véhicules et ne leur demande que de se raidir et mettre en pointe pour la servir. Elle évite ceux qui se mêlent de l'apprivoiser ou prendre de force. Elle exige de nous, en quelque sorte, le travail intense et modeste que nous exigeons des ouvriers d'un studio de cinéma. C'est ce qu'il faut bien comprendre, avant d'aborder l'énigme de sa naissance dans ces lieux d'où l'industrie l'expulse et met à l'éviter une sorte de divination. Car, s'il arrive que son visage trompe la foule, prenne une forme hypocrite et se glisse dans le monde avec la terrible grâce sournoise des vierges de Raphaël, des androgynes de Léonard de Vinci, des intérieurs de Vermeer de Delft, il arrive souvent qu'elle entre en scène à son approche.

Il lui arrive aussi d'être presque totalement invisible, et, puisque nous parlons de cinéma, je citerai l'exemple du film d'Orson Welles : *La Splendeur des Ambersons*, où la beauté parle aux yeux une langue si parfaite que nos critiques la prennent pour platitude. Ce n'est point leur faute. À fouler trop de pistes, ils doivent s'être fait sur l'âme une croûte analogue à celle qui protège la plante des pieds.

Dans *La Belle et la Bête*, Christian Bérard, Auric et moi, Alekan et le reste de mon équipe, avons évité de mettre en œuvre cette rocaille, cet enchevêtrement barbelé fort à la mode et qui traversent la croûte que j'ai dite. Il fallait tourner le dos à la mode et, puisque la beauté se refuse à qui l'exhorte, lui construire un piège où sa haine de l'habitude lui conseillerait de pénétrer sans effort.

Notre rôle se bornait donc à rendre plausible l'implausible, à rester fidèles au style de la grande mythologie française des contes de fées, à ce réalisme naïf qui permet d'y croire. Christian Bérard, d'un bout du film à l'autre, a fait preuve d'un génie auquel je ne rendrai jamais assez hommage. Non seulement il a imprimé à l'ensemble cet air de vérité qui tourne le dos à la réalité et qui ne puise ses forces que dans un sens presque somnambulique de l'équilibre, mais encore le moindre détail, le moindre objet posé sur une table a été choisi par ses soins au bord de la laideur, dans cette zone, dans ce style qu'il appelle en riant « de la gare de Lyon », zone et style qui sont ceux de

Gustave Doré, maître de ce vertige à l'extrême limite du bric-à-brac où jamais il ne tombe.

Je parle du château de la Bête dont nous eûmes la chance de découvrir la base dans cet étrange parc de Raray (près Senlis) où les murs de chasses sont couronnés de chiens, de cerfs et de bustes baroques d'origine italienne. Chez le marchand, nous tournâmes en Touraine et ce fut à Vermeer et à Pieter de Hoogh que Bérard emprunta la dégaine de mes personnages. Une maquette compte peu pour Christian Bérard. Tout sort de ses mains tachées d'encre. Il invente, déchire, arrache et ne s'accepte qu'après avoir obtenu cet air naturel que les mauvais décorateurs évitent. Il en allait de même pour les décors que lui préparait Moulaert, que lui construisait Carré, qui le dérangeaient et qu'il transfigurait à force de désespoir et de rage à rejoindre son rêve.

Le feu qui flambe un soir où des peintres et des poètes se déguisent, obligés à l'invention par l'absence de matériel, Bérard le retrouve et le fixe.

Certes, sans lui je ne pouvais rien. Sans Auric non plus dont la musique sublime dépasse de beaucoup ce qu'on peut attendre d'un fond sonore. Certes j'obligeais Alekan à supprimer les trames, les gazes, les voiles, le flou que les naïfs s'imaginent être le signe distinctif de la féerie. Certes je demandais à mes artistes de se mouvoir dans l'insolite comme s'il ne l'était pas. Certes toute mon équipe me suivait dans cet acharnement à ne pas tomber dans la chausse-trape du faux mystère. Certes Josette Day conservait en princesse sa simplicité de paysanne et n'empruntait sa démarche qu'à la métamorphose du songe, Jean Marais se privait des ressources du film d'épouvante et restait, en bête, un pauvre grand seigneur infirme frappant sa poitrine et cherchant maladroitement la place de sa souffrance. Mais tout cela ne m'aurait servi de rien si la fatigue du travail ne l'eût amalgamé et rendu modeste, en quelque sorte.

C'est à quoi je voulais venir. L'appareil de prises de vues ne verra rien qu'on ne lui montre. Il enregistrera cruellement, fidèlement nos moindres fautes. Il les décuplera sur l'écran lumineux, à travers une loupe dangereuse. Dès que nous le comprîmes nous nous efforçâmes de dormir debout et de mener à bien une tâche d'ébéniste. La table devait être solide et gracieuse. À d'autres d'y poser les mains, de la faire *tourner* et s'y attirer des ombres.

On m'a reproché les bras des candélabres, les cariatides vivantes, la main qui sert à boire, bref ce qui se trouve dans le conte et que Bérard et moi voulûmes ne devoir qu'aux moyens les plus simples, ceux qu'on admire chez Méliès et qu'on met sur le compte de notre malice. Quelle malice, grand Dieu ? Nous nous débrouillâmes comme nous le pûmes et personne (sauf parmi les spécialistes et le gros public) ne nous a félicités de ne jamais avoir recours à l'usine, de ne jamais nous être reposés sur les truquages de la *truqua*, d'avoir, Alekan, Clément et moi, toujours vu de nos propres yeux ce que l'appareil allait prendre et mettre dans la boîte. *Prendre garde aux fées*, voilà ce que je conseille à ceux qui croient que le cinéma est une machine à fabriquer du prodige. Le coup de baguette est trop facile. Marcel Carné, aux prises avec une station de métro, met autant de féerie en route que moi. Orson Welles en met autant que nous dans la pénombre de l'étonnante maison où il meut les membres de sa famille. C'est parce que les redoutables salles « d'élite » attendent quelque chose (savent-elles quoi !) qu'elles demeurent insensibles à cet autre chose que nous leur donnons et qui ne peut d'aucune sorte correspondre avec leur désordre intime. Elles veulent un texte frisé à la permanente. Elles ne l'auront pas. Elles veulent des images cocasses. Elles ne les auront pas. Elles veulent du rêve, c'est-à-dire du vague. Elles ne l'auront pas. Elles auront, et tant pis pour elles, cette familiarité précise du rêve véritable qu'elles confondent avec la rêvasserie de la paresse. Car la beauté du cinématographe n'est pas une beauté à part. C'est celle d'une toile de Picasso, d'un marbre grec, de la dame à la Licorne, d'une fenêtre allumée la nuit, d'un pont sur un fleuve, d'une rue sordide. Impossible de la ressentir à qui ne porte pas en soi les germes d'émerveillement auxquels le merveilleux s'adresse.

Mais la beauté procède comme la nature. Elle est prodigue en graines. Elle n'a pas besoin de milliers d'âmes pour assurer sa continuité. Peu lui suffisent, où elle se plante. Et elle les rencontre toujours. (Décembre 1946.)

Présentation

La jeunesse du cinématographe, la vitesse avec laquelle il est arrivé à prendre sa place, la fragilité de la matière dans laquelle il s'exprime, les dangers hasardeux des machines, le monde des fantômes qu'il disperse, les foules qu'il touche, bref, les innombrables problèmes qu'il pose et qu'il arrive quelquefois à résoudre exercent une fascination à laquelle il est difficile de se soustraire.

En ce qui me concerne, j'y trouve une encre moins morne que celle des porte-plume et le moyen de remuer une considérable charge de travail manuel que je transporte et que l'écriture m'empêche de mettre en œuvre. Je sais bien ce qu'on lui oppose. Mais n'est-ce pas justement ce mécanisme industriel qui le discrédite et qui en éloigne nos écrivains, n'est-ce pas la nécessité de remonter la pente, qui l'entraîne vers la mort, qui nous excitent à nous servir de son arme ?

La grande industrie cinématographique, l'usine à films, l'obstacle des censures et les fortunes qui s'y dépensent l'éloignent peu à peu du risque ou de ce que les industriels estiment l'être. Pas d'art sans risque. Marco Polo arrive de Chine avec une lanterne de papier et une poignée de riz. Il en fait une industrie fabuleuse. Pourquoi la tentative de quelque jeune cinéaste ne mettrait-elle pas en échec Hollywood, par exemple, et ne l'obligerait-elle pas à réfléchir ?

Le cinématographe a commencé par la fin. Tout ce qui nous bouleverse dans l'art et ce qui fait le prestige d'une civilisation débute toujours par les petits tirages, les petites revues, les insultes et les scandales. La nécessité du succès immédiat a précipité le cinématographe, dès sa naissance, dans le style des *gros tirages*, des romans à la mode.

C'est maintenant que le réveil de cette triste hypnose va se produire. Le singulier entre en lutte contre le pluriel. La mise en scène échappe aux spécialistes. Certains producteurs courageux admettent de se fermer des portes et de voir des pays refuser leur marchandise. Des sociétés se forment qui ne sont plus soumises aux craintes du conformisme.

Le public se moque des palmarès et des critiques injustes. Il cherche le vif, même s'il se trouve au bas de l'échelle.

Qui donc lui montre la route ? Qui donc le dirige ? Il ne lui reste qu'une sorte de flair collectif grâce auquel un film condamné par des habitudes peut sauter l'obstacle et changer des habitudes. J'estime que le cinématographe est trop cher. Il importe de trouver un système qui permette aux jeunes de s'y lancer tête basse ou à pieds joints. Peut-être le sauveteur serait-il le 16 millimètres et l'esprit d'économie qu'il implique. Peut-être y aura-t-il des salles où projeter des expériences. Peut-être une de ces expériences vaudra-t-elle qu'une entreprise la contretype et la répande partout. Ce sont là des problèmes qui nous hantent, qui semblent de prime abord assez faciles à mettre au point et qui semblent moins simples dès qu'on s'en approche.

Il serait fou de prendre nos rêves pour des réalités et de ne pas comprendre que le cinématographe envisagé comme un art dérange un ordre d'une puissance énorme. Mais quoi ? Trois parachutistes norvégiens n'ont-ils pas décidé de la chute du Reich ? Je reste convaincu qu'il n'y a pas d'édifice qui tienne en face de l'intelligence et de l'audace.

Passons au théâtre. Il s'oppose au cinématographe. Le cinématographe et le théâtre se tournent le dos. Au théâtre, les acteurs règnent. L'auteur leur appartient. Au cinématographe, ils nous appartiennent. C'est pourquoi j'ai fait la tentative de *L'Aigle* et celle des *Parents terribles*. Dans *L'Aigle*, j'ai voulu faire un film théâtral. Dans *Les Parents*, j'ai voulu *déthéâtrer* une pièce et, sans changer une ligne, la présenter au public sous un angle neuf.

J'estime qu'il serait fou d'accuser le divorce entre deux grandes formes expressives. L'essentiel, si l'auteur d'une pièce la transporte à l'écran, est qu'il la transporte intacte et qu'il n'en charge personne d'autre que lui-même. Il n'a qu'à se dire : je me promène invisible parmi les artistes qui m'interprètent. Je les observe de tout près. Je les regarde sous le nez. Je me glisse dans leur dos. Je les isole. Je regarde davantage celui qui écoute que celui qui parle. Je colle mon œil au trou de serrure des chambres qui devraient vivre autour de celle à quoi le cadre de la scène nous condamne.

Je recommande à ceux qui se livreraient à un tel travail de laisser leurs artistes fort libres, de ne pas les contraindre à un certain style conventionnel de films où il semble entendu qu'on doive ne rien faire et ne compter que sur le regard. Une pièce longtemps jouée dérive et quitte son port d'attache. Elle en devient une autre. Le film permet de ramener la dérive et de supprimer des fautes qui s'étalent et qu'aucune force au monde ne corrigerait plus.

Le danger de l'entreprise, c'est que l'acteur de théâtre joue avec son public et en tâte la température dès qu'il entre en scène. Un film est d'un seul bloc. Si un public s'y oppose, aucune ruse n'arrive à le vaincre. Naturellement le film-film reste une grande merveille. La plus rare. Un objet lunaire et mystérieux. Mais puisque le cinématographe est un art et un très grand art, il faut que cet art et celui du théâtre se tiennent par la main.

Cinématographions les classiques dans le style que j'ai dit.

Ces idées qui me sont chères, il me plaît de les exposer en tête du premier *Almanach du Théâtre et du Cinéma*. Aide-mémoire, guide, signe d'intelligence, il vient à son heure. Je suis heureux de présenter un témoin de nos recherches mortes par une porte entrouverte sur l'avenir. Le songe continue. (*Almanach du Théâtre et du Cinéma, 1949*, Paris, Éditions de Flore et « La Gazette des Lettres », 1948.)

Poésie et films

Mon vieux et premier film *Le Sang d'un poète* a eu l'honneur d'être psychanalysé par Freud. À relire son étude il me semble que c'est la seule critique possible. En effet, ce que nous mettons dans un film de nos ombres, de nos ténèbres, notre poésie en quelque sorte, ne nous regarde pas et ne doit être décelé que par ceux qui nous jugent. Le point de vue de l'ébéniste n'est pas celui du spirite. L'un s'arrange pour que la table soit solide, tienne debout et que ses tiroirs fonctionnent. L'autre pour qu'elle tourne et pour qu'elle parle. Et, de même que les tables parlent, c'est-à-dire forment une entremise très mystérieuse entre le jour et la nuit qui nous habitent, de même un ouvrage d'art doit être artisanal et livrer ses secrets sans avoir cherché le moins du monde à les mettre en œuvre. Je ferai donc une grande différence entre le film qui se veut poétique et le film dont la poésie s'exprime en outre. Au reste *poétique* n'est pas *poésie*. Il est même probable que c'est le contraire. La poésie est faite d'inconscience. Le poétique de conscience. L'une et l'autre se tournent le dos. Et maintes entreprises d'ordre poétique ne contiennent pas la moindre poésie. Par contre il existe des entreprises réalistes où la poésie rayonne et les enveloppe de phosphorescence.

Ma seule intelligence a été de comprendre que je n'étais pas intelligent, malgré ceux qui me le disent. Mon intelligence est par éclairs, par pointes, par saccades, alors que l'intelligence coordonne éclairs et pointes jusqu'à produire un éclairage où les formes adoptent un certain relief. Je manque d'éclairage et ne compte que sur ces lueurs rapides qui montrent brusquement la place insolite des objets. C'est ce qui me rend suspect et indéchiffrable aux personnes qui possèdent une méthode et veulent prendre les objets en main au lieu de les apercevoir d'un coup d'œil rapide.

Le premier soin du cinéaste poète sera donc de traiter un conte ou une légende comme un mécanisme quotidien et de croire aux sortilèges comme aux actes de chaque minute.

outerai-je que ces actes, avalisés par l'habitude, sont en somme aussi étrangers que les actes surnaturels inventés par l'esprit ?

L'homme s'est donné le droit à la longue de créer un monde qui se superpose au monde visible et de rendre visible le monde invisible au commun. J'estime que ce monde, non seulement existe au même titre que l'autre et oblige les personnes incrédules à se mettre en garde, les inquiète jusqu'à réveiller en eux des sens qui dorment, mais encore qu'il précède des manifestations encore anormales et qui risquent de devenir normales à la longue.

Les poètes, depuis Arthur Rimbaud, ont cessé d'agir par un simple charme. C'est par les *charmes* qu'ils agissent en employant le terme dans son sens le plus dangereux. Au lieu de plaire, le poète effraye. Cela explique la lutte qu'on mène contre lui. Dès le réveil il met en branle des forces que les gens subissent dans le rêve et qu'ils se dépêchent d'oublier.

Le cinématographe est une arme puissante afin d'obliger les hommes à dormir debout. La nuit des salles et la lumière lunaire de l'écran sont assez propres à provoquer l'hypnose collective grâce à laquelle agissent les fakirs des Indes. (*Filmkunst*, 22-11-1948.)

LA POÉSIE AU CINÉMATOGRAPHE

Je suis très étonné chaque fois que j'entends parler à tort et à travers de la poésie au cinématographe, du merveilleux au cinématographe et singulièrement d'« évasion », terme à la mode qui consiste à dire que le public cherche à se fuir, alors que la beauté sous toutes ses formes nous oblige à rentrer en nous et à trouver dans notre âme les ressources profondes que les personnes frivoles s'acharnent à chercher ailleurs.

Cette distraction, que la critique a pris l'habitude de confondre avec un enrichissement interne, risque de lancer sur de fausses pistes toute une jeunesse soucieuse de prendre en main le porte-plume coûteux du cinématographe, et de s'exprimer avec l'encre de lumière.

Plus je m'efforce d'étudier le métier du film, plus je m'aperçois que son efficace est d'ordre intime, confessionnel et réaliste, plus je constate que les moyens qui semblent être son privilège, nous écartent de la bonne route pour nous perdre sur celle de la fantaisie et du pittoresque, route néfaste où s'égarent tous ceux qui ne savent pas que l'irréalité elle-même est un réalisme possédant ses lois sévères. Rien de plus détaillé, rien de plus enchaîné que les actes du songe dont la faiblesse seule de notre mémoire nous embrouille le fil.

Un film n'est pas un rêve qu'on raconte, mais un rêve que nous rêvons tous ensemble en vertu d'une sorte d'hypnose, et le moindre défaut du mécanisme réveille le dormeur et le désintéresse d'un sommeil qui cesse d'être le sien.

Par rêve, j'entends une succession d'actes réels qui s'enchaînent avec l'absurdité magnifique du rêve puisque ceux qui y assistent ne les eussent pas enchaînés de la même manière, ne les eussent pas imaginés, et les subissent, de leur fauteuil, comme ils subissent, dans leur lit, des aventures étranges dont ils ne sont pas responsables...

Les enquêtes qui portent sur ces problèmes posent des questions auxquelles il est impossible de répondre. « Préférez-vous le film féerique ou le film réaliste ? » – « Préférez-vous le réalisme ou le non-réalisme ? » – et autres sornettes qui prouvent que ceux qui nous interrogent ne se sont jamais penchés sur ces choses et ne les ont jamais mises à l'étude.

L'équipe est indispensable à nos entreprises. Un homme seul ne parviendrait pas à mouvoir l'usine qui met la vie en conserve, mais la pensée de l'homme qui dirige un film doit être assez puissante pour que cette grande machine lui obéisse.

Chaque ouvrier s'efforcera de fournir le maximum de travail dans sa sphère et ne s'occupera pas de l'ensemble. Et cela est si vrai que les spécialistes groupés dans la salle de projection (je n'excepte pas les acteurs) ne regardent pas le film, ni ne l'écoutent, ils ne s'intéressent qu'à ce qui relève de leur effort.

Le spectateur, étranger au film, qui assiste à la projection du soir, en usera de même et, soit cherchera dans l'intrigue ce qui ressemble à ses propres souvenirs, soit refusera l'hypnose parce que la claquette du machiniste et la suite de scènes analogues l'empêcheront de dormir du sommeil imaginatif.

Une souffleuse au Théâtre Hébertot s'extasiait sur les pieds de Mme Edwige Feuillère dans *L'Aigle à deux têtes*, c'était ce qu'elle voyait de sa boîte.

Un seul homme constate le total et juge si les responsabilités individuelles se coordonnent et couvrent la sienne, si ce qu'il a voulu se dégage du travail de chacun.

On comprendrait donc que cet homme tremblerait sans cesse s'il ne plongeait dans une sorte de sommeil harassant et s'il ne se reposait un peu sur l'instinct de conservation qui anime les différentes parties de son organisme et les force à vivre.

Dans cet état dont je parle, et même s'il en a réglé le moindre détail à l'avance (car les uns exécutent ponctuellement ce qu'ils ont écrit, et les autres improvisent sur place), il serait fou de croire qu'il reste une marge qui permette de se préoccuper de poésie, de fantastique, de merveilleux. De s'évader *comme ils disent*, il reste, en fait de marge, la conscience professionnelle d'un ouvrier ébéniste en train de construire une table et qui ne cherche qu'à la rendre solide sur ses pieds, avec des tiroirs qui fonctionnent et des angles nets.

Après cela, viendront les spirites, s'ils le veulent, c'est le public, coude à coude, dans l'ombre, qui posera les mains sur cette table et la fera tourner et parler selon les ressources secrètes, puisque les paroles qu'on prête aux tables tournantes sortent de notre poche et viennent de notre nuit.

Le rôle du public est immense, il faudrait le lui réapprendre. Il est dommage qu'il perdre le sens du cérémonial et des pompes. Le théâtre, par la faute des mille magazines qui prétendent introduire chaque lecteur dans les coulisses et l'intimité des artistes, n'oppose plus aux foules le buisson ardent de la rampe, la solennité du rideau rouge, des trois coups et d'un silence presque religieux. Chacun arrive en retard, piétine, dérange des rangées de personnes assises, parle à l'ouvreuse, tousse, crache, et, ne songeant qu'à son véhicule, se hâte de partir, lorsque les acteurs qui se sont dépensés pour lui le saluent.

Je veux bien que le public français soit impropre à l'hypnose collective, lui résiste de toutes les forces de son individualisme et veuille prouver son intelligence par la critique. Je veux bien que ce sensible public d'élite se tienne sur ses gardes et craigne qu'on ne le roule alors qu'on lui donne le sang de ses veines et qu'on s'épuise pour chercher à le convaincre. Il n'en est pas moins vrai qu'un minimum de politesse s'impose, et que le fait d'avoir payé son fauteuil ne le tient pas quitte et ne lui permet pas de se conduire comme un porc.

Et si l'homme qui exécute une œuvre cinématographique nous livre l'essence de son âme et de son cœur, justement parce qu'il ne contrôle pas cet élan, qu'il s'oblige à une tâche modeste et que cette essence s'échappe de sa personne profonde, essence et charme dont l'efficace vient justement de ce qu'il ne les calcule pas, comment voulez-vous que cette essence, cet élan, ce charme agissent, si son vrai collaborateur, le public, oppose une mauvaise grâce inattentive à l'offre d'un mariage d'amour ?

Si le public s'exerce à perdre ses facultés d'enfance, s'il se veut une grande personne incrédule incapable de se glisser jusqu'à cette zone où les irréalités sont admises comme évidentes, s'il s'efforce de se raidir contre l'euphorie qu'on lui offre, s'il se moque des choses qui le dépassent au lieu de chercher à se hausser jusqu'à elles, bref, s'il joue les esprits forts en face des mystères du culte de l'art, je ne m'étonne plus qu'on se plaigne de ce que les producteurs penchent à n'entreprendre que des films d'une vulgarité funeste.

La manie de comprendre – alors que le monde que les gens habitent et les actes de Dieu sont en apparence incohérents, contradictoires et incompréhensibles –, la manie de comprendre, dis-je, les ferme à toutes les grandes vagues exquises que l'art déroule aux solitudes où l'homme ne cherche plus à comprendre mais à ressentir.

C'est pourquoi le cinématographe me passionne, il dépasse le petit public de théâtre, il risque davantage d'atteindre dans le monde les quelques âmes qui cherchent une nourriture et crèvent de faim. (*L'Amour de l'Art*, nos 37-38 et 39 ; *Cinéma*, 1949.)

Mon problème numéro un

Mon problème numéro un : c'est de ne pas [me] croire un professionnel, de ne pas devenir la victime des tics professionnels, de l'automatisme d'une méthode, de rester un amateur. (Le dictionnaire Larousse dit : « Amateur. Qui s'adonne aux Beaux-Arts sans en faire profession, qui a du goût pour quelque chose ») ; de ne pas m'encombrer, me paralyser de technique.

Clouzot, après avoir vu *Orphée* disait : « Ce film prouve que la technique n'est que de l'invention. » Il est certain qu'en se perfectionnant on s'émousse, et qu'il est capital d'aborder un travail comme si on l'abordait pour la première fois. Vous me répondrez que, dans un film, je m'entoure de techniciens et de spécialistes. C'est exact, mais je m'arrange pour qu'ils ne respectent pas plus que moi la technique ou qu'ils m'aident sur des routes de traverse. Ils m'y suivent avec bonne grâce, et ces routes les obligent à mettre en œuvre le génie inventif, qui est, en France, extraordinaire. Je leur demande l'impossible. Ils le rendent possible et d'une sorte qu'on ne leur a pas appris. Les seuls qui se cabrent parfois sont les assistants stagiaires, parce qu'ils viennent de l'école. Je les taquine, pour leur bien. Et comme ils sont de braves types, ils reconnaissent vite que mes fautes ne sont pas de mauvaises habitudes, et que l'emploi de certaines fautes, ou de ce qu'ils considéraient comme telles, donne de la force, tandis que la règle endort.

Mon problème numéro un sera donc, outre une volonté d'oublier tout, le choix moral de mon équipe. Je ne parle pas de la morale des moralistes. Je veux dire que j'exige une tenue de l'âme, une noblesse pendant le travail et en marge du travail.

Le reste ne me concerne pas. Poésie ou réalisme sont des mots. Un certain mystère est le réalisme qui m'est propre, une vérité que j'exprime et que je charge les images de rendre indiscutable, puisqu'elles ressemblent à un rêve rêvé en commun.

Que l'on approuve ou désapprouve mes entreprises, c'est une autre affaire. L'essentiel est que je les mène jusqu'où je voulais les mener, et j'en serais incapable sans mes acteurs, mes décorateurs, mes opérateurs, mes machinistes. Chacun de nous possède son système, il n'existe aucune règle d'Aristote. Mais, n'étant pas cinéaste de métier, il importe que je n'empiète pas sur les privilèges de mes camarades qui consacrent leur vie au cinématographe et doivent tourner film sur film. *(L'Écran français*, n° 322, 12-9-1951.)

À PROPOS DE LA BIENNALE DE VENISE

Cet air qu'ils ont d'être posés n'importe où sur une table contribue à donner aux édifices de la place Saint-Marc l'aspect insolite d'objets d'or sortis de la poche de quelque doge et abandonnés par des cambrioleurs qui n'en connaissaient pas l'usage.

C'est au palais des Doges, dans la cour, que se projetaient les films de la Biennale. C'est-à-dire que sur un linge de plus pendu contre les marbres le public devait suivre le drame à travers les cloches du campanile et le vol des papillons de nuit. J'en parle par la rumeur qui se propage de chaise à chaise à l'heure où les pigeons forment des rafales, où le café noir coule de source, où les panneaux publicitaires du cinéma tombent les uns après les autres au moindre souffle de l'Adriatique.

Notre travail de *Ruy Blas*, au studio de la Giudecca, nous retenait jusqu'à neuf heures et nous empêchait d'assister aux films.

Un festival ajoute fort peu du reste à l'allure perpétuellement festive d'une ville morte construite sous l'influence de la peur et d'une folie analogue à celle de naufragés qui tâchent de hisser leur fortune au-dessus des vagues. Rien n'est plus étrange à Venise que le spectacle de gros hommes d'affaires qui sortent des hôtels chargés de lunettes d'écaille et de sacoches de cuir, obligés de se mettre au rythme des mascarades, sérénades et autres paresses.

Toute la vieille magnificence est en place. Le palais Dario la résume, dont j'ai dit jadis qu'il évoquait Mme Sarah Bernhardt, perché à droite et saluant la foule.

D'après ce qu'on me rapporte il me semble que la technique augmente ses ravages et que la machine, par sa faute, continue à vaincre l'esprit. Seuls les derniers films italiens, auxquels l'Italie n'attache du reste aucune importance, arrivent à vaincre la machine et profitent de l'inconfort grâce auquel l'esprit triomphe toujours.

C'est le cas de *Païsa*, l'admirable film de Rossellini, où un homme s'exprime par l'entremise d'un peuple et un peuple par l'entremise d'un homme, avec une désinvolture parfaite.

C'est le privilège des films d'Emmer dont l'entreprise consiste à bâtir son style sur un tableau ou sur une fresque et à employer les grands acteurs que lui fournissent un Jérôme Bosch, un Giotto, un Uccello. Sa sensibilité lui permet d'animer une œuvre immobile, de la douer d'une vie intense, de mettre la machine (la caméra) au service de l'âme, de la vaincre en quelque sorte et de faire oublier la technique du cinématographe et celle du peintre au bénéfice d'un éclairage spirituel complètement neuf et complètement inattendu. Cette animation de la toile par le travelling, le cadrage d'une figure, l'importance extrême d'un détail, un lent recul de l'appareil, nous bouleversent et nous obligent à nous avouer que nous connaissions fort mal tel chef-d'œuvre que nous pensions connaître par cœur.

À Venise, pas de police en uniforme. La bonne humeur est le signe distinctif des figurants qui hantent son décor et flânent dans le méandre de ses belles coulisses. À quoi servent les théâtres et les cinématographes ? Tout est théâtre à ce peuple gracieux pour lequel chaque boutique est un spectacle, qui ne mange presque rien et qui s'amuse sans révolte de voir les touristes dévorer dans la rue où les restaurants débordent.

Ce ballet de Carpaccio, de Goldoni, cette promenade, ces cortèges nocturnes des gondoles qui progressent comme une coulée de lave lente autour d'un casino de lumières dont le dôme se baisse pour passer les ponts de bois, bref cette continuelle distraction de l'œil invite le monde à ne pas s'enfermer dans une salle close. Venise n'en possède pas moins un théâtre modèle : la Fenice où mes artistes de *L'Aigle à deux têtes* vont aller jouer pour le Festival.

Un soir, un gala, passe encore. Je n'ai pas vu les films, je le répète. Et j'imagine mal une suite de représentations en marge de cette fête qu'est Venise et dont on est banni dès qu'on s'en écarte. (*Carrefour*, 8-9-1947.)

Du film maudit

Il importe de nous expliquer sur le sens exact du terme « maudit » employé dans le domaine du cinématographe.

Le terme « poètes maudits » est de Mallarmé. Il désigne les poètes dont l'œuvre déborde les cadres normaux et dépasse la ligne au-dessous de laquelle s'expriment les poètes médiocres. Ces poètes maudits échappent à l'analyse et les juges préfèrent les condamner d'office. Il en résulte qu'ils ne profitent plus des avantages de ce qui reste *visible*, qu'ils deviennent en quelque sorte *invisibles*, sauf à ceux dont l'œil regarde loin et aime à scruter les douces lumières insolentes et profondes.

L'invisibilité que Mallarmé baptise malédiction se produit, en outre, dès qu'un homme cherche à contredire une mode, fût-elle d'extrême pointe. C'est alors que l'invisibilité devient parfaite puisqu'elle ne saurait plus bénéficier du prestige des énigmes. Après une longue époque d'énigmes, il arrive que l'audace se présente sous les auspices de la simplicité. Voilà une grande minute de solitude. Car ni les simples, ni les intellectuels ne la reconnaissent.

Il nous a semblé urgent de signaler le problème où s'embourbe le cinématographe. N'est-il pas le seul art qui ne puisse, qui ne doive attendre et que les sommes qu'il coûte obligent à une réussite immédiate ? Or, pour certaines âmes, de moins en moins rares, le cinématographe est un moyen admirable de donner corps à des rêves individuels, de permettre à un grand nombre de personnes de participer à des choses secrètes, d'expulser et d'orchestrer de la solitude. Il est bien entendu que par rêves je n'entends pas rêves du sommeil, mais spectacles qui s'organisent dans la nuit de l'homme et que le cinématographe projette en pleine lumière. La nuit des salles devient alors semblable à celle du corps humain où une foule d'individus rêveraient ensemble le même rêve. Une minorité non pensante ou mal pensante et possédant les ressources qui permettent de devenir une majorité a pris l'affaire en main, dès l'origine, ou presque. Une minorité pensante la dérange. Son rêve, à elle, est de détruire cette minorité pensante et de la rendre inoffensive. Elle a décidé qu'elle connaissait le public et qu'elle savait ce qu'il lui faut. Comme elle juge le public à sa mesure, elle le mésestime. Elle décrète que, le cinématographe étant une entreprise populaire et le peuple étant bête, il est capital de ne pas lui demander le moindre effort. Ces riches minoritaires se trompent. Le peuple est beaucoup plus près de la minorité pensante que de la leur. Chaque minute le prouve et augmente leur débâcle ; mais, comme ils ne veulent pas se résoudre au risque, ils refusent d'en comprendre les motifs et déclarent que l'industrie cinématographique est en baisse, qu'elle menace de faire faillite.

La faute est d'avoir considéré le cinématographe sous le seul angle industriel. Le cinématographe est une machine mais ce qu'elle fabrique ne saurait se vendre selon les méthodes de vente du textile. Si les producteurs avaient eu la malice de mettre leurs bonnes bouteilles en cave, ils s'apercevraient que leurs triomphes sont morts et que certains de leurs navets (ce qu'ils considéraient comme tels) peuvent rapporter des fortunes. L'échec préalable (considéré comme définitif au cinématographe) est l'honneur des chefs-d'œuvre. Qu'on ne s'y trompe pas, l'échec n'est pas obligatoire. Un succès de malentendu peut donner le change. C'est que les films de Charles Chaplin, véritables drames de Kafka, s'imposèrent par le fou rire et qu'il arrive qu'on les accuse de n'être plus si drôles alors qu'ils prennent leur véritable place, parce que le dramatique y prime le comique. C'est en vertu de cette découverte que la minorité non pensante condamne un chef-d'œuvre où Chaplin se résume: *Monsieur Verdoux*. Les merveilleux films d'Harry Langdon étaient du même ordre. On ne les a pas trouvés drôles, bien entendu. Ils ont ruiné leurs producteurs et leur auteur. Ce sont des films *maudits* par excellence. *Peter Ibbetson*, *La Force des ténèbres*, *Les Rapaces*, autant de chefs-d'œuvre enterrés vifs.

Le moment est venu de leur rendre hommage et de sonner l'alarme. Le cinématographe se doit d'afficher ses titres de noblesse et de vaincre un esclavagisme dont tant d'hommes courageux tâchent de s'affranchir. Un art inaccessible aux jeunes ne sera jamais un art.

On me répondra par des chiffres.

Je répondrai par des chiffres. La crainte du risque ruine les producteurs. On ferme la porte aux surprises. Les meilleurs films surgissent dans la difficulté. C'est à leurs pires moments que la Russie, l'Allemagne, l'Italie ont brillé sur les écrans du monde. Dès que les pays se relèvent (s'enrichissent), le niveau des films baisse. D'autant mieux que la minorité dont je parle trouve ces films de mauvaise propagande et retombe dans les erreurs.

Il n'y a pas de production cinématographique. C'est une farce. Pas plus que de production littéraire, picturale et musicale. Il n'y a pas d'années de bons films comme il y a des années de bons vins. Le beau film est un accident, un croc-en-jambe au dogme et ce sont quelques-uns des films qui méprisent les règles, de ces films hérétiques, de ces films *maudits* dont la Cinémathèque française est le trésor, que nous prétendons défendre. (Festival du Film maudit, Biarritz, 1949.)

La leçon des festivals

Vous me demandez quelle est, selon moi, la leçon des festivals qui se succèdent à une cadence impressionnante.

En ce qui me concerne, je préfère le plébiscite. Il renseigne davantage et il est rare qu'il ne corresponde pas à nos préférences secrètes. Mais le festival tourne ses projecteurs sur un art auquel la France n'accorde pas la place qu'il mérite. Cela vient de ce que le cinématographe est fort jeune et qu'il commence seulement à sortir du mécanisme industriel et à reprendre les lettres de noblesse auxquelles il avait droit de prétendre à sa naissance.

Un festival aide à secouer la paresse qui pousse les uns à mésestimer le public, les autres à considérer les salles de cinéma comme un tunnel d'ombre qu'on traverse distraitement.

Un festival pose des problèmes que le jury cherche à résoudre et, comme plusieurs personnes discutent, chacune de ces personnes en reflète d'autres et le verdict a des chances de s'approcher d'un verdict innombrable.

Au festival de Biarritz (films maudits) nous avons donné la palme au film américain *Le deuil sied à Électre*. Nous hésitâmes entre ce film et *La nuit porte conseil*, de Pagliero. Mais, malgré la grâce du film de Pagliero, conté comme quelque conte arabe, nous estimâmes que Pagliero travaillait dans une liberté plus grande que les metteurs en scène américains, lesquels se trouvent en face des obstacles insurmontables de la censure et des circuits trop vastes.

Le deuil sied à Électre représente donc le type du film maudit, c'est-à-dire du film dont aucune circonstance n'entrave l'audace et qui brave les risques avec un courage extraordinaire. Qui, du gros public, connaît les Atrides ? Les meurtres et les suicides s'accumulent. Les acteurs parlent sur le mode théâtral de la tragédie.

Seulement, ce film n'est point du théâtre car le cinématographe pose sa loupe terrible sur les détails de l'intrigue et le gros plan y joue le rôle du masque antique. Bref, si un public paresseux boude le film, un festival, lui, en aura quand même souligné la réussite hautaine.

Le festival de Cannes, par son importance et l'espèce de solennité dont il s'entoure, rend au septième art un service immense. Certains dangers en menacent l'exercice. Il arrive que des films trop attendus énervent l'opinion préalable et s'y brisent contre une injustice momentanée. Dans ce cas, la justice se reforme d'elle-même et le festival aura encore rendu le service d'obliger l'œuvre à sauter l'obstacle et à se prouver par ses propres moyens.

De toute manière, il importe que le festival existe et pousse les coureurs à courir la course. Plus un festival couronnera d'œuvres exceptionnelles, plus les producteurs et distributeurs perdront la crainte de ce public qu'il leur arrive de méconnaître et qui ne demande qu'à se laisser conduire plus loin.

P.-S. – On a tant imprimé d'erreurs au sujet du sens de notre festival de Biarritz que j'aimerais préciser un peu plus. Il ne s'agissait pas de projeter des films que le public boude. Il s'agissait de projeter des films qu'une malchance a empêché de prendre contact avec le public et des films qu'on hésite à mettre en circulation par crainte de ce public, beaucoup plus sensible qu'on ne le suppose. (*Cinémonde*, n° 787, 5-9-1949.)

Chance à *Cinémonde*

Du plus loin que je me souvienne, j'ai toujours écrit du dessin et dessiné de l'écriture. Il était naturel que je m'exprimasse par l'entremise du film, puisqu'il est le type du mariage de ces deux alternatives. <u>On y parle avec une image et cette image parle.</u> C'est pourquoi, sauf dans une ou deux circonstances, je n'ai jamais cherché à faire ce qu'on nomme du cinéma, je n'ai cherché qu'à joindre les deux bouts, c'est-à-dire <u>à rendre plastique cette langue des poètes</u> qui est une <u>langue à part</u> et non, comme le croient les gens, une certaine manière différente d'employer la leur.

C'est pourquoi j'ai toujours dit que ce n'était pas mon métier propre, que je n'étais pas cinéaste et que je ne m'estimais pas astreint à tourner film sur film.

Tous nos camarades se sont pliés aux règles mystérieuses sans même s'en rendre compte. Leurs films sont muets et parlants. Ils agissent à la fois par un fait qui s'impose puisqu'il se prouve, même si ce que nous nommons réalité le désapprouve, et par des paroles qui donnent une langue à ces statues vivantes dont Moussorgsky prophétisait la naissance à la minute de sa mort : « Un jour, dit-il, l'art s'exprimera par des statues qui bougent. »

Lorsque certaines personnes comprennent mal cette étrange coupe du temps, l'étrange phénomène de perspective dont Miss Moberly et Miss Jourdain furent le théâtre à Trianon, il est simple de répondre – un film est entier dans une boîte, il existe, il *préexiste*. L'appareil de projection vous le déroule comme font le temps et l'espace lesquels, bizarrement mêlés ensemble, ne nous permettent que de vivre peu à peu, seconde par seconde, des épisodes qui doivent se produire en bloc.

Dans le rêve, le déroulement se dérange, la Parque emmêle ses laines, une liberté de nos œillères nous permet de vivre côte à côte avec nos morts et dans des circonstances inconnues. Et même, dirai-je, de vivre *ce qui sera* et que les limites de notre organisme nous font prendre pour de la prophétie (rêves prémonitoires). En vérité, l'acte futur n'obéit pas aux règles de notre règne.

Il est donc capital que tant d'énigmes et une machine qui nous autorise à prendre les libertés du rêve possèdent une presse de magazines qui les rendent aimables et cachent sous une apparence rassurante la force terrible de ces « jeux interdits ».

Cinémonde se place en tête de liste. Je lui souhaite donc bonne chance et à ses lecteurs qui, certaines lettres me le prouvent, se montrent sensibles à des problèmes qui dépassent l'Oscar, le festival et la simple actualité. (*Cinémonde*, n° 1 000, 2-10-1953.)

MESDAMES, MESSIEURS

Je m'excuse de monter sur cette estrade avec un papier à la main. Ce n'est pas dans mes habitudes. Seulement la fatigue m'a déjà fait perdre la voix et je crains si j'improvise qu'elle ne me fasse perdre la tête.

Un palmarès est obligatoirement injuste. Trop de films et trop peu de prix.

C'est pourquoi mes camarades et moi n'avons pas jugé en juges – ce qui serait ridicule – mais en simples spectateurs. En outre le rôle de président du jury est fort désagréable, car s'il n'arrive pas à réunir une majorité il endosse injustement l'échec du film. Il en va de même pour chacun des membres de notre groupe dont la meilleure joie aura été de nous passionner ensemble sans aucune ombre mauvaise lorsque nos opinions ne concordaient pas.

Puisqu'on m'a demandé de faire le point – une chose me frappe cette année. De toutes parts la science des cinéastes s'affirme. L'instrument existe et cette aisance générale dans l'écriture du style visuel délivrera de certaines contraintes et laissera l'instrumentiste beaucoup plus libre de ne se préoccuper que de ce qu'il joue. La tendance d'ensemble serait d'exposer soit un problème social soit un problème moral. Rare est le film qui se contente d'être un problème en soi, problème soulevant des controverses où les antagonistes se disputent autour d'un objet à quoi rien d'autre ne se mêle que sa propre substance. Ceci n'est pas une critique de poète. Le film est une tribune considérable et le film qui plaide semble répondre à l'immédiat dont la servitude représente le privilège et le danger de l'écran.

Au reste, le palmarès n'est, en ce qui me concerne, pas la grande affaire de Cannes. J'en suis une preuve, puisque l'échec monumental de *La Belle et la Bête* dans une compétition analogue n'a pas empêché le film de courir le monde et de remporter ensuite de hautes récompenses.

Ce qui importe dans le Festival et le hausse au-dessus d'une distribution des prix à des élèves qui sont des maîtres, c'est la rencontre, le contact humain d'esprits séparés par de longues distances, c'est d'être un *no man's land* du mur des idiomes, c'est de voir au fronton du palais que je surnomme Berlitz School, parce que j'y apprends les langues, notre mistral méditerranéen marier des drapeaux qui n'ont pas toujours eu la chance de vivre ensemble. Si les nations participantes estiment que j'entre pour une faible part dans un style de concorde, j'en serai très fier et leur en exprimerai toute ma gratitude.

Je forme le vœu qu'il vous reste demain le souvenir d'une période où la seule bataille fut une bataille de fleurs.

Et maintenant, Mesdames, Messieurs, je vous demanderai d'applaudir avec moi une vedette qui n'est ni des planches ni de l'écran, une vedette qui nous a aidés d'un bout à l'autre du Festival 1954 par la beauté et par la grâce de sa présence, la princesse Aga Khan. (Allocution prononcée au gala de clôture, le 9 avril 1954, du festival de Cannes.)

Le cinéma et la jeunesse

La bêtise et la vulgarité ne sont pas neuves en ce monde, mais elles possèdent maintenant des estrades et des haut-parleurs. Non seulement elles ne se contentent plus de suivre ou de tourner casaque, mais elles pensent et elles s'expriment et on leur en offre criminellement l'occasion.

Qui donc est le criminel dans ces séances de la radio où n'importe qui ose chanter ou faire de l'esprit sur d'invisibles planches. Qui donc permet à des imbéciles incultes de juger nos œuvres avec une morgue et une désinvolture grotesques. Qui donc, dis-je, est responsable du robinet d'eau sale qui coule dans nos chambres ? C'est, outre les entreprises qui invitent ce joli monde à prendre la parole, l'indulgence constamment d'un public qui l'accepte et ne le jette pas dehors à coups de pommes cuites. Car outre ceux qui suivent le programme des ondes, des publics en chair et en os acclament ces monstrueuses balivernes. Or, sachez que c'est cette vague de sottise active qui encombre nos routes et qui vous empêche de courir pour transmettre le flambeau.

Vont-elles vous écouter, vous regarder, vous accorder une minute d'attention respectueuse, ces personnes qui s'imaginent que l'art est une entreprise fantaisiste chargée de les distraire ? Ils marchent la tête haute et braillent coiffés du bonnet d'âne comme les anciens conscrits.

Messieurs, voilà déjà une période assez longue que j'ai décidé de rester à l'écart aussi bien dans le domaine du livre ou du théâtre que dans celui du film. Je ne fais pas entrer en ligne de compte les reprises ou rééditions d'anciens ouvrages. Le motif de ce silence est exactement le même que celui qui me décide à prendre ce soir la parole devant vous.

Pourquoi notre ville offre-t-elle un spectacle morne, je vous le demande ? Pourquoi cet air de ville morte, alors que Paris a toujours été la ville la plus vivante qui soit. Eh bien, je vais vous le dire. C'est que les jeunes ne peuvent plus payer ce que la moindre sortie exige. Leur place est prise par les poches pleines et les têtes vides. Monde étrange ! Même les escarpes des livres de Simonin relèvent des *Trois Mousquetaires* et d'une mythologie de la pègre, car dans leur naïveté, les risque-tout ne s'aperçoivent pas qu'ils sont remplacés par les maîtres du risque-rien, par une pègre bourgeoise, par des pirates qu'ils prennent pour des « caves ».

Bref, jeunesse et audace ont déserté notre piste, et pour cause. Dans le cinématographe la méthode est pareille. Une génération qui n'est, hélas, autre que la mienne a entouré l'entreprise cinématographique de fils de fer barbelés, afin de la rendre inaccessible aux jeunes.

Tout coûte trop cher, films et nourriture. Jadis, à Montparnasse, nous pouvions nous payer le luxe d'être pauvres, car c'est un luxe, puisque l'argent avalise tout et rend tout médiocre par crainte du risque. En 1956 la pauvreté coûte trop cher. Et qu'on ne me raconte pas que le billet de mille francs correspond au un franc et aux dix francs qui furent notre fortune.

Autre chose. La hâte a tout perdu. D'où vient-elle ? De ce qu'on ferme les portes au nez de qui ose. Et qui « ose », s'énerve et perd le contrôle. Trop de voitures insolentes éclaboussent la marche à pied, le tourisme spirituel, le camping de l'esprit. Le jeune homme qui marche se décourage, et comme je l'ai déclaré dans mon discours de réception à l'Académie française, il se livre à la pantomime de l'auto-stop. Le voilà convaincu qu'il va vite. Mais cette vitesse n'est pas la sienne, pas davantage que n'est sien le véhicule dans lequel il perd son temps en croyant qu'il le gagne.

Tous les pièges lui sont tendus et, en première ligne, le piège des prix littéraires dont on lui présente le morceau de sucre, l'obligeant à faire le beau et, encore une fois, à se perdre. Que lui disent le diable et les organisateurs de prix littéraires ? « Abandonnez donc votre rêve posthume. Accrochez-vous à l'immédiat. N'écrivez pas comme ceux qui firent la gloire de la France. Ne soyez plus des martyrs stupides. Fabriquez-moi vite un livre de vente. » Et voilà le malheureux type privé d'ombre, de cette ombre où mûrissent les fruits spirituels.

Passons à ce pourquoi je me trouve ce soir sur l'estrade de la Sorbonne.

La hâte pousse à créer trop vite, je le répète. Et nous sommes aux prises avec les textes de l'innombrable scénario. Qu'est-ce donc qui nous manque au milieu d'une jungle de jeunesse nerveuse et désespérée ? Une jeunesse qui remplacerait l'équipe, non pas de créateurs, mais de ceux qui leur ouvrent les portes et permettent à leurs dons de s'épanouir. Une jeunesse de producteurs, de distributeurs, d'éditeurs, de libraires. Bref, une nouvelle équipe sans fatigue, apte à comprendre un âge qui s'ébauche, au lieu de chercher le secret de la réussite dans les plus mauvaises preuves du passé, ou bien à obéir à la demande d'une foule somnolente et en colère contre tout ce qui la réveille. Que dis-je ? Nous connûmes, nous, cette colère terrible des réveils en sursaut. Mais aujourd'hui ces réactions violentes ne sont plus possibles. Non seulement parce qu'on a été trop bâtonné, et qu'on a la frousse de l'être encore, mais parce qu'on ne bâtonne plus. Et pourquoi ne bâtonne-t-on plus ? Parce que les œuvres sont soumises au triage d'un tribunal qui s'imagine que la médiocrité représente la seule garantie de correspondre à une autre médiocrité qui est celle de ce tribunal et qu'il suppose être celle d'une foule possédant au contraire un mystérieux instinct du neuf et du beau.

Car, ne l'oubliez pas, on m'a toujours répété que je travaillais pour une élite et que mes ondes n'allaient pas plus loin. Or, chaque fois que je produisais une œuvre, l'élite me tournait le dos et il me fallait sauter cet obstacle pour que mes œuvres puissent prendre le large et joindre mon vrai public.

On pourra m'objecter que le rôle de producteur ou d'éditeur se trouve fermé aux jeunes par la fortune préalable qu'il suppose. Mais cette nouvelle équipe dont je parle, je l'espérais tout de même, contre toute attente, et, dernièrement, j'ai eu la surprise de constater qu'elle se forme et que des coulisses du drame sortent enfin des machinistes qui, au lieu de chercher la gloire des vedettes, apprennent patiemment et courageusement les métiers difficiles qui consistent à venir en aide à cette riche effervescence qui fait depuis la guerre de 40 danser le couvercle de la marmite.

Et que ça saute ! Expression parfaite, comme toutes celles de ce style qui n'est pas l'argot, mais la langue du roi dont parle Peter Cheyney, dont il use, dont usaient Shakespeare, Villon, Montaigne, et dont aujourd'hui quelques livres policiers anglo-saxons retrouvent curieusement le relief et le vif.

Et que ça saute ! Que saute le couvercle de la marmite, et que l'eau de feu déborde. Mais au lieu de se répandre au hasard et de s'évaporer, qu'elle serve à mettre en marche la plus noble machine du monde. Celle que nos machines modernes ne remplaceront jamais, celle qui fabrique la poésie dont j'affirme qu'elle est indispensable, même si j'ignore à quoi.

Ce soir, messieurs, nous allons vous montrer quelles forces de poésie et d'originalité se perdent et quel noble acharnement ces forces mettent à essayer de vivre avec les pauvres moyens du bord.

L'audace est morte, vive l'audace. (Discours prononcé à la Sorbonne en 1956.)

LE RENDEZ-VOUS DE CANNES

J'avais été très heureux du titre de Louis Lumière que je venais de recevoir en hommage des organisateurs du festival : « Président d'honneur du festival de Cannes ». Très heureux, parce qu'il récompensait mes efforts de présidence effective pendant deux années de suite et, surtout, parce qu'étant idéologique, il ne me contraignait pas à interrompre mon travail et à paraître (non qu'il me déplaise de vivre en contact avec un milieu dans lequel j'ai trouvé un esprit d'équipe et presque de famille), mais je me suis, pour ainsi dire, retiré de la ronde et, en outre, ce contact avec le cinématographe me donne toujours une manière de tristesse, de regret, comme une tentation de reprendre des habitudes qui me sont, jusqu'à nouvel ordre, interdites.

Seulement, Favre Le Bret, sous une apparence nonchalante et benoîte, dissimule pièges et ruses. Il m'aime bien, je crois, et sait que, s'il le faut, je me dépense sans réserve. Bref, il me téléphone dans mon refuge de la Côte et me dit que pour le Festival 1957 le jury se composerait des anciens présidents. « Il m'était donc impossible de me soustraire à la tâche. »

Je crus alors très habile de répondre que j'acceptais si tous acceptaient, certain que les besognes d'un au moins d'entre nous l'éloigneraient de Cannes et désorganiseraient le machiavélisme de Favre.

Je me trompais. Mus, je le suppose, par la même attraction nostalgique de ce palais où le mistral mélange des drapeaux, ne fraternisant pas toujours en d'autres circonstances, tous les anciens présidents répondirent à l'appel.

Et voilà pourquoi, cette année, nous nous réunirons comme les fantômes de fêtes mortes autour d'une longue table verte analogue à celle de l'Académie.

J'ai proposé à Favre, puisque le tribunal se compose de présidents, que nul d'entre eux ne préside. J'ignore s'il suivra ce sage conseil, mais il nous éviterait des responsabilités dont je connais la lourde charge.

Je répète souvent que je suis davantage de la race des *accusés* que de celle des *juges*, qu'il m'est fort désagréable de juger quoi que ce soit ou qui que ce soit, de récompenser l'un et de défavoriser l'autre. À ce jeu, on ne récolte que bastonnades.

Mais il y a la Croisette au soleil, l'Esterel mauve, la salle obscure et sa machine à ressusciter les ombres, les conciliabules à l'hôtel, le souvenir des studios où nos décors qui se suivent, s'érigent et se ruinent à toute vitesse, laissent comme la géométrie secrète d'un mystérieux labyrinthe...

Et puis, il y a ce prodige : la camaraderie. Et Max Jacob avait beau m'écrire : « Tu ne connais que la passion amicale, tu n'as aucun sens de la camaraderie... » Peut-être qu'il se trompe. Car, dès que je retrouve un milieu d'où me sont venues tant de joies et tant de peines, je ne résiste pas, je me laisse aller à faire la planche sur un élément plein de monstres sacrés et d'étranges merveilles. (*Les Lettres françaises*, n° 669, 2-5-1957.)

André Lang a oublié que le jury de 1957 n'a pas été recruté sous la Coupole, mais qu'il se compose des anciens présidents.

En ce qui concerne la dépêche bien pensante expédiée à Maurois, je tiens à rappeler que *Le Salaire de la peur* et *La Porte de l'enfer* ont fait un tour magnifique du monde (en beaucoup plus que 80 jours). Si ma présidence avait joué contre « une large diffusion », il me semble qu'on ne m'aurait pas décerné le titre de Louis Lumière.

P.-S. – L'un plaide pour la liberté d'esprit du festival, l'autre contre ; il faudrait s'entendre. Je n'ai répondu que pour moi. Interrogez mes collègues. J'ajoute que le palmarès n'est pas fait pour aider à vendre ce qui se vend tout seul, mais ce qui se place un peu au-dessus des considérations de vente. Pour le reste, la publicité s'en charge. (*Le Bulletin d'Information du Festival de Cannes*, n° 5, 6-5-1957.)

Messieurs

Je joue à Cannes deux rôles contradictoires. Celui de président d'honneur du festival me pousse à prendre des contacts affectueux avec les délégations étrangères. Celui de juré m'en empêche. Mais, ce matin, notre programme me permet de passer outre et de vous parler en famille. Car le milieu du film en est une et, bien que je ne fasse plus de films jusqu'à nouvel ordre, pour des motifs extra-cinématographiques et n'impliquant pas un blâme envers les directives trop commerciales de la profession, comme certains de nos collègues l'ont cru, ma fidélité au festival prouve que cette famille, il m'est difficile de me passer d'elle.

Je ne suis donc devant vous ni président de quoi que ce soit, ni cinéaste, ni juge – seulement un camarade. J'ajoute que je suis un accusé de naissance et que la robe de juge me va fort mal.

C'est à ce titre de camarade que j'ose dire ce que j'éprouve après un certain nombre de spectacles.

Il se dégage de l'ensemble des films que j'ai vus une sorte de portrait terrible d'une jeunesse qui ne cherche les sentiments et les événements qu'à l'extérieur et, s'ils ne se produisent pas, éprouve un ennui qui chasse les uns des campagnes et, dans les villes, incite les autres à chercher avec l'alcool un moyen de fuir leur vide interne.

Or, vous le devinez, Messieurs, l'événement extérieur type, est, hélas, la guerre.

Je m'adresse donc à notre (à votre) grande famille en espérant que vous aiderez les jeunes à sortir de ce vertige du vide et à nous rendre (je ne parle ni de morale, ni de comique, on s'en doute) une singularité vivante et violente à quoi l'énorme mise en marche d'un film oblige.

En effet, cette mise en marche est actuellement trop lourde pour permettre qu'on exerce le métier comme une simple et légère routine. Plus un film coûte, moins j'estime qu'il doit viser la grosse vente, et c'est sans doute ainsi qu'il l'atteindra.

Et peut-être, en cet âge où le film cherche aussi des moyens extérieurs de renouvellement (ce que je déplore, le privilège de l'art étant de n'être pas tributaire du progrès), la télévision qui tâtonne va-t-elle nous apporter bientôt un prétexte de vive fraîcheur.

Excusez-moi, Messieurs, de vous parler avec franchise, mais si je m'y décide, c'est que les camarades qui m'entourent ne tombent jamais dans les fautes que je constate, et que les deux ou trois films qui, selon moi, dominent les autres, s'ils appartiennent à la même race sombre, y appartiennent de loin et sous une forme qui la transcende.

Dans un monde de discorde et de graves malentendus, je forme le vœu que notre groupe international donne l'exemple de l'entente et de l'amitié la plus libre, la plus haute, la plus profonde. (Allocution prononcée à l'ouverture du congrès de la Fédération internationale des auteurs de films et de télévision, *Le Bulletin d'Information du Festival de Cannes*, n° 12, 13-5-1957.)

Messieurs
La Muse du Cinéma est la plus jeune de toutes les muses et, bien que je ne sois pas encore centenaire, je peux me vanter d'avoir vu, dans une petite cave, en face d'Old England, *L'Arroseur arrosé*, *Le Train qui entre en gare* et *Les Bébés sur la plage*.

On m'aurait bien surpris en me prédisant qu'un jour j'emploierais à mon propre usage cette étrange lanterne magique et que soixante ans après une visite dans une cave où une lanterne ressuscitait la vie, j'aurais autant de mal à faire un film que si je m'y décidais en costume marin, culotte courte et chapeau Jean-Bart. C'est pourtant vrai. Et c'est sans vous parler des obstacles qui se dressent entre mon prochain film et moi, de l'origine de ces difficultés que je compte vous entretenir. Car enfin n'est-il pas curieux qu'après des projets si rapides on en soit encore à pousser tous les films sur les mêmes rails et à commettre la faute qui consisterait, par exemple, à ne jamais publier de livres n'offrant pas la certitude de se vendre à plusieurs milles, de remporter tous les prix.

Parfois on s'étonne que mon vieux film *Le Sang d'un poète* et des films de Buñuel *Un chien andalou* et *L'Âge d'or* soient demeurés seuls de leur espèce. L'explication est fort simple : ils vinrent au monde grâce à la générosité d'un mécène, le vicomte Charles A. de Noailles et, sans cette fantaisie d'un grand seigneur de 1930, ils n'auraient jamais vu le jour – et quoi qu'on en dise – un million confié à un jeune homme pour en faire ce qu'il veut se donne plus facilement que ne se donneraient cent à un jeune homme de 1959. Or voilà dix-neuf ans qu'on montre *Le Sang d'un poète* dans une petite salle de New York. C'est la plus longue exclusivité connue – et peut-être pourrait-elle ouvrir les yeux des distributeurs sur les surprises de l'esprit public, sur la curiosité d'une jeunesse innombrable et sur les reliefs de la personnalité en face de l'impératif anonyme du commerce.

Mon espoir est que la Muse Cinéma affiche ses titres de noblesse et apprenne à faire des nuances dans le mécanisme paresseux de la distribution. Les Muses doivent toujours être peintes dans l'attitude de l'attente. Leur rôle est d'attendre. Attendre que les œuvres pénètrent les esprits à la longue et finissent par y prendre une place royale après avoir scandalisé – c'est-à-dire après avoir changé les règles du jeu.

Pourquoi, Messieurs, je vous le demande, la jeune Muse Cinéma serait-elle la seule à ne pas adopter le rythme des autres ? C'est la traiter bien cavalièrement et avec quelque mépris que de la condamner à la prostitution et à empocher des sommes immédiates qu'elle doit remettre à son (j'allais dire souteneur) sous peine d'être reléguée comme vieille et sans charme.

Hélas, c'est ici la jeunesse qui oblige la Muse à ne pas tenir sa place dans l'illustre collège de ses sœurs. Elle semble n'avoir jamais passé par l'école où ses sœurs apprirent à convaincre à la longue, au lieu de se mettre immédiatement au service des plus pauvres appétits.

Se vanter de connaître le public, c'est se vanter de connaître l'énigme des océans et des astres.

Le public, même s'il est composé d'individus disparates, devient en bloc et dans son ensemble un enfant très sensible et très instinctif, apte à éprouver vite ce qui provoque le rire ou les larmes. Si le mystère de la poésie lui échappe, du moins il l'intrigue et au lieu de s'en moquer comme le ferait ce qu'on croit à tort être l'élite, il y songe longuement, passée la porte. J'en ai eu maints exemples. Il serait ridicule de mésestimer la foule et de la croire pareille à ceux qui s'imaginent la connaître et lui servir la seule soupe populaire dont elle soit digne. À force de la croire indigne d'égards, on l'endormira, on l'abaissera et la pauvre Muse Cinéma ne retrouvera plus jamais la place glorieuse qu'elle mérite et que de grosses erreurs psychologiques lui auront fait perdre.

Voici autour de quoi j'aimerais faire tourner vos entretiens. Et puisque cette salle groupe le meilleur de la corporation, peut-être parviendrez-vous à vous entendre afin que votre haute besogne ne tombe plus entre des mains qui la privent de ses chances et l'étouffent dans l'œuf.

J'ai souvent déclaré : « *Je sais que la poésie est indispensable, mais je ne sais pas à quoi.* »

Et maintenant, Messieurs, si vous me demandiez « Où va le cinéma ? » je vous répondrais (si votre question tombe sur un de mes jours de pessimisme) : « Il va, comme le reste du monde, vers une destruction que la Nature prépare afin de recommencer de zéro. »

Et si votre question tombe sur un de mes jours optimistes : « Il y aura toujours beaucoup de films quelconques et peu de films remarquables. Et c'est une chance, car pour les biologistes le dissymétrique engendre la vie et la symétrie est synonyme de mort. » Et je suppose que vous riez avec moi lorsque le milieu de cinématographie parle des bonnes années du film comme s'il s'agissait des bonnes années du vin.

Salut fraternel à tous. (Allocution prononcée à la réunion inaugurale de la Fédération internationale des auteurs de films, *Le Bulletin d'Information du Festival de Cannes*, n° 5, 4-5-1959.)

Un poète se doit d'être un invisible. Rappelez-vous la belle phrase de Brummel : « *Je ne pouvais pas être élégant aux courses puisque vous m'avez remarqué.* » Si je transcende cette phrase, il en résulte que lorsqu'un poète reçoit un hommage, un titre, c'est qu'il a quelque faute sur la conscience et qu'il s'est LAISSÉ VOIR.

Cependant, certains hommages, certains titres saluent à cette invisibilité même et rendent le bénéficiaire moins coupable.

Le titre de président d'honneur à vie du festival de Cannes et l'hommage du 16 mai 1960 sont de cet ordre. Ils ne valent que par l'amitié de mes collègues et j'y trouve encore une preuve que notre époque n'est pas aussi méprisante des choses du cœur qu'on l'imagine. Je tenais à remercier le festival. (*Le Bulletin d'Information du Festival de Cannes*, n° 15, 18-5-1960.)

SCIENCE ET POÉSIE

Cette semaine, j'ai beaucoup ri de l'article d'un jeune journaliste qui prend les études nucléaires pour une mode, m'accuse de la suivre (*sic*) et me compare à Brummel. Or, outre que j'imagine mal Brummel suivant une mode, notre journaliste ignore sans doute que les études nucléaires commencent à Héraclite.

Hier encore, les inconnus étaient des inconnus. Aujourd'hui les artistes inconnus sont connus, parfois célèbres, et les artistes célèbres sont parfois inconnus. Si ce jeune journaliste connaissait mon œuvre, il comprendrait pourquoi le Centre de Saclay m'a demandé le texte de son film *À l'aube du monde*. Science et poésie relèvent des nombres. Ils ne sont pas une allure mais des organismes, ils ne souffrent pas la moindre inexactitude, le moindre vague. Un chapitre du *Journal d'un inconnu*, intitulé « Des distances », est à l'origine de notre collaboration.

Ce chapitre et des problèmes qui m'intriguent de longue date m'ont davantage ouvert le monde très fermé de la jeune science que le hasard de rencontres amicales, et ce monde a fort bien deviné que la phrase qui ouvre le film : « Peu de savants possèdent l'usage de la parole » n'était pas une malice mais voulait dire que notre privilège de poète consiste à rendre l'abstrait concret, à cerner l'invisible, à lui procurer volumes et contours, bref à devenir l'interprète de savants qui, sauf de rares exemples (un Henri Poincaré, un Bergson), se trouvent plus à l'aise dans la formule de l'algèbre que dans celles de la syntaxe. Malgré une fausse apparence, mon texte prouve que mes formules sont à l'inverse du style « poétique ». Elles l'évitent et cherchent simplement à rendre moins ingrate une promenade parmi des machines d'un usage très mystérieux. J'ai travaillé sous le contrôle du Centre. La moindre fantaisie (que je déteste) m'était, par chance, interdite, mais il me fallait éviter la platitude morne des guides.

Ce qui s'éloigne dans l'espace semble rapetisser. Ce qui s'éloigne dans le temps semble grandir. D'un avion, ce lac est devenu bassin. Ce bassin de notre enfance est devenu lac dans la mémoire. Voilà le type du mirage dont l'espace-temps s'amuse à nous rendre dupes. À Saclay, à Marcoule, d'autres mirages nous attendent et nous déconcertent. Mais si la défense contre les maléfices de l'infiniment petit mobilise un énorme arsenal analogue aux antiques machines de guerre, par contre la nature dissimule sous une innocence champêtre, avec les méthodes de *La Lettre volée* d'Edgar Poe, un de ses secrets les plus redoutables.

Comme toute nouveauté profonde, Saclay, Marcoule, ne s'ornent d'aucun pittoresque. Imaginez le décor d'un drame, d'une passionnante intrigue, dont le public ne verrait que les coulisses et les meubles qui en furent témoins. Car le Sphinx de l'atomisme dissimule ses énigmes. Il n'exhibe ni griffes, ni croupe, ni ailes. Il offre l'humble spectacle des cabanes du Texas des films de notre jeunesse.

Le prince Louis de Broglie déclare que la pile est une bombe fonctionnant au ralenti. Ce freinage dompte des forces monstrueuses et les domestique. Le compteur Geiger fouille la roche comme le groin la truffe, et l'engrais radio-actif féconde un sol déshonoré par les bombes.

Il m'était donc indispensable d'imaginer les chiffres du tableau noir, d'entrouvrir un peu cette chambre forte de la science, plus que jamais fermée à triple tour.

L'homme est un prisonnier entre trois murs et c'est sur un quatrième mur invisible qu'il s'efforce d'écrire ses amours, ses calculs et ses rêves.

Sans doute en m'expliquant à la craie sur ce mur par où les prisonniers voudraient prendre le large, ai-je, hélas ! montré la maladresse des enfants et des amoureux. Je m'en excuse et j'exprime ma reconnaissance aux chefs du Centre d'études nucléaires qui m'ont laissé la bride sur le cou, ne m'ont reproché aucune de mes fautes et poussent même la bonne grâce jusqu'à prétendre que je ne m'en suis pas rendu coupable. (*Les Lettres françaises*, n° 606, 9-2-1956.)

LA CIVILISATION SONORE

Tout ce qui relève du génie est toujours considéré comme dangereux. Une invention géniale, comme un homme génial. On a coutume de dire d'un homme génial qu'il est dangereux. Cela veut dire qu'il a de mauvais imitateurs. Mais ce n'est pas la faute de cet homme génial. On ne peut pas empêcher le génie, sous prétexte qu'il donne libre cours à des fautes. Tout ce qui s'invente à l'heure actuelle est d'un domaine génial obligatoirement dangereux, mais on ne peut pas l'incriminer. Ce serait ridicule. La radio est très mauvaise si elle coule dans toutes les maisons comme une eau tiède. Elle est très importante si elle apporte la culture chez des gens qui n'en avaient aucune idée. Tout cela me semble simple comme bonjour, mais les uns diront que la radio est indispensable, et les autres qu'elle est néfaste. La radio n'est ni indispensable ni néfaste. C'est une invention de génie, par conséquent une invention dangereuse. Tout ce qui est utile peut être considéré comme inutile. Naturellement, par exemple, que la poésie est inutile. Mais elle n'est pas belle parce qu'elle est inutile. Elle est belle parce que c'est une langue à part, que cette langue n'est pas une langue morte, mais une langue vivante qui a l'air d'une langue morte. C'est une langue qui se dénoue à la longue. On a coutume de tout juger sur un barème unique de vitesse. Il y a une quantité de vitesses et une quantité de lenteurs. On juge toujours en bloc, on dit « la radio est bonne » ou « la radio est mauvaise »; il faudrait des heures pour s'expliquer. Il est certain que les individus ont été influencés par le monde du son, mais parfois en mal, parce que la radio est si nombreuse et va si loin qu'elle a une tendance à obéir. À obéir aux auditeurs, alors qu'il faudrait plutôt que les auditeurs lui obéissent. C'est-à-dire que, si on arrivait à créer un niveau élevé par l'entremise des appareils de son, on ferait une très bonne œuvre. Mais, hélas, comme il faut dans ces domaines travailler avec l'immédiat, on a une tendance, je le répète, à répondre à des demandes.

Il sera difficile de créer une radio vivante tant qu'elle nécessitera des textes lus. La lecture donne à la radio une sorte de platitude ennuyeuse, même si le lecteur est habile. C'est par excellence un véhicule d'improvisation. D'autre part, je sais qu'il est presque impossible de fonder un programme sur le hasard. C'est tout cela qui m'a empêché de penser sérieusement à la radio.

La radio est terriblement intime. Tout son problème consiste à s'introduire dans les chambres et à s'y imposer de telle sorte que les personnes qui l'écoutent se détournent de leurs préoccupations et se laissent séduire par les nôtres. Un bouton de silence est si vite tourné. D'autre part, si la radio n'est qu'un accompagnement de fond aux préoccupations intimes dont je parle, elle perd tout intérêt, elle est un robinet de plus dans la maison.

Je regrette qu'on n'emploie pas davantage la reproduction sonore et le cinématographe au point de vue pédagogique dans les écoles. Il est de toute évidence que des voix frappent davantage qu'un texte lu et que des images sont d'un enseignement plus agréable et plus direct, dans le domaine de l'Histoire par exemple. On devrait montrer aux enfants les films ralentis sur les plantes, sur les fleurs, les films de Painlevé sur la naissance du papillon et de l'hippocampe. Je ne comprends pas que le 16 millimètres ne soit pas installé dans toutes les écoles et aussi le disque de longue durée ou la bande. (Et non pas pour divertir en marge du programme.)

L'univers du son s'est enrichi de l'univers ultra-sonique encore inconnu et qui le restera peut-être puisque nous sommes limités aux registres que nos sens perçoivent et que notre cerveau enregistre, mais cela ne nous empêche pas de savoir de plus en plus que notre petit monde se trouve au milieu d'un monde innombrable et qu'il serait naïf de croire que nos progrès ne se développent pas, si surprenants soient-ils, dans des limites précises et restreintes.

On vient de me supprimer des douleurs très vives avec l'appareil à ultra-sons inventé en Allemagne et mis au point dans une usine de Vence. La science nous annonce de prochaines armes ultra-soniques auprès desquelles la bombe H sera peu de chose. Espérons que toutes ces armes mystérieuses deviendront si néfastes que la paix (synonyme de guerre) ne sera plus un symbole et que les peuples s'armeront contre la guerre.

Il n'en reste pas moins vrai que cet élargissement de l'univers audible, qui sera sans doute suivi, j'ignore comment, par l'élargissement de l'univers visible, ne nous apportera que l'emploi détourné de richesses interdites à notre échelle des valeurs. Nous saurons que les poissons crient, que la mer est pleine de vacarme, nous saurons que le vide est peuplé de fantômes réalistes aux yeux desquels nous en sommes, nous pourrons peut-être extraire le passé enregistré par la matière, apprendre que le passé et l'avenir ne sont qu'un phénomène de perspective qui nous trompe, il n'en faudra pas moins vivre chaque minute et rejoindre après notre mort ce monde inconcevable où nous étions avant de naître. Je veux dire qu'il y aura quelque malaise pour l'homme à se savoir entouré, cerné de forces invisibles et inaudibles dont il aura la preuve par les effets qu'il provoquera soit pour soigner soit pour détruire. La curiosité m'emporte, je l'avoue, davantage vers ces problèmes que vers les problèmes qui perfectionnent l'univers visible et audible. Cela vient sans doute de ce que j'ai mis très longtemps à plier de vieilles méthodes à mon usage et que je me trouve toujours un peu maladroit lorsque je suis obligé d'avoir recours aux méthodes qui surgissent et qui semblent dépasser les autres.

La grosse erreur est de croire à ce dépassement. C'est une idée comique. Dans ce domaine, notre époque sera aussi risible que ce 1900 qui nous amuse, alors que les choses importantes et lentes de chaque époque ne progressent pas. Picasso ne dépasse ni Greco, ni Rembrandt, ni Van Gogh, il enrichit le trésor. La croyance en la vitesse est le tabou de notre période. Tout le monde veut se dépasser sur les routes et on dit d'un artiste qu'il est dépassé. Du reste, tout le monde se retrouve soit au feu rouge soit à l'hôpital.

Dans le domaine qui m'importe, on marche à pied et on marchera toujours à pied. Lorsque la vitesse enivrée d'elle-même nous croise, si elle nous éclabousse de boue et de lumière, l'essentiel est de ne pas douter de nos jambes et de ne pas faire le signe du stop, nous serions alors embarqués, « engagés » pour employer le terme à la mode, nous roulerions dans un véhicule qui n'est pas le nôtre.

L'homme sera un jour terrifié de se rendre compte que ses cellules sont aussi éloignées les unes des autres que les astres, qu'il est un infini, une sorte de nuage ou, pour être plus clair, un filet de pêche traversé de toutes parts par ces ondes bruyantes et imagées que nous ne savons entendre ni voir. (*La Revue du son*, n° 7, octobre 1953 ; *Arts et Techniques sonores*, n° 29, octobre 1953.)

En faveur du 16 millimètres

La France est un pays de dialogue. Elle s'oppose au monologue par sa désobéissance aux règles, sa tradition d'anarchie, son individualisme presque maladif. Toujours on y discute, on s'y dispute, on s'y querelle. Ce spectacle étonne à l'extérieur et fait de la France une énigme. Si la France cessait de dialoguer, que dis-je, de se contredire sans cesse et de vivre dans l'effervescence, si elle se pliait au monologue qui a tué l'Allemagne hitlérienne et tuera tout peuple qui s'en accommode, elle mourrait et tomberait dans une platitude que sa structure interne ne lui permet pas de rendre écrasante.

C'est de son désordre apparent qu'elle tire ses étincelles. Ajouterai-je que c'est une chance que ceux qui la gouvernent ne s'en aperçoivent pas et collaborent à ce désordre si riche sans le comprendre ? S'ils le comprenaient, sans doute essayeraient-ils de faire volontairement ce qu'ils accomplissent dans l'inconscience, et, dès lors, la machine deviendrait fort prétentieuse et ne fonctionnerait plus.

Loin de moi de préconiser cette méthode. J'en constate l'efficace chez nous, depuis des siècles. Peut-être réussirait-elle fort mal chez les autres – mais notre coq ne peut pousser son cri que sur un tas de fumier. Si on nettoie la basse-cour, si on lui enlève ce socle d'or et d'engrais, il meurt.

J'estime que la possibilité de dialogue est de première importance pour un peuple. Le principal danger qui menace le cinématographe, non seulement en France, mais dans tous les pays du monde, c'est le prix qu'il coûte et la crainte du risque à laquelle nous oblige la mise de fonds des producteurs.

Cela prive le cinématographe de ces contrastes, de ces recherches, de ces audaces, de ces échecs merveilleux, qui permettent à l'art de vaincre l'inertie et de rompre avec les habitudes qui sont toujours néfastes.

À l'heure actuelle, en France, où le circuit de vente est minime, il faut, pour qu'un producteur conserve quatorze millions (sur lesquels il paye des taxes écrasantes), qu'il engage cent millions au départ. Et le film lui en coûte soixante.

S'il n'abandonne pas le métier, c'est qu'il se trouve pris dans le mécanisme de son affaire et s'y obstine contre toute sagesse. Il devient, peu à peu, un mécène et un mécène de fort méchante humeur, ce qui se conçoit, puisqu'il n'a jamais prétendu en être un à l'origine.

Il me semble, je le répète, que le danger qui menace le cinématographe américain est de même ordre que celui qui menace le nôtre. Le danger doit être pire en Amérique puisque l'énorme vente d'un film et la propagande qu'il représente mettent les sociétés de films en demeure de sortir le moins possible d'une route qu'elles croient la bonne. Cela exclut la sève, c'est-à-dire la jeunesse – qui oserait risquer de tels capitaux sur une audace qui n'a pas fait ses preuves ? Or, nous le savons tous, l'art n'a jamais vécu des plaquettes qui se vendirent mal à l'époque, de petits journaux distribués à la main, de revues tirées à un nombre minime d'exemplaires. C'est là qu'on retrouve ensuite les noms que le monde respecte et adore. C'est de là que jaillissent les graines qui tombent n'importe où et qui germent. C'est de cette musique de chambre faite dans l'ombre que le monde tire ses grandes rhapsodies.

Qui forme le prestige de la France, je vous le demande ? Certes pas ses hommes politiques. C'est Villon, c'est Rimbaud, c'est Lautréamont, c'est Verlaine, c'est Nerval, c'est Baudelaire. La France les méprisait, les pourchassait, les laissait crever de faim, se suicider ou mourir à l'hôpital.

Nous devons protéger ce mystérieux patrimoine. Et ce serait mal reconnaître l'importance du cinématographe, ne pas comprendre qu'il est un art *en route pour devenir l'art complet*, si nous le traitions comme une usine de luxe et si nous ne cherchions pas à mettre entre toutes les mains son arme à donner la vie.

Un art auquel la jeunesse ne peut participer librement est condamné d'avance. Il importe que la caméra devienne un stylographe et que chacun puisse traduire son âme dans le style visuel. Il importe que chacun apprenne à découper, à tourner, à monter, à sonoriser, à ne pas se spécialiser dans une des branches de ce métier si dur, bref à ne pas être une des cellules de l'un des organes de l'usine, mais un corps libre qui se jette à l'eau et qui invente la nage à son propre compte.

Je ne me représente pas à notre époque un jeune auquel on offrirait sa chance comme on me l'offrait, il y a dix-huit ans, en me laissant tourner *Le Sang d'un poète*, sans aucune aide technique et sans avoir jamais mis le pied sur un plateau.

Voilà le luxe que se payait un homme curieux de sortir des règles – le vicomte de Noailles. Mais, contrairement à ce qu'on nous raconte, l'échelle du change n'est pas proportionnelle et douze millions sortiraient maintenant moins vite d'une poche que le million d'alors.

En outre, qui, en 1948, verserait une somme équivalente à ce million, pour permettre à un jeune cinéaste de faire ce qu'il veut sans aucune contrainte matérielle, spirituelle ou morale ?

J'ai donc eu beaucoup de chance, et c'est cette chance que je réclame pour ceux qui ont l'âge et l'audace que j'avais à cette date.

Le 16 millimètres est, à mon avis, la seule façon de résoudre le problème et j'estime que l'Amérique doit en prendre l'initiative. Elle possède une force qui l'autorise à une petite vente en marge : celle de l'intensité. Au reste cette petite vente pourrait vite devenir fort grosse et surprendre ceux qui s'en chargent.

Les caméras américaines de 16 millimètres sont des merveilles. Il est probable qu'elles ne tarderont pas à être sonores. Il serait, du reste, souhaitable que ce progrès se produise le plus tard possible, car le son a une tendance à coller paresseusement à l'image, et l'emploi du son sous forme de gag, du son inventé, superposé à l'image, exciterait l'imagination des jeunes novateurs.

En ce qui me concerne, le film de 16 millimètres, que je viens de tourner dans mon jardin, pousse les choses à l'extrême. Libre de tout souci matériel puisque je tournais avec la pellicule inversible Kodak et que ce qui coûte cinq millions me revenait à cinq mille francs, j'ai fait un film qui n'est pas un film le moins du monde. J'inventais au fur et à mesure, j'improvisais à la minute et j'employais comme artistes les personnes qui passaient le dimanche à ma campagne. Il en résulte une suite de scènes assez ridicules et inexploitables mais auxquelles la liberté totale de dire ce qui vous passe par la tête communique une violence impossible à obtenir dès que la crainte de ruiner une firme entre en jeu.

Picasso est sans doute le seul homme au monde qui puisse faire un objet magnifique avec rien : un fil de fer, une carcasse de bête morte, une selle de bicyclette. À peine les touche-t-il que ces détritus prennent un autre sens, étincellent dans un autre monde qui lui est propre – il les nomme princes en son royaume. Le 16 millimètres nous autorise à risquer des prodiges de cette sorte. Un premier plan, un angle inattendu, un faux mouvement, un accéléré, un ralenti, un tournage à l'envers et voilà que les objets et les formes commencent à nous suivre et à nous obéir comme les animaux à Orphée.

Parce que nous nous passions notre premier montage avec l'ouverture de *Coriolan*, j'appelai le film *Coriolan*, et je compte le sonoriser ensuite et lui ajouter un texte explicatif aussi éloigné de ce qui s'y passe que son titre. Il est possible que ce « joke » ne voie jamais le jour. Il est possible qu'il se glisse entre mes mains au-dehors et que de nombreux esprits se plaisent à lui trouver par la suite une foule de sens qu'il n'a pas ou qu'il a peut-être, à mon insu.

Les exégèses nées du *Sang d'un poète* sont innombrables. Est-ce ma faute ? Je suis ébéniste. Je construis une table. Je ne suis pas spirite. Si d'autres font tourner cette table et qu'ils en obtiennent des réponses, réponses qui doivent venir du fond d'eux-mêmes, ils jouent leur rôle de public et je ne m'en formalise pas. Je souhaite donc, de tout cœur, que Hollywood adjoigne à sa grande entreprise de films une branche cadette qui ne se protège contre la routine par aucune assurance et invite l'accident à se produire. Car c'est *un accident sur la ligne*, un choc terrible qui met au monde les œuvres où l'humanité place un jour son orgueil.

Janvier 1948 : P.-S. – Il s'agit naturellement du domaine commercial qui exploiterait les films de 16 millimètres dans des circuits et des salles exceptionnels. (Ce P.-S. a été ajouté par Jean Cocteau à la suite d'une demande de précisions du *New York Times*.)

LE GRAND SEIZE

Le 16 millimètres permettra aux jeunes de s'exprimer sous une forme que les véhicules officiels leur interdisent. Trop cher ! Trop lourd ! Mais on émarge sur un film de soixante millions. Sur un film de soixante mille francs, on n'émarge pas. Voilà le secret de la lutte des grosses entreprises contre l'arme de poche.

Une actrice qui tourne dans un film de 16 millimètres me déclare être déroutée par l'absence d'une caméra lourde en face d'elle, par le trou de serrure substitué à l'œil de vache. Voilà une mauvaise habitude déjà prise.

Il importe au cinéaste de lutter contre la pente de l'opérateur et du cameraman, de la redresser, de les obliger à nous suivre *sur les mauvais chemins*.

Hollywood crie *au secours !* C'est très simple, que l'Amérique offre aux jeunes des circuits qui ne soient pas le grand circuit, qu'elle les décharge des responsabilités écrasantes des grosses firmes, qu'elle aide le 16 millimètres. *Je ne parle pas d'une entreprise expérimentale mais d'une entreprise industrielle.* Libre à ceux qui commanditent un film en 16 de le contretyper en 35 si le public y mord, ce qui est probable, car on ne lui offre jamais l'occasion de sortir des rails qu'on estime être les seuls entre lesquels il se meuve.

Un film fait pour le public échoue presque toujours. Par contre il n'est pas rare que le succès emporte loin un film que le producteur se donnait le luxe de produire en marge. C'est alors que ce film honteux passe en tête et traîne les autres.

Vous m'objecterez le problème du son. Est-ce un problème ? Le son, actuellement, colle trop à la roue. La nécessité de prendre le son à part obligerait le poète cinéaste à employer le son sous forme de trouvailles et de gags (ce qui arrivait à l'origine).

J'ai tourné, dans ma maison de campagne, un film de 1(limètres : *Coriolan*. Je l'ai tourné à 16 images pour empêch tentation du contretype (c'est-à-dire de l'exploitation) et pour n'être gêné en rien dans mon écriture visuelle. Il en résulte une farce, mais dont l'intensité dépasse de beaucoup celle de mes films de 35 millimètres.

Car j'ai beau *connaître la musique*, il n'en reste pas moins vrai que je reste prisonnier d'une grosse entreprise et d'un nombreux personnel.

Et le taximètre marche. Et les millions tombent. Et je me dois d'être économe, dans le sens le plus noble et le plus vulgaire du mot.

Un découpage doit être préparé dans le moindre détail. À la dernière minute, je conseille d'y changer tout, selon les prodiges que la vie, le décor et les artistes nous apportent. Il serait fou de plier tant de choses hasardeuses à une volonté préalable et dont l'efficace de chambre ne s'impose plus sur le plateau.

Le réel n'est pas le vrai. C'est le vrai qui compte.

Le perchman doit être un musicien, et non un pêcheur à la ligne.

Les techniciens se creusent la tête pour comprendre comment j'ai tourné la chute de Marais à la fin de *L'Aigle*. Le truc est fort simple. Il n'y en a pas. Il tombe à la renverse. Le cinématographe permet de fixer une action intrépide que l'artiste ne recommencerait pas deux fois.

Il n'y a jamais eu autant d'exégèses précises qu'autour du *Sang d'un poète*, où je faisais « n'importe quoi ». Ce n'importe quoi *signifie* en chaque personne. J'y dors debout. C'est l'histoire d'un dormeur éveillé. Non pas celle d'un rêveur. Je m'y exprime par signes dans cet état de demi-sommeil devant un feu, où l'esprit déraille. Le cataloguer « film surréaliste » est risible. Cela prouve l'inculture des historiographes de l'esprit.

Avant même *Le Sang d'un poète*, il y a vingt ans, j'ai tourné le premier film d'esprit 16. Où sont les bandes ? Il n'en reste plus de traces. Braunberger les cherche, car il m'a vu travailler à ce film au Studio des Cigognes. Une grosse dame le dirigeait. Un matin que l'électricité ne marchait pas, elle me dit : « Un peu de patience, il faut qu'elle arrive. » J'avais trempé dans des baquets d'eau les draps qui habillaient mes interprètes. L'un d'eux eut une fluxion de poitrine. Je quittai les Cigognes et la dame qui croyait que l'électricité voyage lentement par un tuyau.

Jeunes gens qui fréquentez les salles d'ombre et qui en sortez la tête pleine d'un tumulte, exprimez-vous par cette encre de lumière, ne craignez plus les barbelés qu'on installe autour d'un faux mystère. Le mystère est en vous et l'écriture des images vous permettra de l'expulser s'il vous étouffe. Rien de plus simple. Trouvez un camarade qui possède un appareil de 16 millimètres. Au besoin louez-le. Partez avec ses loupes indiscrètes et ses pinces-monseigneur. Forcez les âmes. Ouvrez les figures. Ne vous effrayez d'aucune technique. Il n'y en a pas. On les invente. Vos fautes d'orthographe me toucheront davantage qu'un exercice grammatical. On a souvent cité comme des trouvailles les fautes du *Sang d'un poète.* Je ne savais rien. Je ne savais même pas que les rails existassent. C'est pourquoi Chaplin s'émerveille du poète qui glisse dans la nuit du miroir. On le mouvait sur une tirette à fil et c'est cette méthode primitive que j'ai reprise lorsque Belle glisse le long du couloir, chez la Bête.

Promenez-vous n'importe où et ne jouez pas au cinéaste. N'en adoptez pas l'uniforme. Soyez libres dans un monde où la liberté se traque, solitaire dans un monde où les individus se désindividualisent en groupes, attentifs dans un monde distrait, sans crainte dans un monde mené par la peur.

Tournez. Tournez. Projetez. Projetez-vous hors de vos ténèbres. Surtout n'oubliez pas que le cinématographe est réaliste et que le rêve l'est aussi. Tout dépend de l'ordre dans lequel la réalité se découpe, se monte et devient la vôtre. (*St. Cinéma des Prés*, n° 1, 1949.)

Ne négligez pas la langue. Le cinématographe déteste la confusion. Le gros plan est le masque de la tragédie antique. Le texte aussi passe à travers une loupe.

Choisissez toujours la scène la plus chaude, même si le cadre en est le moins bon, ou si l'ombre du micro s'y voit.

Tout saute dans l'appareil de prises de vues. L'atmosphère du plateau avec le reste. La mauvaise humeur d'une équipe se devine à l'écran. Entretenez la bonne humeur de votre équipe.

Une fois mon angle choisi avec le cameraman, il m'arrive presque toujours de suivre la scène sous un angle tout autre, afin de ressentir une surprise à la projection.

Le cameraman est notre assistant véritable.

La foule s'imagine que le cinématographe est un jouet, une école de fainéantise et de luxe. Elle serait bien étonnée d'apprendre que ces films qu'elle avale en vitesse, comme un bock à une terrasse, résultent d'un travail qui ne nous laisse aucune minute libre et nous mange. Vue de près, la vie des vedettes est un enfer. La nôtre moins, parce que les comédiens, auxquels nous appartenons au théâtre, nous appartiennent au cinéma et deviennent l'encre de notre stylographe.

Il n'en reste pas moins vrai que les personnes qui visitent un plateau n'y peuvent tenir longtemps et se sauvent. Chaque seconde nous est précieuse et, de tout ce travail d'insectes, le visiteur ne récolte qu'une impression de vide et d'attente, de poussière, de chaleur torride ou de froid glacial. Chassé de droite et de gauche, il inspecte avec angoisse ce lieu qui n'en est pas un, ce temps qui n'en est pas, ces comédiens fantômes, ce théâtre occupé par un désordre de machinistes, de meubles, de projecteurs, de maquilleurs, de murs démolis et de plafonds qui s'envolent à la demande. Il cherche par quel prodige, de ces ruines, de ce déménagement perpétuel, de cette épuisante fatigue, de cette saleté poisseuse s'évaderont les images d'un film et leur étincelante solitude d'astres.

Rien n'est drôle comme les personnes qui parlent de la *production cinématographique*, qui disent par exemple que cette production est en baisse. Il n'y a jamais eu de production cinématographique, pas plus de production picturale ni de production littéraire. Il y a, en effet, une production médiocre, une excellente routine – et quelques accidents qui s'y produisent, fort rares, davantage dans le cinématographe que dans la peinture ou dans les lettres.

Pour un film de Wyler ou d'Orson Welles, que de films d'une médiocrité brillante, sans lesquels les films de ces héros de l'écran seraient impossibles et qui leur valent le relief.

Peter Ibbetson et *La Force des ténèbres* sont deux exemples du film normal qui s'échappe de la norme. Deux chefs-d'œuvre. Du point de vue américain, deux échecs.

Picasso me disait : « À partir d'un certain moment on ne peut plus faire *n'importe quoi*, tout ce qu'on fait prend une signification. » C'est l'avantage d'un lieu comme Saint-Germain-des-Prés où le tour d'esprit, l'allure générale limitent le travail d'un seul homme et donnent une considérable avance à ceux qui débutent. Trouver d'abord, chercher après, c'est le grand style. La recherche générale d'un milieu excite les esprits à trouver tout de suite, sans recherches individuelles. Ensuite, selon le mot de Picasso, « tout travail prendra signification quoi qu'on fasse ». (*St. Cinéma des Prés*, n° 2, 1950.)

Avis aux crétins

Sans nous consulter et sans en avoir jamais parlé ensemble, nous en vînmes Clouzot, Melville et moi, à envisager l'entreprise de porter Molière au cinématographe. Ou, pour être plus exact, d'employer le cinématographe à répandre Molière, plus illustre dans la foule par son nom que par son œuvre.

Bref, de servir la France, sous cette forme, comme Laurence Olivier a servi l'Angleterre avec *Hamlet.*

Chaque fois que le cinématographe trouve un prétexte qui l'écarte de l'ignoble bassesse du « cinéma », je l'en félicite.

Dans *Orphée*, j'ai voulu faire un film où rien ne puisse être exprimé dans une autre langue que celle du cinématographe et où le *cinéma* n'entre pas en ligne de compte.

Je désire, par cette méthode, marquer encore davantage le gouffre qui sépare le cinématographe tel que nous l'entendons et le *cinéma* si cher aux petits scribes de la presse et de la radio. Inutile de vous dire qu'au lieu de nous remercier Clouzot et moi de distraire plusieurs mois de notre travail personnel pour permettre au *Bourgeois gentilhomme* et à *L'Avare*, respectueusement interprétés par de grands comédiens dont la troupe ruinerait un théâtre, de faire rire les salles populaires et celles de l'étranger, on s'empresse de plaindre Molière, « Pauvre Molière ! », et de nous conseiller le respect des chefs-d'œuvre, chefs-d'œuvre qui ne se nourrissent, hélas, depuis des siècles, que d'irrespect.

Et voilà que recommence l'éternelle baliverne du « théâtre filmé » – comme si le cinématographe n'était pas un moyen de placer les actes sous une loupe et de souligner des textes que leurs défenseurs ne connaissent même pas et déforment lorsqu'ils les citent.

Nous sommes – Clouzot, Melville et moi-même – au regret d'annoncer à cette race inculte qui se mêle de ce qui ne la regarde pas, que plus on nous reprochera notre projet, plus nous nous acharnerons à le mener à bon terme.

De longue date, j'avais conseillé à la Comédie-Française d'organiser une section de cinématographe et de charger les metteurs en scène importants de filmer les classiques. C'est indispensable.

II

Hommages et notes

... Vraiment, plus j'y songe, plus je craindrais un oubli et quelque vague !

Je me demande même si j'irais au bout de la liste après avoir cité des films qui stupéfieraient les spécialistes (par exemple, j'estime que *Parade d'amour* est un chef-d'œuvre).

À part cela, Chaplin et Buñuel (*L'Âge d'or*) me semblent les seuls films dignes de la pauvre muse qu'on empêche toujours d'attendre. C'est le rôle des muses, d'attendre debout.

Tenez, j'allais oublier *Les Rapaces* de Stroheim et l'extraordinaire film tiré par R. Montgomery de *L'homme qui se jouait la comédie*. Son titre en France est, je crois, *La Force des ténèbres*. Ma réponse n'aurait rien de ce que nécessite votre questionnaire.

Il faudrait bavarder ensemble et dresser la liste sur un coin de table... (Festival de Bruxelles, 1958.)

Brigitte Bardot

J'ai toujours préféré la Mythologie à l'Histoire. L'Histoire est faite de vérités qui deviennent des mensonges, la Mythologie de mensonges qui deviennent des vérités. Un des signes de notre époque est de créer des mythes immédiats dans tous les domaines. La presse se charge d'inventer certains personnages qui existent et de les affubler d'une vie imaginaire superposée à la leur.

Brigitte Bardot nous offre un exemple parfait de cet étrange mélange. Il est probable que le destin l'a mise à la place exacte où le rêve et la réalité se confondent. Sa beauté, son talent sont incontestables, mais elle possède autre chose d'inconnu qui attire les idolâtres d'un âge privé de dieux. (*Stop*, octobre 1962.)

De quoi je me mêle ? De toutes les forces, figurez-vous, qui mènent le monde, grandes ou petites. Il n'existe pas de sujets mineurs pour un poète d'esprit baudelairien et tout peut devenir prétexte à la méditation, victime de notre hâte moderne.

Hausser les épaules en voyant les foules suivre les effluves mystérieux d'une jeune actrice, comme une meute tirant la langue, me semble un peu simple. Un succès mérite toujours qu'on le mette à l'étude, car il ne saurait naître sans motifs et ces motifs renseignent sur l'âme d'une époque. Cette âme de notre époque loge singulièrement dans la peau. Voyez cette ravissante petite sorcière blonde à cheval sur son balai. Voyez-la voler vers le Walpurgis. Voyez ce jeune sphinx boudeur et de formes parfaites. La mode a beau remuer des fortunes, il suffira que cette sorcière, que ce sphinx, achète un pantalon, un chandail d'homme chez Mme Vachon, à Saint-Tropez, pour que toutes les jeunes filles de la Côte adoptent cette mise et que cette mise devienne la mode. Ainsi, jadis, Mlle Chanel imposa les formes qui convenaient à sa grâce de paysanne d'Auvergne et en signala le luxe en ornant la laine avec des émeraudes et des perles.

Je connais mal Mlle Bardot. Mais, outre qu'elle use de la science plastique des danseuses, je la crois fort modeste si j'en juge par la manière dont elle déambule en vacances et fait son marché sans une escorte de photographes. Et, en outre, une vedette est-elle responsable de son escorte ? Est-ce sa faute si on la pousse sur l'estrade ? Si on l'aveugle de lumières ? On a beau jeu de le lui reprocher ensuite.

Non. Le destin a fait de Brigitte Bardot l'archétype d'une jeunesse à laquelle les « liaisons dangereuses » donnent le style et qui rirait des scrupules de la princesse de Clèves, que cela plaise ou déplaise. Ainsi soit-il.

ANDRÉ BAZIN

Santé, besogne me rendent l'écriture très difficile. Mais je ne crains plus d'employer l'encre lorsque la source arrive du cœur.

J'aimais André Bazin pour cette fragilité qui nous l'enlève. Sa science, à laquelle j'avais souvent recours, n'était jamais pédante.

Il savait aimer et ne se cabrait pas d'avance contre ce qui débordait sa discipline. Je l'ai vu à l'œuvre au milieu de cette foire d'empoigne du festival de Cannes. C'était une ombre. Seulement cette ombre avait force d'âme et je pouvais m'appuyer sur elle sans voir cette ombre devenir un silence politique. Il approuvait ma méthode qui consiste à ne pas prendre figure de juge. Bref il était favorable à la race des accusés. Car il savait qu'on accuse bien souvent l'innocence, et que dans le domaine de l'art (singulièrement dans celui du cinématographe) c'est du manque d'innocence qu'on souffre le plus.

André Bazin était noble et pur, inaccessible à la bassesse. Comme il m'arrive avec Robert Bresson, je détesterais entreprendre un travail de film sans lui demander conseil.

Me voilà seul et triste. (*Cahiers du Cinéma*, n° 91, janvier 1959.)

JACQUES BECKER

Jacques Becker était un ami et ce n'est pas peu de chose que je le dise, car avec l'amitié je ne plaisante pas. Et s'il était mon ami, c'est que j'aimais ses films, car l'admiration n'est pour moi qu'une forme de l'amitié, un mélange de tête et de cœur dont il me serait impossible de faire l'analyse.

Jacques Becker avait la parole hésitante et confuse au point que je l'ai vu s'y embrouiller jusqu'à une manière de silence, de vague murmure où l'angoisse de mal dire devenait une grâce analogue à celle de l'enfance qui cherche à partager ses trésors.

Car il tenait d'une âme enfantine ce charme efficace et qui ne s'explique pas. Sa perte m'est douloureuse, mais j'ai peine à y croire, puisque ses films le prolongent fidèlement. (*Cahiers du Cinéma*, n° 106, avril 1960.)

ROBERT BRESSON

Bresson est « à part » dans ce métier terrible. Il s'exprime cinématographiquement comme un poète par la plume. Vaste est l'obstacle entre sa noblesse, son silence, son sérieux, ses rêves et tout un monde où ils passent pour de l'hésitation et de la manie. (Préface *à Robert Bresson*, par René Briot, Paris, Éditions du Cerf, 1957.)

Charlie Chaplin

> Hôtel Welcome, Villefranche-sur-Mer

Cher Monsieur,
Entre la paresse, la pêche et le travail, il me reste bien peu de temps pour vous répondre, mais je ne veux pas que mon silence vous semble venir d'une mauvaise humeur contre votre enquête.

En quatre lignes, j'estime que les beautés *accidentelles* du cinéma sont entrées pour beaucoup dans notre nourriture (volumes, vitesses, etc.). J'ajoute que les films de Harold Lloyd et de Zigoto m'émeuvent. Leur poésie dépasse le rire. On a trop dit à Chaplin qu'il était un poète, alors il a voulu le devenir. C'est dommage.

Votre fidèle,
Jean Cocteau.

Excusez ce P.-S. hâtif, mais je viens de voir à Nice le dernier film de Chaplin, *La Ruée vers l'or*, et j'ai honte de mes réserves. Cette bande est un chef-d'œuvre absolu.

Jean Cocteau. (Réponse à une enquête sur « les lettres, la pensée moderne et le cinéma », in *Les Cahiers du mois*, n°s 16-17, 1925, numéro spécial intégralement consacré au cinéma.)

Lorsque je regarde les anciennes bandes de Charles Chaplin, mon rire n'est plus le même. Je pense à Kafka.

Il était normal que sa grande courbe, dont *La Ruée vers l'or* est le faîte, aboutît à l'admirable *Verdoux*.

Pourquoi, lui demandai-je un jour, es-tu triste ?

C'est – me répondit-il – que je suis devenu riche en jouant un pauvre.

Mais s'il a rendu l'invisible visible à tous, il garde une ombre que rien ne peut compromettre.

Cette ombre enveloppera ses derniers films. Elle en écartera ceux qui lui reprochent d'y chercher refuge. (*Les Lettres françaises*, 3-4-1952.)

Mon ami Charles,

N'est-il pas étrange que la malice des hommes oblige un miracle à *s'expliquer*. À le mettre au pied du mur, à le réduire non pas au silence mais aux paroles. N'est-il pas étrange que la malice des hommes pousse un animal d'une « élégance fabuleuse » dans une trappe (ou si tu veux, dans une grosse caisse) ?

Un jour, tu m'as confié sur les mers de Chine : « Combien de coups de pied a-t-il fallu que je reçoive pour arriver à dire ce que je voulais dire ? » Tu venais de me le confier lorsqu'un monsieur anonyme s'approcha de notre table, te donna une grande claque sur l'épaule. Pâle comme la nappe, tu me dis : « Voilà ce que je récolte. » J'ai retrouvé cet épisode dans *Limelight*.

À la porte des salles qui représentent ton film, on affiche : « Le premier grand rôle dramatique de Charles Chaplin. » Qu'as-tu joué d'autre que des rôles dramatiques ? Toi, l'arpenteur du *Château* de Kafka.

Je t'embrasse. (*Cinéisme*, n° 1, 31-1-1953.)

RENÉ CLAIR

Le rouge est mis. C'est l'expression consacrée. Une lampe rouge s'allume, les doubles portes se ferment. Personne d'étranger au tournage ne pénètre plus sur le plateau.

Il serait fastidieux de vous expliquer ce que cette bande vous montre. Il y aurait du pléonasme là-dedans. J'aimerais me laisser aller, pareil à ces pianistes du muet qui ne suivaient plus le spectacle. J'aimerais vous parler de mon ami René Clair, vous raconter ce que je pense de son travail et de celui de ses collègues.

*

Peut-être ne faudrait-il pas trop montrer nos coulisses, cette famille d'acteurs, d'électriciens, de machinistes qui encombre un plateau et dont on n'imagine plus la présence dès que l'intrigue s'isole dans son cadre de lune. Mais d'autre part cette famille qui grouille dans l'ombre avant que l'intrigue ne l'expulse, contrairement à ce lieu du crime de Lurs qu'on croyait vide et que l'enquête peuple peu à peu de témoins inattendus, cette famille, dis-je, qui se disperse le dernier jour et trinque avec un serrement de cœur, cette famille est si étroitement mêlée à notre entreprise, qu'il est bon de le faire comprendre au public, sa tendance étant de croire qu'on tourne un film comme on se promène et sans le moindre effort. Au reste, cette sensation de moindre effort est le privilège des chefs-d'œuvre. Chacun pense en être capable tellement ils ont l'air d'être nés d'une tête et tout armés à l'exemple de Minerve. Il me semble que beaucoup de spectateurs prendraient la fuite s'ils éprouvaient, en voyant un film, les fatigues, les insurmontables obstacles qu'il nous impose. Mieux vaut laisser croire au miracle. Mais, je le répète, on se résigne mal à reléguer dans les ténèbres les collaborateurs qui nous assistent. Leur génie étonne. Ce qui est impossible devient possible avec eux, et ce qu'on ne peut pas faire, ils le font.

Il faut voir avec quelle curiosité le plus humble des machinistes attend qu'on projette les prises de la veille. Il est vrai que chacun s'attache à ce dont il est responsable. Le machiniste à son travelling, l'opérateur à ses lampes, la script-girl à la place des objets, l'acteur à son jeu. Seul le metteur en scène domine le mécanisme à vol d'oiseau. Et particulièrement chez René Clair on dirait que cette grande famille était absente et que ses longues mains de médium provoquent une hypnose collective capable de faire voir sa pensée.

Rien ne me touche comme le point de vue du spécialiste. C'est ainsi, pendant qu'on jouait au théâtre mon *Aigle à deux têtes*, que la souffleuse s'attendrissait sans cesse sur la grâce des pieds d'Edwige Feuillère, car c'est ce qu'elle voyait passer devant son trou.

La poésie, ce saut d'une ténèbre intime à la lumière, cet objectif né du subjectif, emprunte les véhicules qui lui plaisent. Le cinématographe en est un. Il serait fou de le chasser du cercle des muses. La langue de René Clair, sa langue d'images est celle d'un poète. C'est véritablement d'un poète et de poèmes dont il s'agit.

Un charmant nom précède notre poète. René Clair. René, c'est-à-dire né une seconde fois, né d'abord pour comprendre et ensuite pour faire comprendre. Clair, qui s'impose bien que clair-obscur serait (*sic*) encore plus juste. Le clair n'est clair que par les ombres et par les pénombres qui l'accompagnent. C'est à cause des ombres et des pénombres morales que s'affirme la vérité d'un homme dont la recherche est plus importante que celle de la beauté, puisqu'elle est sa vérité, une forme de beauté que rien ne démode.

*

Je crois même que René Clair, comme tous les vrais poètes, a eu les honneurs de l'échec. *Sur les toits de Paris* restait invisible en France jusqu'à ce que le triomphe à l'étranger nous ramenât le film en pleine lumière. Et ce film avec Marlène Dietrich, dont la malchance me demeure une énigme, car il est un prodige de réussite. [Jean Cocteau a fait figurer un point d'interrogation dans la marge, en face de ce paragraphe. Le film visé est *The Flame of New Orleans / La Belle Ensorceleuse*, tourné par René Clair aux États-Unis en 1940.]

L'appareil de René Clair ne semble jamais avoir cherché sa place. Il se pose d'un seul coup, comme un oiseau, tourne sa tête de tous les côtés, l'immobilise et observe le monde avec l'œil de rossignol à quoi s'apparente l'œil noir et rond de notre cinéaste. Sur les branches de l'arbre généalogique du film français, il est bien agréable de voir briller cet œil de rossignol.

C'est par cet œil de rossignol, si rond et si noir, que passe l'humain qu'il constate et c'est grâce à cet œil que toutes les choses tristes et joyeuses de notre vie deviennent traduites dans une langue visuelle comparable au chant. René Clair chante, mais ce n'est pas le chant rouillé, mouillé, éraillé du coq qu'il fait entendre. C'est le chant qui tombe d'un arbre au point que l'arbre paraît chanter lui-même au clair de lune.

Rien n'est plus rare que de joindre à tant d'aigu tant de charme, à tant d'acier tant de velours. Avec René Clair on assiste à ce phénomène. Un seul homme nous évoque le velouté d'un fruit, sa joue rouge d'un côté, sa joue verte de l'autre, et le fil du couteau qui le coupe. L'acier, l'acide, le sucre, l'amer et le délicieux.

*

Que de contrastes ! Un humour noir et blanc, de ce blanc fait des couleurs du prisme qui tournent à toute vitesse et non seulement la lumière est orientée à merveille, c'est-à-dire dirigée à merveille, mais il faut aussi entendre qu'elle est orientée comme la perle, et que certains films de René Clair ont d'une perle la forme et l'orient.

Car la perle résulte d'une maladie de l'huître, et la perle dont je vous parle résulte de nos maladies, de nos travers et de nos faiblesses et d'une nacre aimable qui les excuse. J'ai eu ce sentiment de la perle en revoyant *Le Million*, à tel point que l'intrigue roulait sur une pente et faisait chatoyer toutes ses couleurs.

Est-ce par une profonde entente avec la nature que ces phénomènes se produisent ? Non. René Clair aime le décor, ce plus vrai que le vrai que nous constatâmes en voyant le film sur Van Gogh, où les peintures devenaient des extérieurs véritables, alors que bien des extérieurs véritables correspondent à des peintures médiocres.

*

Et voilà que le metteur en scène découpe souverainement l'espace et le temps qui se conjuguent et qui semblent se refuser à toute opération de ce genre, sauf dans le domaine de l'esprit. Or, le cinématographe bouscule les lieux et les dates. On tourne après ce qui se passe avant. Des chambres qui correspondent à d'autres se construisent ailleurs, à plusieurs semaines de distance. Un comédien quitte une rue et pénètre dans un vestibule. Pendant que la porte s'ouvre et se referme, le comédien a vécu sa vie propre, multiplié des actes et des démarches que les privilèges cinématographiques abolissent.

René Clair, dans cette prestidigitation abstraite, est passé maître. Il nous bande les yeux et nous les débande, après nous avoir fait tourner sur place. Il nous invite à ce jeu de colin-maillard, à ce palais de mirages des boutiques foraines, et lorsque nous dénouons le linge qui nous bandait les yeux, nous ne savons plus où nous sommes. Nous sommes où l'a voulu René Clair.

René Clair ne porte ni semelles de plomb ni semelles de crêpe. On l'imagine portant la sandale ailée de Mercure, capable de voler par machine fort vite, ou fort lentement, et en silence, à l'exemple des objets nommés soucoupes volantes qui relèvent de la réalité et de la fable et laissent tomber sur les arbres des cheveux d'ange qui s'évanouissent entre nos mains.

Dans les films de René Claire je songe souvent aux cheveux d'ange, aux sapins pavoisés et illuminés de Noël, aux arbres qui excitent l'enfance et dont les racines pourraient être le lustre compliqué de l'appartement d'en dessous.

*

Ne convient-il pas de saluer au passage l'homme qui n'a pas d'école et qui a été notre école, l'homme qui, par sa simple silhouette, hausse l'écran à la hauteur du théâtre et des livres, le petit homme dans la lune qui ne porte pas une hotte, mais une badine et qui par le seul moulinet de cette badine nous corrige lorsque nous nous trompons. Ce Charles Chaplin ! Il se moque pas mal (*sic*) du réalisme ou du néo-réalisme, de ces étiquettes sous lesquelles on range l'effort de ceux qui, loin de procurer une évasion au public, l'enfoncent en lui-même et lui permettent de sortir des salles obscures avec une bonne charge de poésie.

Un jour (c'était sur les mers de Chine) Chaplin me dit que son tableau préféré était *Les Souliers* de Van Gogh. C'est justice. Le tableau préféré de René Clair pourrait être *Le Balcon* de Manet où ces dames semblent assister à l'un de ses spectacles, ou peut-être une de ces toiles de Goya où la caricature le dispute à l'élégance.

Si je ne fais plus de film jusqu'à nouvel ordre, c'est que j'étais fort en retard avec l'écriture. Mais pourrai-je résister à ce jouet magnifique. Quel est-il ? Vous le savez bien, mesdames, messieurs. Vous l'avez reconnu et vous n'osez pas vous le dire parce que vous êtes de grandes personnes, que vous éprouvez un peu de honte de votre enfance, mais que vous retrouvez cette enfance lorsque vous occupez en bloc une salle d'ombre. Dites-le et, si vous ne le dites pas, je vais le dire à votre place. La lanterne magique. La lanterne magique où l'image bougeait un peu. La lanterne magique moderne où l'image bouge beaucoup et dont le faisceau de lumière peuple de fantômes admirables le linge fantomatique suspendu dans un coin de la chambre.

Vous venez de vivre un quart d'heure avec René Clair en train de manier cette énorme machine auprès de laquelle les machines des fêtes de Louis XIV étaient bien peu de chose. Et vous l'aimerez davantage après avoir compris qu'un poète n'est pas un spirite mais un ouvrier, qu'il se contente de construire une table et que c'est à vous de mettre vos mains dessus et de lui demander de dire, ou de ne pas dire, ses secrets qui sont, entre nous, les vôtres.

JAMES DEAN

La désobéissance peut être considérée comme le plus grand luxe de la jeunesse et rien n'est pire que les époques où la jeunesse trop libre se trouve dans l'impossibilité de désobéir. James Dean représente à mes yeux une sorte d'archange de la désobéissance aux habitudes et son plus bel acte de désobéissance n'est-il pas le terrible refus que sa mort oppose à la gloire qui lui était promise ? Il est pour ainsi dire sorti du monde à la manière d'un écolier qui se sauve de la salle d'étude par la fenêtre et tire la langue aux professeurs.

En outre, toute la jeunesse privée de désobéissance par manque d'ordres et de cadres se trouve également privée de mystique et cherche autour d'elle un type idéal qui serait ses rêves en chair et en os.

Pour tout cela James Dean donne une nourriture aux âmes mal assises entre une civilisation morte qu'elles n'ont pas connue et une civilisation qui s'ébauche et dont elles ne profitent pas encore.

Un fantasme – un songe – un jeune homme qui par la rapidité de son passage n'encrasse aucun des mécanismes de sa course – voilà James Dean et pourquoi une foule adolescente lui élève une statue de neige, plus solide que bien des statues de marbre.

Cecil B. De Mille

Mesdames, Messieurs,

Il faudrait en finir une fois pour toutes avec une erreur qui freine l'art cinématographique dans sa marche. Cette erreur consiste à croire que la nouveauté vient des sujets alors qu'elle ne peut venir que de la manière dont on les traite. C'est dire je n'aime pas les zouaves en face du zouave de Van Gogh ou bien je souffre d'une allergie des roses en face d'un bouquet de roses de Renoir.

L'audace du sujet d'un film ne joue pas davantage de rôle que le modèle dans l'œuvre d'un peintre et il est dommage qu'on prolonge ce malentendu dans une époque où les peintres, qu'ils soient cubistes ou abstraits, ont diminué le rôle du prétexte jusqu'à l'absolu.

Cecil B. De Mille était un inspiré, un de ces fous délicieux qui estiment avoir une mission et veulent la communiquer au monde coûte que coûte. Mais ce n'est pas cette ambition naïve allant jusqu'à se commander une fourche digne du roi Marsoule qui fait de Cecil B. De Mille un prince de l'écran. C'est son style, sa grosse écriture enfantine, ses jambages et ses majuscules.

Lorsque j'étais jeune le cinéma était méprisé, considéré comme un spectacle sans importance. Brusquement deux œuvres vinrent changer tout et, à l'exemple du Ballet russe, l'intelligentsia parisienne se retrouvait chaque jour et plusieurs fois de suite dans deux petites salles des Boulevards où l'une montrait la première grande histoire de cow-boy avec William Hart au beau profil de pur-sang et l'autre : *Forfaiture*. Il est possible que présentement nous fassent sourire la garden-party et la grande scène avec le fer rouge… Seulement, *Forfaiture* a fait du *cinéma* un nom de muse et grâce à ces deux films le cinéma devint le cinématographe et posséda d'un jour à l'autre ses lettres de noblesse.

Autre chose. Le génie est un phénomène constant à sanctifier des fautes qui cessent d'en être par la force avec laquelle un artiste les affirme et les rend exemplaires. J'échangerais toutes les perfections avec certaines fautes célèbres qui correspondent aux écarts de Van Gogh, de Cézanne ou de Picasso alors que les perfections correspondent à Meissonnier, à Bail, innombrables artistes qui passèrent pour sauver la France d'une honte dont la couvraient ceux qui devaient ensuite faire sa gloire.

Je place le considérable mauvais goût de Cecil B. De Mille bien au-dessus de ce qu'on nomme le bon goût de la mesure française et là, je me permettrai de citer avec fierté ce que Péguy disait de moi : « Il sait jusqu'où on peut aller trop loin. » Existe-t-il définition plus exacte de la limite où l'artisan domine en nous le schizophrène ?

Certes il y a de la folie en Cecil B. De Mille et même ce qui s'appelle la folie des grandeurs – mais, comme le dit Tristan de son amour pour Yseult, c'est une belle folie.

Et peu à peu on comprendra que l'art est une désobéissance aux règles mortes quelle que soit la manière d'y désobéir. Et si l'on a confondu avec une obéissance à ce que demande le public la désobéissance de Cecil B. De Mille à l'intellectualisme et à la sagesse, on doit aujourd'hui saluer l'acharnement sublime qu'il mit à nous communiquer ses rêves.

Marlène Dietrich

Vous pensez bien qu'on ne présente pas Marlène. Mais on peut la saluer et la remercier d'être ce qu'elle est. Il est rare qu'on entre armé de pied en cap dans la légende, comme elle vous veut. Marlène, pareille aux enfants qui jouent au cavalier, est entrée dans la légende à cheval sur une chaise.

Ceux qui ont eu la chance de la voir à l'improviste sans s'y attendre à cheval sur cette chaise et l'entendre chanter "*Ich bin von Kopf bis Fuss auf Liebe eingestellt*" possèdent le souvenir d'une perfection.

Et pourquoi cette perfection n'était pas seulement une éblouissante douche de sex-appeal ? C'est que si Marlène se livrait à l'exercice du strip-tease et selon ses habitudes allait jusqu'au bout, il ne resterait de sa personne que l'essentiel, c'est-à-dire un cœur d'or.

Car cet oiseau de paradis, ce navire toutes voiles au vent, ce phénomène de grâce dont les aigrettes, les plumes, les fourrures semblent appartenir à sa propre chair, est une âme comme il en existe peu, une bonté en marche qui n'hésite pas à traverser les océans pour rendre service.

Il serait ridicule de vous en dire davantage et de profiter de l'honneur qu'elle me fait en me permettant de vous parler d'elle. Mieux vaut voir apparaître celle dont le nom commence par une caresse et s'achève par un coup de cravache : Marlène... Dietrich. (Texte lu par Jean Marais au Bal de la Mer, à Monte-Carlo, le 17-8-1954.)

Vous êtes américaine. Vous êtes bien aussi la compatriote de Schopenhauer. On pourrait parodier à votre usage le célèbre titre du livre *Le Monde comme* volonté *et comme* représentation.

Marlène Dietrich..., Votre nom débute par une caresse et s'achève par un coup de cravache. Vous portez des plumes et des fourrures, qui semblent appartenir à votre corps comme les fourrures des fauves et les plumes des oiseaux.

Votre voix, votre regard sont ceux de la Lorelei ; mais Lorelei était dangereuse. Mais vous ne l'êtes pas ; car votre secret de beauté consiste à prendre soin de votre ligne de cœur.

C'est votre ligne de cœur qui vous place au-dessus de l'élégance, au-dessus des modes, au-dessus des styles : au-dessus même de votre prestige, de votre courage, de votre démarche, de vos films et de vos chansons.

Votre beauté s'impose, il est inutile qu'on en parle, c'est donc votre bonté que je salue. Elle illumine par l'intérieur cette longue vague de gloire que vous êtes, une vague transparente qui arrive de loin, et daigne se dérouler généreusement jusqu'à nous.

Des paillettes de *L'Ange bleu* au frac de *Morocco* ; de la pauvre robe noire de *X. 27* aux plumes de coq de *Shanghai Express* ; des diamants de *Desire* à l'uniforme américain ; de port en port, d'écueil en écueil, de houle en houle, de digue en digue il nous arrive (toutes voiles dehors) une frégate, une figure de proue, un poisson chinois, un oiseau-lyre, une incroyable, une merveilleuse, une amie de la France – Marlène Dietrich.

S. M. EISENSTEIN

La merveille de *La Bataille de l'eau lourde* vient de ce que tout y semblerait invraisemblable si le film n'était pas tourné par les héros du drame, héros que le cinéma Rex nous présente ensuite sur la scène. Preuve est faite, une fois de plus, que le faux a l'air plus vrai que le vrai et que si le destin pense à tort, il n'en va pas de même pour les hommes. Hitler garde son trésor, mais par deux fois, les chevaliers, au lieu d'être aux prises avec Fafner, se trouvent en présence d'un vieux concierge.

C'est un vieux concierge qui protège le saint des saints : la chambre des distillateurs. C'est un vieux concierge (norvégien en outre) qui surveille le ferry-boat où Hitler amène son trésor. Trois hommes peuvent donc, contre toute attente, agir tranquillement, au milieu d'une fourmilière de S.S. Qui le croirait ? On nous le montre. Et sans doute, je le répète, une fausse histoire convaincrait-elle davantage ?

Dans le *Potemkine*, Eisenstein manœuvre à l'inverse. Il fabrique l'histoire et la rend encore plus émouvante et plus saisissante par de vastes détails qu'il trouve.

Il trouve l'escalier d'Odessa. Il trouve la bâche mise sur les marins qu'on veut faire fusiller par leurs camarades. Il trouve le défilé du peuple devant le cadavre.

Peu à peu, les photographies du film ornent les murs du ministère de la Guerre. Elles portent d'abord la notice : film d'Eisenstein. Plus tard, la notice : film *Potemkine*. Enfin, elles deviennent des documentaires de la révolte des équipages.

Je me suis beaucoup lié avec Eisenstein après le *Potemkine*. Je l'admirais. Il me montra le premier travail de *La Ligne générale*. Il racontait, sur ce travail, de belles anecdotes.

En voici une : pendant le tournage, Eisenstein et son équipe pénètrent dans une isba d'un village perdu. Ils découvrent, au-dessus du lit, à leur grande surprise, deux cartes postales en couleurs. L'une représentait la tour Eiffel, l'autre Cléo de Mérode. La vieille paysanne qu'ils interrogent répond : « C'est l'empereur et l'impératrice. » Pour cette femme, en plein bolchevisme, un portrait en couleurs où son œil ne déchiffre rien ne peut être que celui du tsar ou de la tsarine.

En voici une autre : les paysans croyaient que la caméra photographiait les femmes nues à travers leurs costumes. Ils menaçaient l'équipe avec des fourches. Ils crurent aussi que les gants qu'on avait ordonné aux cinéastes de mettre contre la lèpre cachaient des griffes et des pattes de diables.

Eisenstein racontait une foule d'anecdotes étonnantes et son grand corps était secoué de rires. Il voyait tout. Il entendait tout. Il enregistrait tout. Et s'il donnait un coup de pouce à la vérité, ce n'était jamais mensonge. C'était pour la rendre plus forte, plus lisible.

Lorsqu'on projeta le *Potemkine* à Monte-Carlo, un ancien matelot de l'équipage, qui s'y trouvait, écrivit à Eisenstein : « Monsieur Eisenstein, je viens de me voir dans votre film. J'étais un des marins sous la bâche. » Or, Eisenstein avait inventé cette bâche de toutes pièces. Son génie s'était substitué à la mémoire de cet homme.

J'ai eu souvent, auprès d'Eisenstein, la preuve de cette victoire de l'imagination sur le fait.

Preuves innombrables en ce qui concerne le mécanisme de son chef-d'œuvre : *Tonnerre sur le Mexique*.

Hélas ! peu de personnes ont vu ce monument du cinématographe. Le film qu'on en passe est formé des chutes du film original. C'est-à-dire que les prises jetées au panier par Eisenstein témoignent d'une richesse prodigieuse.

Nous devions tourner un film ensemble à Marseille. Son voyage en Amérique avait retardé notre entreprise. Jamais nous ne parvînmes à nous joindre aux dates. Et souvent, je ferme les yeux. Je regarde notre film fantôme et je sens la grande masse d'Eisenstein, secouée de rire, auprès de moi. (*Carrefour*, n° 179, 18-2-1948. Reprenant l'anecdote de la bâche, du *Cuirassé Potemkine*, dans *Journal d'un inconnu*, Cocteau note : « Sans cesse, on touche du doigt que la fable supplante la réalité, qu'elle est une brioche en quoi notre pain quotidien se change. Il est vain d'essayer de prévoir par quels détours. Par quel tube digestif. Ce qui s'enfle et ce qui se fripe. Bien fou serait l'homme qui voudrait construire une fable et chercherait à en convaincre la foule. » Paris, Grasset, 1953, p. 141.)

JEAN EPSTEIN

Dans les domaines de l'art j'ai toujours préféré les accidents à la route sûre. Je parle d'accidents provoqués et dirigés.

Et il y a des hommes accidentels que la mort fixe dans une jeunesse éternelle parce qu'ils ont lutté contre les habitudes. Nous saluons aujourd'hui Jean Epstein, né à Varsovie en 1897, mort à Paris en 1953. Comme Vigo, dont il a précédé le thème de *L'Atalante* avec *La Belle Nivernaise* en 1923, l'auteur de *Cœur fidèle* ne cherche pas le succès des foules, il les déroute. Il s'exprime par l'entremise du cinématographe et cherche à mettre, à l'exemple des poètes, sa nuit en plein jour.

Dans ce festival de Cannes, où il me semble que les progrès techniques l'emportent sur la surprise des maladresses fécondes, cet hommage à Epstein est significatif. Il est probable que la couleur, le relief et autres découvertes qui ne changent en rien les lois du génie, obligeront de jeunes cinéastes à trébucher, à tâtonner, à chercher, à trouver d'abord et à chercher après selon la belle formule de Picasso, bref, à reprendre à zéro le parcours du jeu de l'oie jusqu'à cette tête de mort qui fait figure d'échec et qui, à la longue, pourrait bien être la figure même de la réussite.

De *Cœur fidèle* aux *Bâtisseurs*, Jean Epstein a donné l'exemple d'une vie insoumise aux règles et qui ne comptait que sur la force de l'âme et du cœur. Les images et le rythme de Jean Epstein ont si peu vieilli qu'on souhaiterait actuellement un rythme et des images de cette force et de cette grâce.

Abel Gance vous parlera des livres d'Epstein. Je lui laisse cette joie. Vous allez voir en premier lieu un passage de *Robert Macaire*; il sera projeté à 24 images, ce qui ne lui enlève rien. Au contraire, les 24 images pantinisent les marionnettes humaines qu'Epstein dirigeait déjà dans ce sens. Vous remarquerez, outre la maîtrise des cadres, la richesse des contrastes. On dirait le mécanisme de quelque pièce montée en argent massif.

Un dernier salut fraternel à notre Epstein et à Langlois, le dragon qui garde des trésors. (*Cahiers du Cinéma* n° 24, juin 1953.)

Joë Hamman

Il y a quelque temps, en hommage posthume à Gary Cooper, la télévision nous montra le film où il raconte l'époque héroïque du Far West, film dont il avait choisi les anciennes images.

Ces images, qui précèdent le cinématographe, deviennent, par leur statisme sculptural, plus significatives que lorsqu'elles se mirent en mouvement grâce à des cinéastes qui s'en inspirèrent.

Ce qui frappe, dans ces images immobiles, c'est toujours une noblesse farouche de figures et d'attitudes – figures et attitudes où la beauté farouche l'emporte sur les stigmates du crime.

Cette beauté mystérieuse vient de ce que femmes et hommes, jeunes et vieux, furent illuminés par le vouloir de faire fortune, ou plutôt de s'arracher à la pègre des villes.

Dans notre époque blasée, fatiguée, cherchant à vaincre l'ennui de vivre par une fuite vers d'autres mondes, ce film étonne à force de fraîcheur dramatique, fraîcheur d'âmes ambitieuses qui se limitent au règne humain et n'ont pas encore songé à mettre leurs forces au service d'un idéal extraterrestre.

Il me semble que Joë Hamman résume en sa personne l'audace de ces hordes dont Gary Cooper nous présente les types superbes.

C'est l'acharnement d'une recherche de l'or caché dans le sous-sol qui se substitue peu à peu à cette recherche même, et sculpte l'or humain d'une race ambulante dont quelques photographes sans prétention nous conservent les physionomies inoubliables.

On m'affirme que, dans les publications enfantines, roulottes, locomotives, chevaux, armes à feu, flèches et ceintures de cartouches se vendent mieux que la science-fiction et nourrissent davantage les rêves de la jeunesse que les pilotes des astronefs.

Malgré ma pente à considérer la poésie comme le haut lieu de la science, il me réconforte d'apprendre que les machines et les robots excitent moins les jeunes imaginations que les plumes des Indiens et que les galopades de *La Ruée vers l'or*.

Afin de trouver une planète victime de cet accident que nous appelons la vie, il faudrait voyager plus loin que notre système solaire, hélas peuplé de mondes futurs ou de mondes morts.

Cela nous laisse le temps d'écouter un homme fasciné par le courage d'aventuriers que nous croirons naïfs jusqu'à ce que l'avenir nous réserve la surprise de notre naïveté présente.

Le secret de l'infini, c'est qu'il n'y en a pas, ou, du moins, que ce secret n'en est un que dans la mesure où nous prenons pour progrès notre espoir de comprendre un mécanisme qui demeurera éternellement incompréhensible.

Saluons en Joë Hamman un poète actif, un conteur capable de vivre ses contes. (Préface au livre de Joë Hamman : *Du Far West à Montmartre*, Paris, Éditeurs Français Réunis, 1962.)

LAUREL ET HARDY

Pauvre Villefranche ! Comment sa poésie tenace, comment les élégances exquises de la flotte anglaise ancrée sous mon balcon léger de marbre et de fer peuvent-elles émouvoir les âmes formées par les élections et par Laurel et Hardy ? Non que je méprise Laurel et Hardy. Je les aime. Ce sont des enfants qui jouent. Il arrive que leurs farces explosent à force de lyrisme et s'achèvent dans le ciel et la mort. Je doute que le public de notre modeste rue du Poilu, prêt à rire au moindre signe de noblesse ou de souffrance, puisse être sensible à la grâce féerique des deux clowns américains. Sensible aux chutes, aux projectiles de vaisselle, aux casseroles sur la tête, aux douches d'eau froide, un point c'est tout. (*Paris-Soir*, 6-8-1935.)

MARCEL MARCEAU

L'exercice de style que vous allez voir consiste à traduire un silence dans un autre. Par une grâce blafarde qu'il tient de

Deburau et de la dramaturgie japonaise, Marcel Marceau imite le silence trompeur des poissons et des plantes. Il évoque mystérieusement cette vie végétative que les films accélérés nous montrent aussi gesticulatrice que celle des hommes. Bref, il parle.

Un mime traverse le mur des langues, Paul Paviot nous présente le charmant personnage inventé par Marceau, *Bip*.

Ce personnage entre chez nous sur des pieds de voleur avec le terrible sans-gêne du clair de lune. (Générique de *Pantomimes*, de Paul Paviot, 1954.)

JEAN-PIERRE MELVILLE

Le travail avec Jean-Pierre Melville était un véritable bloc amical où le roman devenait film, une bobine d'Ariane qui se déroule jusqu'au Minotaure final. J'estime que le livre des *Enfants terribles* est passé à travers Melville sans une ombre, comme s'il en était l'auteur.

Nous avons eu les disputes des vrais amis et il m'arrive d'être triste que le désordre parisien nous éloigne l'un de l'autre.

Le 28 juin 1963. (In *Jean-Pierre Melville*, par Jean Wagner, Paris, Seghers, 1964.)

GÉRARD PHILIPE

Prêté par la gloire.

Quoi ? le Cid ! Quoi ? le prince de Hombourg ! Quoi ? toute cette jeunesse étincelante, amoureuse et victorieuse, la voilà qui se laisse prendre au piège sous la forme de Gérard Philipe !

De Radiguet, Romain Rolland m'écrivait : « Comment a-t-il pu se laisser vaincre par la mort après avoir enfoncé de telles griffes dans la vie ? »

Comment s'est-il laissé vaincre, ce courageux Gérard, dont la noble courbe est celle d'un arc, et comment cet arc nous laisse-t-il cette flèche en plein cœur ?

C'est une grande énigme que nul ne peut résoudre, sinon par l'image d'un Phénix qui, de siècle en siècle, se brûle pour renaître, sinon par les fables du Sphinx grec ou du Minotaure de Crète, qui exigent qu'on leur livre les plus jeunes, les plus beaux.

Il faut craindre les prodiges.

C'est égal, on a peine à admettre que cette chance devait être courte, et on a le désir d'injurier le destin et de lui crier : « Maldonne ! » (26 novembre 1959 – *Les Lettres françaises*, n° 801, 3-12-1959.)

Comme Jean Marais, Gérard Philipe offre l'exemple du comédien-tragédien sans tache.

Le film avait obligé le dramaturge à découvrir des artistes ayant l'âge des rôles, vrais Tristans, vrais Roméos, Yseults et Juliettes adolescents. Il en résultait au théâtre une exigence du public à laquelle il était impossible de répondre, les jeunes comédiens n'ayant pas, afin de porter les rôles de héros et d'héroïnes, les épaules robustes d'acteurs auxquels on ne demandait pas d'avoir l'âge de la légende, mais le talent d'y faire croire.

Faute d'interprètes, le Cartel leur substitue les metteurs en scène, les costumes et les décors.

Historiquement, c'est Jean Marais, chapitré par mes souvenirs de Mounet-Sully, de Lucien Guitry, d'Édouard de Max, qui, dans *Les Parents terribles*, osa le premier rompre avec une réserve indispensable à l'écran, mais néfaste sur les planches.

Avec lui, Gérard Philipe bouscule les règles cinématographiques, lesquelles privaient le théâtre de grands premiers rôles, et nous le vîmes, dans *Caligula* et dans *Le Cid*, joindre à la fougue de son âge une science mystérieuse qu'il semblait tenir de quelque fée.

Les fées, il les avait toutes à son berceau. Mais on doit toujours craindre la dernière, et celle de Gérard vint dire, après les autres : « Ta gloire sera courte. » Elle se trompait. Car les bonnes fées connaissaient de douces malices et leur correctif à cette menace fut : « Nous ferons en sorte que ta courte gloire soit assez puissante pour être longue. »

Il est exact que les célèbres colosses du théâtre, les cariatides qui soutenaient le temple, les Mounet et les Sarah Bernhardt, les Réjane et les Guitry, n'eussent pas résisté à quelques semaines de la vie que le fisc, le film, la radio et la télévision imposent à nos jeunes vedettes.

Il est exact que ces colosses se dépensaient fort peu et rêvaient sur des peaux d'ours ou bien à la terrasse des cafés du boulevard ; il est également exact que le rythme moderne use les nerfs des jeunes artistes et que leur aisance à soutenir des rôles très lourds ne va pas sans une extrême fatigue. Mais Gérard Philipe menait une vie calme et, si l'alternance du T.N.P. était rude, il savait se détendre à la campagne et recevoir de sa femme, qu'il vénérait, une haute tendresse sans orages.

Non. De même que Raymond Radiguet, louant et espérant la chance de vieillir, déroule son génie à cette vitesse qui supprime vertigineusement la pelote, Gérard Philipe dépensa sans compter sa fortune morale et distribua son cœur jusqu'à la ruine.

Aussi, quel faste résultait-il de ce trésor jeté à pleines mains !

Le soir du *Cid*, on eût dit qu'après avoir jeté ses richesses dans la salle il allait s'y jeter en personne, et c'est de la sorte que j'interprète sa descente au milieu du public à la fin de son monologue.

Elle reste inoubliable, cette minute que je compare à celle où Jean Marais, couché à plat ventre dans les coulisses des Ambassadeurs, attendait que vinssent à Michel des larmes profondes.

Et c'est pourquoi j'accorde l'oreille du public à ces deux superbes matadors du théâtre. (*Spectacle*, n° 1, 1960.)

FRANÇOIS REICHENBACH

Le festival de Cannes comporte plusieurs stades de succès. Il y a le succès d'escalier, le succès de presse, le succès de bouche à bouche et le succès du jury, lequel couronne les autres. L'admirable film de François Reichenbach [*L'Amérique insolite*] avait gagné les premières manches. Il lui restait à sauter le dernier obstacle qui n'est pas commode, et je vous parle en connaissance de cause, ayant présidé le jury plusieurs fois de suite avant qu'on ne me décerne le titre platonique de président d'honneur à vie du festival.

Je suppose que Reichenbach a été victime d'un phénomène que je connais pour en avoir souffert et qui consiste à jeter sur le monde un regard (Saint-Simon dirait asséner un regard) qui bouscule les habitudes et montre les choses sous un angle aigu, facile à confondre avec la charge et la critique. Il en va de même chez les peintres lorsque leur audace marche au bord du style caricatural sans y tomber jamais et ne cesse de surprendre qu'à la longue. Van Gogh, Cézanne, Toulouse-Lautrec furent traités de caricaturistes, et Picasso passe encore pour un farceur auprès des milieux incultes. Car, si étrange que cela nous apparaisse, il m'arrive d'entendre dire que je me moque du monde et qu'il serait naïf de prendre certaines de mes œuvres au sérieux. Les braves imbéciles ne se demandent pas quel bénéfice un artiste trouverait à mystifier, pourquoi il ruinerait sa santé morale en pure perte, déshonorerait sa muse et son sacerdoce.

Or les sommes absurdes qu'il coûte condamnent le film au succès immédiat et à rompre avec cette loi des muses qui est d'attendre que les esprits s'accoutument à ce que Baudelaire appelait « l'expression la plus récente de la beauté » et à ce qui insulte les paresses.

Je ne me trouvais pas à Cannes les soirs de *L'Avventura*, de *La Source* et de *Moderato cantabile* : on me raconte une attitude de ces salles invitées tellement honteuse que j'approuve Lo Duca d'écrire dans le journal de Maurice Bessy qu'on les devrait rappeler à l'ordre, et je n'aurais pas hésité à le faire si j'eusse été là.

Par contre, le film de Reichenbach, auquel j'assistais, n'avait provoqué aucun scandale. On n'y avait vu que la passion avec laquelle notre jeune touriste promène son troisième œil sur un peuple amoureux des extrêmes et insensible à ce sens du ridicule qui paralyse les civilisations dont Voltaire estime qu'en devenant trop intelligentes elles ne peuvent plus pousser de pointes.

Dans ce cortège de contrastes que le film déroule sous nos yeux, il n'y a que pointes qui se heurtent, ferraillent et nous évoquent la chorégraphie éblouissante du duel des Hoffmann Girls.

Il serait fou de confondre cette escrime joyeuse avec une attaque à main armée, et je me demande par quelle malice du diable mon très cher Simenon a pu en être dupe, car il est passé maître dans l'art de transcender le médiocre et de déterrer les trésors.

Il est vrai que je ne siégeais pas à la table des juges, qu'il est facile de juger les juges et que si j'estime que le festival doit aider une œuvre, il est également valable qu'il consacre un succès.

Si le jury était unanime à préférer certains films et à en éliminer d'autres, cela le regarde. Je ne m'étonne que si la raison de l'échec du film de Reichenbach (je parle d'échec de palmarès) est celle qu'on me rapporte.

En ce cas, je verse au procès le préambule que j'avais enregistré et dont il ne reste qu'un passage. Je prouve ma bonne foi et que mon système de défense n'est pas une manœuvre de la dernière heure. (*Arts*, n° 776, 25-5-1960.)

JEAN RENOIR

J'ai la chance d'avoir dans ma chambre de campagne une de ces petites toiles de Renoir où Jean tire la langue sur sa besogne d'écolier. Or, chaque fois que j'assiste à un film de Jean Renoir ou à une de ses pièces (à vrai dire je n'en connais qu'une), je trouve admirable qu'il reste fidèle à cette image, protège son cœur d'enfant et l'enveloppe de cette irisation de fruit au soleil.

S'il existe un rapport de famille entre nous, ce serait la même manière de choisir les artistes d'un film beaucoup plus d'après leur style moral que d'après leur charme physique.

P.-S. – Les films noirs sont aussi en couleurs. (*Cahiers du Cinéma*, n° 82, avril 1958.)

Il serait étrange qu'un fils de Renoir se contentât de manier des fantômes, même si la couleur ajoute une apparence de vie.

Il fallait, je suppose, à Jean Renoir *le spectacle en chair et en os*. Du reste, pendant une récente réunion de cinéastes, il m'avait confié sa passion secrète pour les planches.

J'ai dans ma chambre de campagne plusieurs toiles qu'on découpa dans un ensemble dont Matisse me racontait que Renoir y nettoyait féeriquement ses pinceaux à la fin de sa journée de travail.

Je les regarde. Jean, avec ses longs cheveux sur les épaules, ses joues de pomme, se penche sur un pupitre et tire un peu la langue.

Je commence à écrire sa pièce, c'est sûr. Et je me demande si ses admirables films ne furent pas seulement ses devoirs de vacances.

C'est donc à l'enfant et à l'homme que je m'adresse et que j'offre mes vœux du cœur. (Programme d'*Orvet*, créée au Théâtre de la Renaissance, le 12-3-1955.)

JIRI TRNKA

La première fois que j'ai eu la chance de connaître cet homme extraordinaire, c'était pour son film d'après Andersen : *Le Rossignol de l'empereur de Chine*. Il m'en demandait les paroles.

Le jour de la première intime, j'invitai quatre ou cinq amis et, après le film, on me confia, pour se la passer de main en main, la figurine de l'empereur. C'est alors que j'assistai à cette chose surprenante : une sorte de respect craintif s'emparait de mes amis. Ils osaient à peine toucher cette petite personne mystérieuse et miraculeuse qui n'était plus ni un acteur ni une marionnette, mais l'âme de Trnka ayant adopté cette forme. Et vous devinez combien il est terrible de tripoter une âme, et de se la passer comme un simple objet d'art.

Ce petit empereur a longtemps habité ma chambre au Palais-Royal. Mais il est devenu l'empereur de Siam, à cause de mes chattes siamoises. Et elles l'ont tellement manipulé, léché et cajolé qu'il disparaissait peu à peu. Et qu'en fin de compte, il redevint ce qu'il n'aurait jamais dû cesser d'être: une âme sans corps qui retourne à ses origines, c'est-à-dire mélangée à celle de Trnka, pour qu'il la réincarne une fois de plus et lui invente une forme neuve et de nouvelles aventures.

Peu à peu, Trnka est parvenu à supprimer, à huiler, à lier les saccades entre les innombrables gestes par la succession desquels sa patience et son équipe semblent dérober à la nature le secret de la vie.

C'est une grande merveille que ces films où Trnka oppose une réalité irréelle au poncif des animaux humains du dessin animé. Il n'y a jamais rien de caricatural dans son œuvre, et sa noblesse est de rendre possible ce que notre enfance essayait de croire possible par les seules forces de l'imagination.

Tous les enfants animent leurs poupées et les font vivre en cachette – et voilà un sorcier dont le savoir matérialise les rêves de l'enfance.

Hier soir, nous avons vu dans le film de Truffaut le prodige par quoi Jean-Pierre exécute sans étude un tour de force auquel le comédien le plus génial ne pourrait prétendre. Son interrogatoire psychiatrique ressemble au jeu des nègres du basket-ball, dont on nous dit: « Oui, mais ce n'est pas du sport »; à un prestidigitateur qui jouerait aux cartes et dont on dirait: « Oui, mais il triche. » Bref, un privilège étrange le haussait au-dessus des techniques et lui permettait de gagner à chaque coup.

Oui, ce privilège n'est autre que la poésie que les enfants possèdent tous, et que les grandes personnes perdent, si elles commettent l'imprudence de ne pas lui réserver un coin d'ombre.

Trnka, c'est le règne de l'enfance et de la poésie – cet Éden dont les tristes nécessités de vivre nous chassent chaque jour davantage.

Remercions-le, voulez-vous, de nous laisser croire que l'Archange gardien ne nous a pas définitivement fermé les portes.
(*Les Lettres françaises*, n° 773, 14-5-1959.)

Orson Welles

J'ai connu Orson Welles en 1936 à la fin de mon tour du monde. C'était à Harlem, au *Macbeth* joué par des Noirs, spectacle étrange et magnifique où m'avaient conduit Glenway Wescott et Monroe Wheeler. Orson Welles était un tout jeune homme. *Macbeth* devait encore nous réunir au festival de Venise en 1948. Chose curieuse, je ne formais aucun lien entre le jeune homme du *Macbeth* noir et le cinéaste célèbre qui allait me montrer un autre *Macbeth* (son film) dans une petite salle du Lido. C'est lui, dans un bar de Venise, qui me rappela que je lui avais fait remarquer jadis que le théâtre escamotait d'habitude la scène de somnambulisme alors que c'était, à mes yeux, la scène capitale.

Le *Macbeth* d'Orson Welles est un film maudit, dans le sens noble du terme que nous employâmes pour éclairer la lanterne du festival de Biarritz.

Le *Macbeth* d'Orson Welles laisse les spectateurs sourds et aveugles et je crois bien que les personnes qui l'aiment (et dont je me vante d'être) se comptent. Welles a très vite tourné ce film après d'innombrables répétitions. C'est-à-dire qu'il voulait lui conserver son style de théâtre, cherchant à prouver que le cinématographe peut mettre sa loupe sur toutes les œuvres et mépriser le rythme qu'on s'imagine être celui du cinéma. Cinéma est une abréviation que je réprouve à cause de ce qu'elle représente. À Venise, nous entendîmes sans cesse répéter ce leitmotiv absurde : « C'est du cinéma » ou « Ce n'est pas du cinéma ». On ajoutait même : « Ce film est un bon film, mais ce n'est pas du cinéma » ou « Ce film n'est pas un bon film, mais c'est du cinéma ». On devine que nous en faisions des gorges chaudes et, qu'interrogés ensemble par la radio, Welles et moi répondîmes qu'il nous serait agréable de savoir ce que c'était qu'un *film cinéma* et que nous ne demandions qu'à apprendre la recette pour la mettre en pratique.

Le *Macbeth* d'Orson Welles est d'une force sauvage et désinvolte. Coiffés de cornes et de couronnes de carton, vêtus de peaux de bêtes comme les premiers automobilistes, les héros du drame se meuvent dans les couloirs d'une sorte de métropolitain de rêve, dans des caves détruites où l'eau suinte, dans une mine de charbon abandonnée. Jamais une prise de vues n'est hasardeuse. L'appareil se trouve toujours placé d'où l'œil du destin suivrait ses victimes. Nous nous demandons parfois dans quel âge ce cauchemar se déroule et, lorsque nous rencontrons, pour la première fois, Lady Macbeth, avant que l'appareil ne recule et ne la situe, nous voyons presque une dame en robe moderne couchée sur un divan de fourrure auprès de son téléphone.

Dans le rôle de Macbeth, Orson Welles nous offre un tragédien considérable, et si l'accent écossais, imité par des Américains, peut être insupportable aux oreilles anglaises, j'avoue qu'il ne me gênait pas et qu'il ne m'eût même pas gêné si j'eusse possédé parfaitement la langue anglaise, parce que l'on pourrait s'attendre à ce que des monstres bizarres s'exprimassent dans une langue monstrueuse où les mots de Shakespeare restent ses mots.

Bref, je suis mauvais juge et meilleur juge qu'un autre en ce sens que, sans la moindre gêne, je n'appartenais qu'à l'intrigue et que mon malaise venait d'elle au lieu de venir d'une faute d'accent.

Ce film, retiré par Welles de la compétition de Venise et projeté par *Objectif 49*, en 1949, à la salle de la Chimie, rencontre partout une résistance analogue. Il résume le personnage d'Orson Welles qui méprise les habitudes et ne connaît le succès que par ses faiblesses auxquelles le public s'accroche comme à des planches de salut. Parfois son audace est d'une telle veine, porte un tel signe de chance, que le public se laisse vaincre, comme, par exemple, dans la scène de *Citizen Kane* où Kane casse tout dans la chambre, dans celle du labyrinthe de miroirs de *La Dame de Shanghai*.

Il n'empêche qu'après le rythme syncopé de *Citizen Kane* le public s'attendait à une longue suite de syncopes et que la beauté calme des *Ambersons* le déçut. Il était moins facile de suivre d'une âme attentive le chien et loup des méandres qui nous conduisent de l'image insolite du petit garçon milliardaire, semblable à Louis XIV, à la crise de nerfs de sa tante.

Welles s'intéressant à Balzac, Welles psychologue, Welles reconstituant les vieilles demeures américaines, voilà qui choquait les maniaques du jazz et du jitterburg. Ils retrouvèrent Welles avec l'assez confuse *Dame de Shanghai*, le reperdirent avec *Le Criminel*, et ces montagnes russes nous conduisent jusqu'à la minute où Orson Welles vint de Rome habiter Paris.

Orson Welles est une manière de géant au regard enfantin, un arbre bourré d'oiseaux et d'ombre, un chien qui a cassé sa chaîne et se couche dans les plates-bandes, un paresseux actif, un fou sage, une solitude entourée de monde, un étudiant qui dort en classe, un stratège qui fait semblant d'être ivre quand il veut qu'on lui foute la paix.

Il semble avoir employé mieux que personne l'allure nonchalante de la véritable force qui feint d'être à la dérive et se dirige d'un œil entrouvert. Cet air d'épave qu'il affecte parfois et d'ours ensommeillé le protège contre la fièvre froide et remuante du milieu cinématographique. Méthode qui lui a fait prendre le large, quitter Hollywood et se laisser porter vers d'autres compagnes et d'autres perspectives.

Lorsque je quittai Paris pour New York, le matin de mon départ Orson Welles m'envoya un automate, un admirable lapin blanc qui remuait les oreilles et battait du tambour. Il m'évoqua le lapin battant du tambour dont Apollinaire parle dans la préface *Picasso-Matisse* de l'exposition Paul Guillaume et qui lui représente la surprise au détour d'un chemin.

Ce jouet somptueux c'était le vrai signe, la vraie signature de Welles et, lorsqu'il m'arrive d'Amérique un Oscar qui représente une dame dressée sur la pointe des pieds ou qu'on me remet, en France, la petite *Victoire de Samothrace*, je songe au lapin blanc d'Orson Welles comme à l'Oscar des Oscars et à mon véritable Prix.

L'idiome du cinématographe, je le répète, n'est pas en paroles. La première fois que je projetai *Les Parents terribles* dans la salle San Marco à Venise, en marge du festival d'où j'aurais dû retirer *L'Aigle*, comme il avait retiré *Macbeth*, nous étions assis côte à côte. Il devait mal comprendre le texte; mais à la moindre nuance de mise en scène, il me serrait le bras de toutes ses forces. La projection était médiocre et, par la faute d'un ampérage trop faible, on distinguait peu les figures, si importantes dans un tel film. Comme je m'en excusais, il me dit que la beauté d'un film dépassait les yeux et les oreilles et ne relevait ni du dialogue, ni des machines, qu'il devait pouvoir être mal projeté, mal entendu, sans que cela nuise à son rythme.

Je l'approuve. Parfois, dans *The Magnificent Ambersons*, par exemple, il pousse cette opinion jusqu'à chercher l'antidote contre le charme dans une photographie ingrate. Mais, après *Les Parents terribles*, au café Florian, place Saint-Marc, nous convînmes qu'il ne fallait pas tomber d'un charme dans l'autre et ne pas calculer à l'avance les prestiges de la patine, ce qui reviendrait à peindre tout de suite de vieux tableaux.

En fait, Welles ni moi n'aimons parler de notre travail. Les spectacles de la vie nous en empêchent. Nous pouvions demeurer longtemps immobiles et regarder l'hôtel s'agiter autour de nous. Cette immobilité démoralisait fort les hommes d'affaires affairés et les spécialistes nerveux du cinématographe. Elle ressemblait au supplice des gondoles alors que les hommes d'affaires affairés et les spécialistes nerveux doivent y descendre et se soumettre à leur cadence. Nous fûmes assez vite observés d'un œil torve. Notre calme devenait de l'espionnage. Notre silence effrayait et se chargeait d'explosifs. S'il nous arrivait de rire, c'était atroce. J'ai vu des hommes graves passer en toute hâte devant nous dans la crainte de quelque croc-en-jambe. On nous accusait d'un crime de lèse-festival : celui de faire bande à part.

C'était si peu réel, si proche d'une hypnose collective, que Welles et moi n'arrivions pas à nous rejoindre à Paris.

Ses démarches sont d'un côté, les miennes de l'autre. S'il entre dans un restaurant, le patron lui apprend que je viens d'en sortir et vice versa. Nous détestons le téléphone. Bref, nos rencontres deviennent ce qu'elles doivent être : un miracle. Et ce miracle se produit toujours quand il le faut.

Je laisse à Bazin le soin de vous parler en détail d'une œuvre multiple qui ne se limite pas au cinématographe, où la presse, la farce des Martiens, les mises en scène au théâtre de *Jules César* et du *Tour du monde en 80 jours* tiennent une large place. Je voulais donner une esquisse du profil d'un ami que j'aime et que j'admire, ce qui est un pléonasme en ce qui concerne Orson Welles, puisque mon amitié et mon admiration ne forment qu'un. (Ce texte constituait la préface de l'essai d'André Bazin consacré à Orson Welles, paru chez P.A. Chavanne en 1950.)

Chaque fois que je pense à l'adorable conte d'Andersen *La Caverne des vents*, et à la phrase « Entra le vent d'Est. Il était habillé en Chinois », je pense à mon cher Orson comme à un des fils, un de ces vents qui visitent la caverne maternelle.

« Entre le vent de New York. Il était habillé en Orson Welles », et cette joyeuse et grave tempête soufflait et renversait les sottises et les habitudes.

Le mistral me rend malade et me coupe les jambes, mais « Orson Welles » me revigore et me fouette l'âme.

Voilà une bonne douche froide et chaude pour ceux qui commenceraient à s'endormir.

Les monstres sacrés se font rares et peut-être retrouvera-t-on un jour leur squelette et se demandera-t-on à quelle période ils appartiennent.

Orson est un de ces monstres. Monstre exquis et dangereux. Monstre que j'aime et avec lequel je me sens de la famille. (*Les Lettres françaises*, n° 800, 26-11-1959.)

Cher Orson Welles, comme il est difficile de survivre, lorsqu'on est singulier, dans un monde pluriel. Nous ne parlerons jamais l'espéranto. Chose promise.

Je t'embrasse.

Milly, 6 mai 1962. (*Cinéma 62*, n° 71, décembre 1962.)

Orson Welles est un poète par sa violence et par sa grâce. Jamais il ne tombe du fil sur lequel il traverse les villes et leurs drames.

Il l'est aussi par l'amitié fidèle qu'il porte à nos rêves et à nos luttes.

D'autres sauront mieux que moi louer son œuvre.

Je me contente de lui envoyer mon salut fraternel.

C'est une poignée de main solide que la sienne et j'y pense chaque fois que le travail m'oblige à sauter l'obstacle. (In *Orson Welles*, par Maurice Bessy, Paris, Seghers, 1963.)

ROBERT WIENE

Mon cher docteur,

Vous me demandez s'il y a lieu de faire vivre votre *Caligari* sous une autre forme. Certes.

Caligari n'est pas une de ces œuvres qui prennent place dans l'herbier des grandes aventures. Nous n'admirions pas ce film et même il nous agaçait sur plus d'un point. Mais nous l'aimions, ce qui est mieux, et son souvenir nous habite. Ainsi certaines œuvres circulent en nous comme un sang magique et nous en fûmes *charmés, enchantés, ravis*, pour peu que ces vocables reprennent leur sens primitif : le charme étant un lien mortel entre les êtres, l'enchantement une sorte de fléau qui frappe toutes choses de stupeur, le ravissement une poigne qui nous arrache hors de nous-mêmes.

Caligari, votre premier film, résume à merveille l'époque singulière qui étale actuellement sa mort dans les vitrines des grands magasins et sur les affiches des capitales. Mais il contenait, en outre, un regard, un esprit, un souffle, une « Stimmung » qui débordent cet aspect de mode et annoncent l'époque étonnante qui s'ouvre, que bien des signes permettent de reconnaître et que pressentent un certain nombre d'entre nous. Époque dure, cruelle, sanglante, austère, marquée de peste et d'étoiles, de cauchemars et de vengeances, époque de victimes et dont les chefs, les initiés, ne se recruteront plus à la légère. Époque fermée comme une société secrète, où l'on ne pénétrera pas sans mots d'ordre et sans épreuves.

Bref, non seulement je vous approuve de donner à votre film une vie nouvelle, mais encore je vous le conseille et je vous aiderai dans la mesure de mes moyens.

Ma nouvelle pièce, *Les Chevaliers de la Table ronde*, exige du théâtre le feu dont il flambait au Moyen Âge devant le porche des cathédrales. C'est une pièce de sorcellerie et de pressentiments. Pourquoi, en marge de ce travail, ne vous aiderais-je pas à émettre des ondes analogues ? Pourquoi, quelle que soit la petite surprise parisienne que cela puisse causer, n'accepterais-je pas l'honneur que vous me faites en me proposant le rôle de Cesare, le Somnambule, rôle de poète, après tout, puisque, si je ne me trompe, il se promène sur les toits comme le clair de lune, et comme le clair de lune entre dans les chambres et tue les dormeurs sous l'influence d'une force méchante qui le manœuvre et profite de sa pureté.

Mon cher docteur, votre film reste une des œuvres très rares que notre intelligence refuse de juger et que nous admîmes en bloc.

Caligari, c'est *Caligari*. Un *Caligari* neuf s'impose. Tout ce qui l'encombrait de détails extérieurs, ce déséquilibre entre l'artifice du décor et le réalisme des personnages, son cocasse macabre et un peu superficiel, deviendra l'âme de l'ouvrage.

Vous avez prouvé depuis qu'entre vos mains magiciennes un couloir vide, où le courant d'air agite un rideau, inquiète plus que n'importe quel fantôme. Votre *Caligari* de 1935 sera le prologue du *nouvel âge* et je serai fier d'y prendre une part active.

Bonne chance. (Réponse de Jean Cocteau à Robert Wiene lui proposant de reprendre le rôle créé par Conrad Veidt, dans une nouvelle version du *Cabinet du docteur Caligari*, publiée par *Paris-Midi* en décembre 1934.)

Poésie et public

On se demande pourquoi le souvenir vous poursuivra toujours de Marlène donnant des billets à la gare de Shanghai ou de l'étonnante démarche de Greta Garbo traversant le hall de *Grand Hôtel*. C'est la poésie mystérieuse qui se dégage d'un être et d'un dieu, le sex-appeal immatériel que le public cherche dans un film sans même comprendre la nature de son désir. Jadis, Delluc, mort si jeune, a cherché à mettre en œuvre cette poésie inconnue, à la rendre perceptible pour toute une salle. Je ne parle pas des films de Buñuel, ni de celui du signataire de ces lignes ; nous étions libres et ne cherchions rien d'autre que de descendre dans notre nuit humaine et inhumaine la cloche que les Williamson descendirent les premiers dans la mer. Je veux vous parler de ces films, hélas ! rares, où la poésie domine le public sans l'emploi de pittoresque et sans les ressources périmées de l'angle sous lequel sont prises les images.

Le Grand Jeu de Feyder est un de ces films. *Lac aux dames* en est un autre. Le succès récompense Feyder de son travail très noble. C'est le tour de *Lac aux dames*, le film de Marc Allégret, de prendre racine dans les âmes.

Le souci principal d'un des poètes de l'écran sera, il me semble, de choisir ses interprètes d'après la fraîcheur qu'ils portent en eux, car le cinématographe enregistre les qualités secrètes. Il est impossible qu'un artiste nous donne le change sous l'implacable douche de lumière qui ne se contente pas de statufier le mouvement, mais encore les forces qui se dégagent de l'être.

Lorsque vous regardez *Lac aux dames*, vous ne pensez pas une minute que les acteurs peuvent être remplacés par d'autres. Comme la musique de Georges Auric, si naturelle qu'on est tenté d'être injuste et de croire qu'elle résulte tout naturellement des épisodes et du décor, bref, qu'elle ressemble à cette musique singulière qui nous habite dans un express, musique grandiose et machinale engendrée par le rythme de la locomotive, comme cette musique pour ainsi dire « inévitable », Simone Simon, Rosine Deréan, Ila Meery, Jean-Pierre Aumont, Michel Simon, Sokoloff, ont l'air des interprètes inévitables d'une histoire qui se déroule entre eux et qui nous touche dans la mesure où elle ne chevauche aucun intérêt ultérieur à celui qui les fait agir. Intérêt de lune et de rêve, intérêt de tristesse nocturne, de casino fantôme, de grenier d'enfance, hypnose analogue à celle qui nous bouleverse en face du petit corps en papier, de l'exquise tête de mort de Katharine Hepburn. Oui, c'est de la sorte que ma gorge se noue et que mes salives profondes se changent en larmes à suivre les démarches de cette petite folle de Simone Simon et de ce « fou de village » de Jean-Pierre Aumont, de ces feux follets, filleuls des fées du lac où ils plongent, où ils nagent, où ils séjournent, où ils se noient, d'où ils ressuscitent, où ils vivent en cachette sous la protection méchante du roi des Aulnes. (*Œuvres complètes*, Volume X, Lausanne, Marguerat, 1950.)

SOURCES DES FILMS

Outre sa beauté de casbah légère, Toulon est une charmante petite ville de province. La jeunesse y porte les modes des vitrines du faubourg Saint-Denis et croit lancer les danses qu'on voit encore danser autour des estrades rouges du 14 Juillet. Les cinémas bon marché nous obligent à revoir d'anciens films et nous permettent de juger à distance et de retrouver les sources.

C'est à Toulon qu'il y a cinq ans j'eus la bonne chance de découvrir un film célèbre que la fameuse «élite» parisienne me déconseillait de voir à l'époque. Ce film, *Parade d'amour*, reste un miracle de Lubitsch, un mélange de la féerie d'Andersen, du brio de Strauss, sans oublier l'extraordinaire couple des domestiques d'un opéra-bouffe de Mozart. Cette année, je retrouve un chef-d'œuvre : *Pépé le Moko*. Gabin y monte jusqu'à l'apothéose le type ébauché jadis par Préjean. Nos femmes éclaboussent les pâles automates et les fantômes illustres de Hollywood. Leurs joues en feu et leurs lèvres écarlates arrivent à vaincre la grisaille cinématographique. Saturnin Fabre, en marge de l'intrigue, la domine dans le personnage superbe du «grand-père», et Fréhel, qui risquait de ralentir l'action par un «numéro», nous bouleverse et ajoute à cette bande lente et gluante, comme un papier à mouches, une grosse mouche, les ailes, les pattes prises dans une colle de police, de chaleur, de solitude et de musique arabe.

Un autre papier à mouches, plus lent et plus gluant : *Le Grand Jeu*. Dans *Pépé le Moko*, je retrouve, lorsque Gabin traverse le labyrinthe et décide de «descendre en ville», la marche de Pierre Richard-Willm lorsqu'il retourne à la colle funeste de la Légion. Ce style que nous verrons fixer son type dans *Quai des Brumes* n'arrive-t-il pas de notre pauvre Delluc ? *Fièvre* ouvrait une porte de bar sur le port, sur le vice, sur le crime.

Mais si *Pépé le Moko* met dans le mille sans y prétendre, avec une sorte d'aisance prodigieuse, *Quai des Brumes* est un chef-d'œuvre qui a décidé d'avance d'être un chef-d'œuvre. Il en résulte que le film nous émerveille au lieu de nous émouvoir. On y «gretagarbise» Mlle Michèle Morgan, une artiste vivante et violente.

Vivante et violente de par son âge et son début, Mlle Luchaire fait que *Prison sans barreaux* l'emporte peut-être sur *Jeunes*

Filles en uniforme, origine de toute une famille de films qui semblait morte de fatigue avec *Claudine*.

Rappelez-moi donc le titre de ce film muet où une jeune fille et un jeune homme de New York se perdent au parc d'attractions de Coney Island et ignorent habiter côte à côte le même immeuble. Quelle veine de fraîcheur et de jeunesse ! Le second coup de chance de cette veine juvénile serait *Le Chemin du paradis* qui ne lui ressemble pas et qui lui ressemble et que je viens de revoir avec une véritable joie. Le rythme du *Chemin du paradis* et ses robes nous reportent presque dans l'âge du muet, bien que la musique y tienne une place majeure et que nous assistions à la simple et joyeuse naissance de toutes les opérettes américaines dont celles de Fred Astaire réussissent la mise au point parfaite. On y voit poindre le charme champêtre et le chapeau en auréole de Charles Trenet.

Le jeu des sources. Vous pouvez y jouer à votre guise dans une ville aux salles modestes. Par exemple, je rentre à la minute de *La Danseuse de San Diego*, un vieux film de premier ordre. Il résume l'innombrable suite de la camaraderie victorieuse. Source : *Une femme dans chaque port*.

Jouez au jeu et, sans être le patriote du café du Commerce, vous devrez reconnaître que la France n'a pas seulement inventé le phonographe et la photographie. Beaucoup de nos films – ceux de Max Linder en tête – furent des chefs de file et, en 1938, les œuvres de Gance, de René Clair, de Marc Allégret, de Renoir, de Dulac, de Feyder, de Duvivier, étonnent et rafraîchissent les grandes firmes internationales. (*Ce soir*, 5-7-1938.)

SUITE D'UNE RÉTROSPECTIVE

… Où en étais-je ? Je bavarde… je bavarde et je parle de moi au lieu de parler de films. Ah ! oui je sortais de *Tumultes* et je constatais que ces films à cheval sur le muet et sur le parlant dégagent une autre violence que les films actuels. Dans le cas de *Tumultes*, peut-être la violence vient-elle de ce que nos artistes se trouvent projetés dans la technique allemande. Projetés jusqu'à mal comprendre où ils se trouvent, à ne pas profiter le moins du monde des chances qui leur sont offertes. Je songe à Mlle Dietrich chantant sa fameuse complainte de *L'Ange bleu* et je m'étonne que Florelle laisse tomber en miettes et par bribes l'admirable lied : « Je n'appartiens à personne », qui devrait être le centre du film et lui donner la note. Malgré ce trou, il reste, je le répète, une puissance grave, une singularité des prises de vues (sans le moindre rapport avec la méthode russe) qui nous hallucinent et prennent, par l'œil, la route du cœur. Ajouterai-je qu'une salle collabore et que cette petite salle semblable à celle où Dorian Gray découvre Sybil Vane, salle qui creuse le silence jusqu'à devenir une sorte de hurlement à l'envers, salle qui éclate de rire ou de révolte, siffle ou trépigne, aide les artistes fantômes et les ressuscite, les ôte de la mort ?

Mais déjà, dans *Tumultes*, les cinéastes cessent d'employer le bruit précieusement, économiquement. On aimerait revoir les premiers films sonores.

Une paresse, fille de l'habitude, empêche d'établir un jeu entre l'œil et l'oreille et d'en tirer des gags et des surprises. Souvenez-vous : le rire des femmes qui se baignent... les bottes qui se poursuivent dans les marécages de King Vidor... le coup de feu et le départ de la charrette... les vagues qui couvrent la voix de Gary Cooper qui avance enlacé avec une jeune fille... (je cite à l'aveuglette) et tant de merveilles dont le progrès vint interrompre l'emploi. (*Ce soir*, 12-7-1938.)

Fin d'une rétrospective

Et maintenant, voici *Ben Hur* ! Et si l'épreuve fut pénible, le film n'en était pas la cause, mais nous-même, le nous-même d'il y a vingt ans. À cette époque l'anti-wagnérisme nous aveuglait, et nous discréditait la grandeur et le mauvais goût magnifique.

Quoi ? De cette œuvre – ou pour être plus exact, de cette entreprise – nous ne prendrions que les images qui ne peuvent se démoder ? Nous garderions la course de chars et les murailles qui s'écroulent et nous repousserions les scènes des lépreuses et de l'Égyptienne ? Ce serait chipoter et ne pas dévorer d'un bloc le « monstre sacré » que *Ben Hur* fait revivre devant nous. Il est probable que le type des femmes qui nous émeuvent et le style des stars de 1938 prendront, d'ici vingt ans, un ridicule nouveau. Il convient d'admirer d'un bout à l'autre une bande d'une audace, d'une force, d'une noblesse jamais atteintes par la suite.

Certes – sans parler de la beauté de Ramon Novarro qui relève de celle du quadrige ou des galères romaines – son jeu se rapproche du jeu moderne et démode celui de ses comparses. Mais cela vient d'une flamme plus vive, plus haute, plus intense. Cette flamme s'exprime d'une manière directe et simple. Il est probable que, demain, la flamme d'un ou d'une artiste de l'écran dépassera le tact des autres sous forme d'excès et que le style de Max l'emportera sur le style Antoine, comme le style Antoine l'emportait sur le style Mounet-Sully. Entendons-nous. Guitry ressusciterait et ne changerait pas son rythme qu'il est probable que son fameux naturel semblerait le moins naturel du monde. Seulement, ce faux naturel nous enchantait et ne choquerait que les imbéciles.

La leçon de *Ben Hur* est exemplaire. Je me souvenais de lépreuses assez drôles dans un chaos de carton-pâte. Or, l'épisode des dames Hur dans la vallée des lépreux et la scène de rencontre entre elles et Ben endormi l'emportent, si possible, sur le quadrige blanc qui galope et que je comparai, jadis, à un vent de marbre.

Le progrès consiste à perdre le « goût » du dilettante, ce « goût » qui sophistique l'esprit, le met en pointe, l'empêche de s'épanouir et nous détourne d'un chef-d'œuvre illustre, du Sphinx ou de l'Acropole.

La première leçon, propre à mal déboucher les yeux et les oreilles, me fut donnée par Isadora Duncan. À Nice, vieille et grosse, elle dansait sans la moindre coquetterie. Sa danse gênait d'abord. Ensuite, âge, embonpoint, rides disparaissaient et seule subsistait l'âme de la danse. Ce soir, à *Ben Hur*, cartes postales et images saintes de première communion se trouvent magnifiées par la sublime naïveté du metteur en scène. Une naïveté de primitif. Une naïveté analogue à celle qui transportait pour bâtir une pyramide ou un temple des blocs que nos machines essaient en vain de mettre en branle.

Les femmes-colosses de Wagner qui courent, en criant, les cheveux sur le dos, Siegfried, un oiseau de proie sur la tête, descendant la colline vers des grosses filles du Rhin me symbolisent le théâtre à l'heure actuelle. Lorsque j'étais très jeune, ils me faisaient rire. À la longue, on préfère à la mesure les histoires et les personnages de grand format.

Ben Hur, c'est le film de grand format par excellence. (*Ce soir*, 26-7-1938.)

BONJOUR, PARIS (de Jean Image)

Sainte Geneviève n'est plus la seule protectrice de Paris. Sans doute peut-on considérer la tour Eiffel comme un paratonnerre propre à écarter de nous certaines foudres.

La tour Eiffel possède une existence propre de gardien ou de gardienne, selon que la légende en fasse un guetteur ou une sainte. Il semble que ce film lui ôte sa robe de guipure et la change de citadine en citadin, ces choses arrivent à notre époque.

Il en résulte une fatigue de la Tour, à rester sur place au bord de la Seine, et une suite de phénomènes où ses rêves deviennent des actes par le merveilleux pouvoir du cinématographe et par l'imagination d'un artiste qui porte le nom significatif d'Image. (*Arts*, n° 435, 29-10-1953.)

Le Diable au corps (de Claude Autant-Lara)

Il est rare d'assister, d'un fauteuil, à une histoire qu'on a vécue et dont on a connu les personnages. J'avais adopté Raymond Radiguet comme un fils. Or, grâce à Claude Autant-Lara, à Jean Aurenche, à Pierre Bost, à Michel Kelber, grâce à Micheline Presle et Gérard Philipe, il s'est produit en ce qui me concerne un phénomène étrange, analogue à celui du rêve. Les faux personnages, les décors, se sont substitués aux vrais personnages, aux vrais lieux, au point de me les faire revivre sans la moindre gêne et dans une émotion poignante. Je ne saurais dire la reconnaissance que j'ai d'un pareil prodige. Claude Autant-Lara ne connaissait pas la maison du Parc Saint-Maur. Il l'a reconstruite. Les acteurs ne connurent ni Raymond ni Marthe. Ils les furent. Ils les furent jusqu'à me perdre dans un labyrinthe de souvenirs, jusqu'à me duper l'âme. Un journaliste de Bordeaux a déclaré que ce film était un scandale et qu'il fallait en interrompre les représentations. On l'a enlevé de l'affiche. Le scandale est d'empêcher une œuvre qui est une gloire pour la France et que nul autre peuple que le nôtre n'aurait pu réussir. J'espère que tous les cinéastes, tous les artistes s'élèveront contre une mesure indigne et qui allonge la liste de nos déchéances. Il est temps de faire face à nos ridicules, de les vaincre.

La France est le pays des accidents, de l'exceptionnel. Jamais elle ne sera le pays de l'usine. Les ouvriers y font preuve de génie pour peu qu'une poigne les soulève. *Le Diable au corps* nous le démontre. C'est l'exemple type d'une entreprise impossible devenue possible par la légèreté profonde d'une équipe de premier ordre. Rien ne me choque, moi, et c'est l'essentiel.

Un jour viendra, hélas, où les journalistes écriront : « C'est une honte de montrer un film en couleurs à des mères en deuil. » Ces trouble-fête ont toujours existé en France, mais la France rayonne malgré eux, à cause de cet esprit de contradiction, de ce besoin d'anarchie qui est son privilège. On a insulté le livre comme on insulte le film, ce qui prouve que le film est digne du livre.

Il est fou de confondre les insectes qui véhiculent le pollen et les doryphores qui rongent la plante. Les critiques sont soumis comme nous à un mécanisme qui propage l'espèce. Un artiste qui se préoccupe d'art ressemble à une fleur qui lirait des traités d'horticulture. Nietzsche constate que les critiques ne nous piquent pas pour nous blesser, mais pour vivre.

Je félicite l'équipe du film *Le Diable au corps* de ne s'être pliée à aucune des règles des fabricants de fleurs artificielles.

On aime les personnages, on aime qu'ils s'aiment, on déteste avec eux la guerre et l'acharnement public contre le bonheur. (*La Revue du Cinéma*, n° 7, été 1947.)

JULES ET JIM (de François Truffaut)

Mon très cher François,
J'ai beaucoup connu l'auteur du livre d'où tu as tiré ton film. C'était l'âme la plus délicate et la plus noble. Dans le film je n'ai trouvé que scrupule du cœur, cette grâce d'une époque où les blousons noirs étaient des blousons blancs. (*L'Avant-Scène Cinéma*, n° 16, 15-6-1962.)

MURIEL (d'Alain Resnais)

Dans nos domaines cinématographiques, peu importe d'être le « premier », ni de prendre une place au palmarès des festivals. Il s'agit d'être *autre* et seul et de ne pas répondre aux exigences commerciales qui paraissent obéir à un étrange programme moderne de dépersonnalisation.

N'est-il pas étrange que tout film qui s'écarte d'une conception naïve de « bonne année de films », comme il existe de « bonnes années de vin », rencontre pour se tourner et se produire des obstacles qui, jadis, ne se dressaient que devant une audace systématique ?

La ligne droite d'une belle œuvre est aussi peu droite que possible, soumise aux méandres du labyrinthe interne de chaque individu.

Alain Resnais possède le privilège de cette ligne droite, profonde et houleuse, de cet air d'être simple sans l'être, de cette famille nocturne qui affecte de prendre les allures d'une promenade.

En outre son obéissance modeste au style de ses collaborateurs risquerait de l'éloigner de ses propres problèmes. Or il n'en est rien. L'auréole qu'il porte et qui l'entoure d'un halo de tendresse et de respect n'en rayonne que davantage. Puisque je ne peux encore quitter mon refuge, les amis cinéastes me réservent la surprise de m'envoyer leurs films dont une longue convalescence me priverait.

Dans une petite salle de campagne, j'ai pu voir *Muriel*. Peut-être que ma solitude me supprimait toute distraction de l'âme et me mêlait à l'intrigue d'une manière si intime que l'œuvre devenait mienne, semblait naître de moi, perdre ses distances de langues étrangères.

J'y assistais sans les ridicules « pourquoi » du cartésianisme. Rare est la race des *autres*. Elle se groupe sur une île déserte. *Muriel* est un chef-d'œuvre terrible, un grouillement de plusieurs vides, un microscope sur les bacilles d'un monde anonyme, perdu dans des immeubles sans âme.

S'il fallait chercher un ancêtre à cette superbe monstruosité, je citerais *Un chien andalou* mais, ici le drame est pire, car Alain Resnais nous montre héroïquement une paralysie bourgeoise, un enfer sans feu.

P.-S. J'avais jadis sonné la cloche avec *Les Parents terribles* et Sartre dans *Huis clos*.

LE MYSTÈRE PICASSO (d'Henri-Georges Clouzot)

On connaît la réponse de Picasso à qui l'on demandait :

« Pourquoi n'allez-vous pas à New York, on vous y ferait un pont d'or ? » – « Et je coucherais dessous. »

Voilà qui résume, par une de ces flèches précises qu'il plante à jet continu dans la cible, le dandysme transcendantal d'un homme qui symbolise le faste pauvre de l'Espagne et fait songer à l'université de Salamanque lorsque Don Juan accédait à la sainteté par le scandale. Les étudiants y portaient costumes en loques et colliers d'or pour bien prouver que ces loques n'étaient pas signe de misère, mais le comble de l'élégance. Ainsi vivent les gitans, ainsi vit un peintre dont les trouvailles jaillissent comme l'eau d'une pomme d'arrosoir et qui encombre ses maisons des seuls meubles de son génie.

Avons pensé à toi toute la soirée – stop – levons nos verres à notre amitié – stop – nous t'aimons comme tu nous aimes. Pablo - Georges - Georges. (Ces deux Georges sont Georges Clouzot et Georges Auric, dont la part dans le film semble être une sorte de mystérieux graphisme s'adressant à l'oreille.)

Ce télégramme qui m'arrive de Cannes prouve, une fois de plus, que le temps est un simple phénomène de perspective, n'existe pas en fait et que le cœur règne toujours en maître dans un groupe où Max Jacob et Apollinaire se réjouissent auprès de nous comme dans le Montparnasse de notre jeunesse.

Un dimanche matin de soleil Picasso et Clouzot m'ont présenté leur film. Je n'oublierai jamais la grande salle d'ombre plus lumineuse et plus vivante que la Croisette, où se déroulait une corrida entre Picasso et le vide, la toile, le papier, l'encre, les forces inertes qui s'acharnent contre ceux qui savent vaincre la mort.

Le mal de notre époque, n'est-ce pas que jadis les artistes travaillaient pour *donner la vie* et qu'ils travaillent maintenant pour *oublier la vie* ?

Chez Picasso, rien de semblable, ou alors c'est qu'il cherche à oublier dans une orgie créatrice. S'il pleut sur Cannes, il s'étonne de l'apprendre car, de même qu'il gouverne un monde qui lui est propre, où il organise des fautes jusqu'à ce qu'elles cessent d'en être, où les objets et les figures lui obéissent jusqu'à changer de forme et à prendre celle qu'il exige, de même il invente son climat et l'orage, les caprices de la foudre, la bonace, l'accalmie ne sont que ceux qu'il suscite dans son duel avec la difficulté d'être et les fatigues de cet accouchement ininterrompu des « hommes-mères » dont parle Nietzsche.

Le film de Clouzot est un acte d'amour. On devine la douce présence de saintes femmes, assises en coulisse et dans une haute tribune, Auric accompagnant une messe. Quelque chose de sacré se dégage de l'immense nef nocturne où Picasso promène sa petite lumière intime pareille à la bougie que Michel-Ange, pour peindre la Sixtine, portait sur son front comme une corne de licorne.

Et voici que j'assiste à un étrange documentaire de la germination des plantes humaines, que les lignes et les taches se meuvent selon un mécanisme qui, semblable à celui des fleurs, doit répondre à tout autre chose que son apparence et que le charme qu'on lui attribue.

Picasso se *plante* vif et *pousse*. Il pose ses pièges à prendre certains insectes, ses épouvantails à éloigner certains oiseaux.

Mais je ne voudrais pas empiéter sur le travail d'un critique. Il s'agissait, puisque me voilà président fantôme, de répondre à la dépêche de mes trois amis et de m'excuser des circonstances qui m'ont empêché de m'asseoir dans leur loge pour saluer fraternellement leur œuvre. (*Les Lettres françaises*, n° 619, 10-5-1956.)

LES NOCES DE SABLE (d'André Zwobada)

Un appareil de prises de vues est l'œil le plus indiscret du monde. L'art du cinéaste est donc un art de trous de serrures. C'est par un trou de serrure qu'il nous fait surprendre la vie.

Une équipe vient de réussir un tour de force au Maroc. Dans son film André Zwobada met son œil au trou de serrure d'un lieu noir à force de soleil, d'un lieu qui ne possède ni portes ni trous de serrures : le désert.

Il va surprendre – on dirait sans qu'elle s'en doute – cette mer effrayante de sable pâle où les oasis (les palmeraies) s'appellent des ports.

Ô vous tous, habitués aux films de poursuites d'automobiles, de coups de revolvers et de crimes passionnels – ayez la patience des âmes de sable.

Laissez ce film étrange entrer lentement et sûrement dans votre cœur.

OTHELLO (de Serge Youtkevitch)

Mon cher Serge,
Je n'avais, hélas! pas vu l'*Othello* d'Orson Welles et je te remercie, en m'invitant dans ta loge du Festival, de m'avoir fraternellement montré le tien.

«Dix minutes et dix ans», répondait Whistler au tribunal qui l'accusait d'avoir peint un portrait trop vite. Et lorsque je te demande combien de temps a duré le tournage de ton film, la réponse est analogue: «Six ans et six mois.»

Dès les premières minutes de cette œuvre où les mains envahissent l'écran comme des lianes, tu passes devant nos yeux la grande main mauve du Maure, tu nous ordonnes d'oublier la pièce de Shakespeare et tu nous obliges à la voir comme si nous ne l'avions jamais vue.

Il en résulte que nous allons d'ignorance en ignorance, de surprise en surprise, et que nous nous demandons si Othello tuera Desdémone.

On dirait que tu dépenses l'héritage d'Eisenstein et qu'il t'a légué le secret d'une sauvagerie un peu enfantine et en ordre, d'un romantisme classique à la Pouchkine, d'une fable que sa puissance réaliste assimile à l'Histoire.

Je songe à ce marin du *Potemkine* échoué à Monte-Carlo. Il écrivait à Eisenstein: «J'étais un des hommes sous la bâche», alors que l'épisode de la bâche est une pure imagination.

Auprès de toi, dans l'ombre, j'aurais aimé interrompre la machine, pétrifier le moindre geste de tes acteurs que la louange n'ose nommer, sauf par le nom des personnages qu'ils incarnent.

Et cette esplanade de Byzance, ces forteresses de Chypre, ces temples grecs, où soudain Othello se jette en toge blanche d'Œdipe dans le piège des dieux.

Et ces vagues qui collaborent au drame, enveloppant Iago et sa victime dans leur bave. Et ce labyrinthe de filets de pêche, où le misérable agonise, ressemble aux poissons tambourinant le fond de la barque et mourant roulés dans les arcs-en-ciel.

Et ces capes du rouge de la colère. Et ces casques pareils à des combats de coqs. Et d'un bout à l'autre, le phénomène héraldique d'un aigle auquel poussaient deux têtes et qui passe lentement du règne animal à celui des blasons.

Oui. Car c'est bien cela que ton film déroule. Un rêve échappé du sommeil, un monstre sorti d'une dimension inaccessible aux nôtres, un cyclone dont le calme épicentre serait le regard de cette jeune épouse, soumise à son destin.

Hier soir, nous vîmes Michèle Morgan réussir ce prodige de personnifier la terrible marionnette de David, et, ce soir, je rentre au Cap, escorté par des fantômes illustres auxquels tu as communiqué une vie nouvelle par la courageuse transfusion du sang de ton cœur. (*Les Lettres françaises*, n° 618, 3-5-1956.)

PARIS LA NUIT (de Jacques Baratier)

La langue française ayant servi jusqu'à la corde, jusqu'à ce que mort s'ensuive, nous sommes quelques rares maniaques à la ressusciter par des gifles de sang, par la douche écossaise, à vouloir la remettre debout.

Mais la langue des jeunes du cinématographe possède une syntaxe neuve, rapide et forte. On imagine, par exemple, ce que serait un journaliste dont le style correspondrait à ce que nous montre Jacques Baratier.

Avec une grâce surprenante *Paris la nuit* transpose pour l'œil qui n'éprouve pas encore les fatigues de l'habitude, une puissance, une vivacité, une poigne comparables à celles de *Choses vues* de Victor Hugo.

Jamais un détail ne traîne, jamais un effet théâtral ne gâche la surprise, jamais rien de pittoresque ni rien de fade. Baratier ne cherche pas l'étrange, il le trouve. Il raconte comme espéraient Balzac ou Stendhal comme s'il s'entretenait familièrement avec eux d'une science inconnue.

*

Un métrage hélas trop court.

Le cinématographe est actuellement une langue, un mécanisme de vocables. Il possède une grammaire, une syntaxe. On l'écrit bien ou mal, et le public devenu mauvais juge de l'écriture ne l'est pas encore dans un registre où il n'éprouve aucune des fatigues de l'habitude. Je veux dire que la langue française ayant servi jusqu'à la corde, jusqu'à ce que mort s'ensuive, rares sont ceux qui la ressuscitent et rares ceux qui le reconnaissent, alors que le cinéaste use d'une manière de s'exprimer toute neuve et frappe l'esprit par l'entremise directe du regard.

Le film *Paris la nuit* est un exemple type de cet état de choses. Car si le reportage écrit faisait preuve de cette rapidité, de cette force expressive, de ce contrôle du choc, de cette intelligence des angles, de cet emploi du bref, le journalisme aurait en main une arme aussi puissante et aussi précise que celle des *Choses vues* de Victor Hugo.

LA PASSION DE JEANNE D'ARC (de Carl Dreyer)

Le *Potemkine* imitait un documentaire et nous bouleversa. *Jeanne d'Arc* imite un document d'une époque où le reportage n'existait pas. Il semble que Dreyer tourne par un jeu de télescopes et par l'entremise d'une planète où les vitesses de la lumière transmettent en 1928 le procès illustre. Procès observé par une chaise, une dalle, une poutre, un de ces témoins qui nous émeuvent lorsque nous visitons les lieux où se déroulèrent les drames de l'Histoire. Jamais Carl Dreyer n'adopte un angle pittoresque de prise de vues : c'est un géomètre. La moindre de ses trouvailles devient légitime. Le cœur n'est jamais distrait par l'esprit. Aussi arrive-t-il au tour de force de nous émouvoir et de nous intriguer du même coup.

Falconetti, Silvain, Artaud..., je n'ose les citer – ils jouent sur une ardoise blanche leurs rôles de chiffres dans cette opération rapide dont la preuve par neuf serait nos larmes et ces personnes stupéfaites, incapables de quitter leur fauteuil. Je le répète, une seule fois un film m'avait remué à ce point : le *Potemkine*. (Paris, Gallimard, 1928.)

PICKPOCKET (de Robert Bresson)

En tournant son *Pickpocket* Robert Bresson vient d'être habité par une de ces grâces qui serait un simple tour de force, si Mozart et Lulli ne nous avaient pas donné l'exemple de cette apparente légèreté par l'entremise de laquelle s'expriment les âmes simples et profondes. Voilà prétexte à se méprendre, à confondre avec un jeu ce qui faisait passer *Don Giovanni* pour une œuvre qu'on n'écoute que d'une oreille et Lulli pour un petit maître aux ordres du Prince.

Robert Bresson ne s'y est pas trompé en choisissant Lulli afin d'accompagner le ballet du vol à la tire et l'angoisse terrible où vivent les tire-laine novices. Ce qu'il a obtenu d'un débutant tient du miracle. Car, non seulement il a formé à l'escamotage des portefeuilles de longues mains qui pourraient être celles d'un pianiste, mais encore il a communiqué à son héros l'espèce d'épouvante d'être un animal qui guette sa prise et redoute d'être guetté par elle. Un piège de la police sauve le pickpocket en herbe et nous évoque cette histoire poignante du meurtrier qui retourne chaque soir sur les lieux de son crime attendre qu'on l'arrête et s'évanouit de joie au contact des menottes. Robert Bresson nous montre sans le moindre artifice d'intrigue ce vertige qui pousse le voleur dans la gueule du loup et les forces d'amour qui l'en sortent malgré les barreaux de sa cellule.

Je suppose que tous les admirateurs du *Curé de campagne*, du *Condamné à mort*, des *Dames du bois de Boulogne* courront applaudir un ballet et un drame qui semble avoir Oliver Twist et Moll Flanders comme parrain et marraine.

LA PORTE DE L'ENFER (de Teinosuki Kinugasa)

En couronnant *La Porte de l'enfer*, nous n'avons pas prétendu récompenser une tentative mais l'admirable aboutissement cinématographique d'une tradition séculaire du spectacle. Histoire, mise en scène, actrice, couleurs, tout est une merveille dans ce film. (Festival de Cannes, 1954.)

LE SANG DES BÊTES (de Georges Franju)

Zola est un grand poète et un grand cinéaste. Peu de personnes s'en doutent. Illustre, il est maudit dans son genre. La locomotive qui meurt sous la neige, les chevaux blancs de la mine, la fille qui vide ses poches sous le tunnel, le petit garçon qui saigne sous les images d'Épinal, l'ivrogne qui flambe, autant de gags étranges dont l'intensité mal comprise ne trouve de réponse qu'au cinématographe.

J'y songeais en voyant l'admirable documentaire sur les abattoirs que M. Georges Franju nous présente. Pas une prise de vues qui n'émeuve, presque sans motif, par la seule beauté du style, de la grande écriture visuelle. Certes, le film est pénible. Sans doute l'accusera-t-on de sadisme parce qu'il empoigne le drame à pleines mains et ne l'élude jamais. Il nous montre le sacrifice des bêtes innocentes. Il arrive parfois à rejoindre la tragédie par la terrible surprise de gestes et d'attitudes que nous ignorions et en face desquels il nous pousse brutalement. Le cheval frappé de front et qui s'agenouille, déjà mort. Les réflexes de veaux décapités qui s'agitent et semblent se débattre. Bref, un monde noble et ignoble qui roule sa dernière vague de sang sur une nappe blanche où le gastronome ne doit plus songer au calvaire des victimes dans la chair desquelles il plante sa fourchette.

Autour de la table des sacrifices, c'est la ville faite de plusieurs villes et de plusieurs villages, la ville qu'on croit connaître et qu'on ne connaît pas, son ciel maritime et funeste au-dessus des très insolites décors du canal de l'Ourcq.

Jamais vous n'oublierez l'interminable péniche pavoisée de linges ou les linceuls dans la morgue des bêtes, linceuls qui sont leur propre peau.

Une fois de plus, des cinéastes courageux, et qui ne se posent pas le problème du succès, nous prouvent que le cinématographe est l'appareil du réalisme et du lyrisme, que tout dépend de l'angle sous lequel les spectacles de la vie s'observent. Angle sous lequel ils nous obligent à partager une vision particulière des choses et nous en soulignent le miracle quotidien.

UN ROI SANS DIVERTISSEMENT (de François Leterrier)

Le rouge et l'or du théâtre sans oublier le lustre, mais dans la neige et la nuit des âmes, voilà le film royal de Giono. Il n'est pas sûr que le public comprenne le message de Jean... C'est un film admirable. Un jour, il sera l'honneur des cinémathèques.

(Lettre à Andrée Debar, citée par Jacques Meny, in *Jean Giono et le cinéma*, Ramsay Poche Cinéma, 1990.)

UNE SI JOLIE PETITE PLAGE (d'Yves Allégret)

Une si jolie petite plage est un des premiers films français qui s'opposent héroïquement à l'industrialisation funeste du cinématographe. Par son mécanisme implacable, par la photographie où Alekan efface le travail à force de science, par la haute cage de pluie où Gérard Philipe promène son merveilleux visage d'oiseau blessé, le film d'Yves Allégret mérite que le public renonce à l'idée qu'il se forme d'un film et le *lise* comme un livre. (30-11-1948.)

LE VOLEUR DE BICYCLETTE (de Vittorio De Sica)

J'ai souvent répété qu'un chef-d'œuvre n'ouvrait aucune porte mais fermait la porte et mettait le point final aux entreprises où il s'ébauche et semble chercher son épanouissement.

Il est à craindre que *Le Voleur de bicyclette* de Vittorio De Sica ne rende presque impossible aux Italiens de poursuivre la veine populaire qui de *Rome, ville ouverte*, à *La nuit porte conseil*, en passant par *Païsa, Sciuscia, Quatre Pas dans les nuages*, nous a valu des merveilles. Veine étrange, puisqu'elle s'oppose au style déclamatoire et que l'Italie la repousse comme étant de mauvaise propagande alors que la meilleure propagande ne relève d'aucune morale et n'est faite que par la beauté.

La beauté de la rue italienne et du peuple qui l'anime est extrême. Il est probable que la classe riche en a trop l'habitude et n'en constate plus le spectacle. C'est sans doute la raison pour laquelle les compatriotes de nos cinéastes les boudent et désapprouvent des films qui couvrent leur pays de gloire et l'aident à pénétrer dans les cœurs.

La rue italienne est un théâtre. La moindre femme à la fenêtre, une actrice. Le moindre gosse, un acteur. C'est ce qui rend le théâtre si difficile et si rare dans les villes les plus théâtrales du monde. Le spectacle est dans la rue. Je félicite les hommes qui comprirent ce phénomène et retrouvent dans le cinématographe la tradition de Goldoni et de la Commedia del Arte.

Venise, par exemple, est la seule ville où l'on puisse voir les familles d'une maison ouvrière donnant à pic sur la terrasse d'un restaurant à la mode, applaudir l'arrivée flamboyante des crêpes Suzette. J'ai été témoin de ce gag admirable.

Vittorio De Sica est un comédien. Au festival de Biarritz nous lui avons décerné le prix d'acteur pour l'amnésique du film de Pagliero, *La nuit porte conseil.* Il le mérite à plus d'un titre. Son visage de noblesse et de malice, la grâce qui l'enveloppe (au vrai sens du terme), son œil qui regarde dehors et dedans, sa démarche qui évoque Nerval et Baudelaire, bref toute une allure insolite de sa personne, permettent de comprendre la maîtrise souveraine de son dernier film.

Le Voleur de bicyclette, de la première image à la dernière, est une réussite d'autant plus surprenante que le thème en était propre à décourager la race des producteurs et des distributeurs. Un ouvrier n'a pas le sou. On lui offre une place de colleur d'affiches. Il lui faut une bicyclette. Sa femme vend les draps; il achète sa machine; on la lui vole. Il la cherche. Rien d'autre ne tend la perche aux trouvailles du metteur en scène. Nous sommes en face de l'écriture visuelle, d'une encre de lumière, d'un objectif qui enregistre un mécanisme d'âme comparable à celui de Gogol lorsqu'il organise un drame autour d'une insignifiante anecdote. Pas une seconde Vittorio De Sica ne se relâche. Pas une image vide. Pas un regard qui ne compte. Et, s'il nous montre les séminaristes allemands sous l'averse et s'il semble s'écarter de son histoire, c'est par une richesse descriptive qui l'aide, que la plume emploie sans cesse et à laquelle le conteur cinématographique aurait bien tort de ne pas prétendre.

Il est possible que les séquences qui nous étonnent n'étonnent pas les compatriotes de notre cinéaste et qu'ils disent: «Je vois cela chaque jour.» Ils oublient sans doute que les chefs-d'œuvre des lettres ne dépeignent que des lieux communs mais sous un angle qui les décape et que l'auteur nous souligne avec sa loupe.

La paresse inattentive du public gomme le détail des gestes, des coups d'œil, des mille nuances, des mille angoisses, des mille pudeurs secrètes qui rendent l'humanité digne de vivre.

Pas un de ces humbles prodiges n'échappe à Vittorio De Sica. Il nous bouleverse par l'entremise d'un enfant en train de plier sa petite veste, d'un enfant qui mange, d'un enfant qui se fâche, d'un enfant qui prend la main de son père. Et lorsque l'acteur anonyme, épuisé de fatigue, pense à voler à son tour une bicyclette posée loin au bord du trottoir, on se demande quel artiste célèbre pourrait arriver à sa cheville.

On parle de réalisme. On devrait parler de féerie, de la méthode des contes arabes. Et ne vous y trompez pas. Le film n'est point tourné à la sauvette. Il résulte de grands moyens. Les mouvements d'appareils et les sources lumineuses le prouvent. Le miracle est d'avoir effacé le travail et que le film paraisse opérer avec une caméra de poche.

Je le répète, Vittorio De Sica est arrivé au sommet du mât de Cocagne, et il a décroché la timbale d'or. Il obligera ses camarades à mettre en œuvre des forces inconnues. Amoureux du neuf, nous lui en exprimons notre gratitude. (*Paris-Presse*, 26-8-1949.)

LES YEUX SANS VISAGE (de Georges Franju)

Il fallait beaucoup d'audace pour oser un tel film, le calme presque monstrueux de Pierre Brasseur et la légèreté de fée de Mlle Scob pour le rendre supportable.

Mais le film d'épouvante possède des titres de noblesse et Franju n'a pas oublié la grande règle qui consiste à traiter l'irréel avec le maximum de réalisme.

Le terrible de ces *Yeux sans visage*, c'est qu'on y croit.

Et quel sera le châtiment de cet homme qui vole des visages pour essayer d'en offrir un à sa fille, pour que sa fille défigurée par sa faute retrouve un visage nouveau ?

C'est le rêve de Jézabel de perdre son propre visage par le mécanisme d'une atroce vengeance du destin.

Les ancêtres de ce film habitent l'Allemagne, cette Allemagne de la grande époque cinématographique de *Nosferatu*.

De longue date nous n'avions pas retrouvé la sombre poésie, l'hypnose que provoquent le macabre, les maisons funestes, les monstres fabuleux de l'écran.

Comme dans l'admirable *Sang des bêtes*, Franju n'hésite pas au bond. Il plonge. Il nous mène implacablement jusqu'au bout de ce que nos nerfs supportent.

LE GÉNIE AMÉRICAIN

Ceux qui, comme moi, n'ont jamais été aux États-Unis, s'en sont formés, d'après le cinématographe, une image à la fois très fausse et très juste en ce sens que le cocasse, l'accélération, l'échelle des personnages, le mystère des volumes et le silence, montrent l'Amérique sous un angle sans doute spécial mais donnent aussi sa parade, son comprimé, son alphabet. Molière, Jarry et le guignol Anatole renseignent mieux sur la France que la lecture quotidienne des journaux.

L'Amérique triomphe dans l'art du cinématographe. Elle seule n'a pas confondu le cinématographe avec la photographie et le théâtre. Elle seule a cherché, trouvé presque tout de suite comme une formule qui l'exprime naturellement un pittoresque et un vertige nouveaux.

En France, belle patrie toute riche et tout encombrée de traditions pêle-mêle bonnes ou mauvaises, le cinématographe est immédiatement devenu « l'Entreprise » entre des mains maladroites. On ne s'est pas dit : Voici la porte ouverte sur un univers inconnu, mais : Voici un moyen économique de représenter les pièces de théâtre, et, sans plus d'effort, on a photographié des pièces de théâtre, des acteurs qui parlent en silence, une succession de scènes lentes, où un texte illisible supplée aux voix.

Il existe plusieurs sortes de films :

Les films de théâtre : Pièces rapides, qui vont comme un roulement de tambour, où l'action nette et uniquement composée de faits, d'actes, n'est interrompue que par des textes d'un mot ou deux, des titres qui éveillent la curiosité tout en précisant l'image, où l'action simultanée transporte l'œil d'une chambre à l'autre, d'une ville à l'autre, restitue à un détail de toute importance en le grossissant dix mille fois, la véritable place qu'il occupe dans le scénario, dirige l'œil sur un meuble qui porte une empreinte de pouce, sous une table où l'on triche, sur une poche d'où dépasse une lettre, sur un visage énorme où l'on peut suivre dans l'œil la naissance de la pensée.

Car si le théâtre, ce qu'on semble ignorer d'habitude, est l'Art du gros, des grandes lignes, où le geste, la voix, remplacent ce que le public devait ne pas avoir à suivre de loin dans les yeux de l'acteur, le cinématographe est l'art du détail, l'art des nuances infinies, où l'acteur délivré du texte, trouve un affranchissement et une responsabilité, inconnus jusqu'à ce jour. Rien n'échappe à un public fasciné par la lumière et la trépidation, des mobiles qui agitent ce peuple au sang noir, ce peuple de géants muets, qui revivent un vieux drame sous un soleil semblable au clair de lune. Il ne s'agit plus là de jouer « au hasard ». La moindre exagération se décuple, la moindre maladresse choque les plus naïfs et par contre la moindre émotion juste inscrite sur un visage n'échappe à aucun des spectateurs.

C'est pourquoi nos artistes, habitués aux planches, n'offrent jamais à l'objectif un jeu de volumes essentiels ; ils paraissent rôder sans but, exagérer le rôle de mime, ou bien oubliant que les paroles ne servent plus à la composition du personnage, ne cherchent pas à leur substituer un autre prestige et donnent au spectateur la simple sensation d'être sourd.

Le film américain *Forfaiture* est jusqu'ici le chef-d'œuvre de ce genre théâtral qui n'aurait de valeur réelle que s'il débarrassait la scène de tout un théâtre à quoi le verbe n'ajoute rien, la laissant libre pour d'autres recherches d'un domaine moins vulgaire. Il nous a révélé un de ces artistes que forme l'Amérique, non pour les planches, mais pour l'écran, le Japonais inoubliable, que je range dans mes souvenirs avec le chantre Chaliapine et le danseur Nijinsky, maître d'un métier neuf, encore mystérieux et comme intérieur.

Citons aussi Mary Pickford, sa grâce exquise.

Après le film de théâtre, je catalogue le film d'aventures. Où le paysage, si ennuyeux dès qu'il intervient dans les films de théâtre (les Italiens qui rompent le charme), se mêle étroitement à l'action, la complète et quelquefois la détermine.

Les plus célèbres d'entre ces films sont les films du Far West, de la cordillère des Andes. Là une idylle charmante ressuscite des express, des cow-boys, des galopades, des Indiens sur leurs poneys, des coups de revolver, des saloons, la ferme, la diligence, la taverne de jeu, des contremaîtres, des pasteurs, et des demoiselles du télégraphe de Los Angeles, prouvant la noblesse et la santé d'une race enfantine où des colosses ingénus s'épousent après avoir sauté d'une locomotive sur l'autre, découvert les coupables et traversé un fleuve à la nage.

Encore un grand comédien est né de ce genre. Sous les traits du personnage imaginaire de *Rio Jim* il nous aide à comprendre l'état d'âme de ces districts tendres et féconds.

Viennent ensuite les films scientifiques tels que la floraison accélérée qui montre une rose s'épanouir aussi vite qu'un lever de soleil sur les Alpes, la formation des cristaux, la naissance du pingouin, le crabe qui se camoufle pour la chasse, les mœurs des insectes et des microbes, le sucre dans un œil de mouche, etc.

Viennent ensuite les films qui témoignent de l'héroïsme humain, ce dont on retrouve souvent les boîtes de bandes auprès des cadavres de ceux qui les tournèrent. Citons comme exemple, le film sublime de l'expédition Scott et tous les films de guerre.

Viennent ensuite les films comiques, M. Charlie Chaplin (Charlot) y invente un *nouveau ciné*, films où le sentiment s'exprime avec une crudité saisissante où aucune précaution timide n'amortit le geste cru, n'analyse l'automatisme profondément humain des personnages.

De même que *Peer Gynt* qui marche d'une paysannerie au sphinx de Memnon, ces films nous emportent quelquefois d'un square de New York dans la forêt vierge ou en pleine mer.

Chaplin aime-t-il, il embrasse. Se dégoûte-t-il, il crache. Déteste-t-il, il cogne. Craint-il, il se sauve. Est-il empêché par un rival, il lui donne un croc-en-jambe. Il est direct et énigmatique comme les enfants.

Il existe encore bien d'autres « genres » ; le film-feuilleton entre autres où Dumas père et Eugène Sue se combinent avec Edison pour le bonheur des familles. Ce genre nous est propre. On y voit des hommes mystérieux, Fantômas, Niox, Judex, faire le bien ou le mal sous la cape de Rodolphe et avec la fortune de Monte-Cristo.

Enfin, je cite en dernier lieu, un genre très riche, non formulé encore. Il s'ébauche à peine dans certains fragments de films, où par exemple une main qui entre en scène ramassant une preuve de crime près de grands pieds tout seuls, fragmente des personnages pour le public comme pour les petits chiens qui ne voyant pas l'ensemble de leur maître, peuvent croire que ses mains, ses pieds et sa figure vivent librement, détachés les uns des autres.

Ce cinématographe à venir ne partirait pas d'un poncif de théâtre, comme l'aéroplane d'un poncif d'oiseau, ce qui prolonge le problème du vol. (Imiter l'aile revient à créer une voiture avec un mécanisme de pattes au lieu de découvrir la roue). Le cinématographe, moyen neuf, servirait un art neuf, imposerait une convention nouvelle, l'art n'étant pas autre chose qu'un jeu de conventions qui se transforment à mesure que les joueurs se fatiguent. On y verrait grouiller l'architecture des formes, des ombres, des plans, évoquant plus, à la longue, la vie elle-même, qu'une représentation nécessairement inexacte de la réalité.

Je souhaite qu'en marge de l'industrie cinématographique, aussi considérable que l'industrie automobile, les artistes désintéressés, exploitent les perspectives, le ralentissement, l'accélération, la superposition, la « marche à l'envers », inemployés ou mal employés dans cet art inconnu.

Tournons-nous donc vers l'Amérique et retenons-y des exemples de vitesse, de force, de précision, de jeunesse, sur quoi verser notre douce et profonde lumière. Prenons garde à l'Allemagne qui, comme le démon, sait prendre mille formes pour séduire et qui trouvera le moyen de ralentir en les alourdissant les recherches que l'Amérique nous propose.

Hollywood

Q. – Quels sont vos sentiments à l'égard d'Hollywood ? Que pensez-vous de la production américaine actuelle ?
R. – Hollywood est un lieu royal épuisé par des mariages de famille.
Q. – Le cinéma américain exerce-t-il sur la production mondiale une influence bénéfique ou au contraire retarde-t-il son évolution ?
R. – Il n'y a aucune influence sérieuse sur des œuvres importantes puisqu'elles naissent par contraste. Par exemple la lenteur du montage dans *Le Sang d'un poète* venait de la vitesse du montage américain. L'esprit de contradiction mène le monde de l'art.
Q. – Avez-vous personnellement été influencé par Hollywood dans vos travaux ? Par quels metteurs en scène, par quels films ?
R. – Harry Langdon m'a toujours émerveillé (il a, si je ne me trompe, ruiné ses producteurs).
Q. – Parmi les films américains récents, quels sont ceux qui vous ont le plus intéressé ?
R. – J'ai été frappé par des films de 16 millimètres que je reçois des jeunes et qui cherchent des portes de sortie. (*Cahiers du Cinéma*, n° 54, Noël 1955.)

Le cinéma japonais

Dans notre époque déprise de cérémonial, rien ne m'a ému comme d'apprendre que le Japon retournait à ses coutumes profondes. Le Dragon en Or n'a pas fini d'enrouler ses anneaux.

Les monstres marins émergent et le Samouraï pareil à quelque crustacé magnifique. Au festival de Cannes, les Japonais me dirent : « *Venez tourner un film chez nous. Notre méthode penche vers l'occidentale. Votre film sera japonais.* » Cette notion du recul et des perspectives m'avait beaucoup touché. Une semaine de films français ne peut que renforcer les liens qui attachent l'une à l'autre nos directives, d'aspect contradictoire. Un même sens de l'humain, du drame, du mystère, de l'élégance modeste, des formes exactes, de la simplicité qui résulte d'une complication nous apparente. Qu'est-ce que le style ? Dire simplement des choses complexes. Alors que le style barbare consiste à compliquer le simple, nul mieux que vous ne pratique cette première méthode. Je vous aime et je salue votre île où la vulgarité ne trouve aucun refuge. La seule erreur du monde oriental est d'avoir péché par modestie, d'avoir mésestimé sa propre sagesse et cru, hélas, en la nôtre. En ce qui me concerne, je m'incline avec un respect d'élève devant le prince Gengi, lequel voyant de la neige glisser sur sa manche, s'émerveilla d'une chose si belle et, comprenant sa solitude, pleura parce qu'il n'avait aucun ami à qui le raconter. (*Unifrance Film*, n° 27, octobre-novembre 1953.)

LE MYTHE DE LA FEMME

Le mythe de la femme est d'autant plus important au cinématographe que les rôles de femmes l'emportent presque toujours sur les rôles d'hommes dans le domaine du théâtre. Or, le film statufie et m'évoque la phrase de Moussorgsky à son lit de mort : « L'art sera un jour fait de statues qui parlent. » Quand j'étais jeune, j'ai vu de la jeunesse attendre Greta Garbo après *un film* tellement sa présence mythologique avait de force. Ils attendaient au Paramount à la même porte. (Le Paramount est bâti sur l'emplacement du Vaudeville.)

La couleur changera le mythe. Les statues qui parlent deviendront polychromes et plus proches de la réalité. Elles perdront du mystère.

La femme est plus secrète que l'homme et le cinématographe livre les secrets. Un œil est une fenêtre ouverte sur l'âme. Il m'est arrivé de devenir l'ami de grandes comédiennes du film. Le contact amical était immédiat. Je les connaissais *à fond* et elles me connaissaient par l'entremise d'une autre femme : la Muse Cinéma que les neuf sœurs ont acceptée dans leur bloc très dur et très sévère.

Un charme physique peut se former une vaste zone d'amour, mais cela compte peu. C'est la morale particulière de l'actrice qui l'emporte à la longue.

Ma seule tristesse est que le roulement terrible du cinématographe empêche les jeunes de vivre le mythe des grands fantômes qui disparaissent du théâtre et que nous espérons voir survivre grâce au mécanisme résurrectionnel du film. (*Cahiers du Cinéma*, n° 30, Noël 1953.)

L'ACTEUR

Diderot était fort habile à feindre dans la vie des émotions qu'il ne ressentait pas. Il pouvait, à volonté, s'émouvoir jusqu'aux larmes. Rousseau en a témoigné. Sans doute ce privilège de grand comédien le fait-il croire à la méthode d'insincérité chez l'artiste, car nous avons une pente à juger les autres sur notre modèle. Or, s'il se trouve parmi les acteurs des natures qui ne peuvent obtenir le vrai que par le faux, j'en connais d'autres qui ne peuvent jouer que de leur âme, à qui le contrôle serait funeste et qui intègrent leur personnage jusqu'à s'y perdre, jusqu'à oublier comment se terminera la scène qu'ils revivent chaque soir.

C'est mal connaître le milieu nerveux et adorable des coulisses que de le plier à une école.

Il faut aimer les comédiens comme je les aime, leur passer toutes leurs faiblesses, observer avec le cœur cette étonnante écurie de chevaux pur-sang, en comprendre l'orgueil et les malices, pour s'engager dans leur monde de fausses perspectives où l'on risque de se perdre si l'on ne comprend pas qu'ils les tiennent pour véritables et s'y enfoncent avec la croyance profonde qu'ils y rapetisseront ou y grandiront à nos yeux. Dirai-je que même les artistes qui relèvent du paradoxe de Diderot nous dupent avec une bonne foi parfaite et ne se surpassent que certains soirs où leur propre substance se mêle étroitement au mécanisme de leurs calculs ?

Suis-je un enfant de la balle, comme ils disent, c'est probable. J'ai toujours adoré le théâtre, souffert de son mal rouge et or. Sitôt que je traverse le pont, les agrès et les cabines de ce navire dans la tempête que sont les coulisses d'une pièce qu'on représente, je ressens les angoisses exquises d'un joueur de Monte-Carlo. Et je ne parle pas des coulisses de mes pièces, je parle de toutes les coulisses de toutes les pièces, le seul club que je fréquenterais si j'en avais le loisir.

Jouvet me disait l'autre jour : « Notre métier est atroce. Il nous tourmente en rêve. Ensuite le malaise commence le matin jusqu'au soir où nous devons ressusciter des personnes mortes. Nous sommes des fous ! »

Il faudrait que les gens qui traitent les acteurs par-dessous la jambe, s'imaginent qu'ils s'amusent et les réveillent de leur hypnose en arrivant en retard au théâtre méditassent les paroles d'un comédien célèbre qui passe pour avoir du calme et le contrôle absolu de ses réflexes.

Serge Lido et la danse

Le balletomane est un type très spécial dont j'ai vu d'extraordinaires exemples. Tel fut le général Bezobrazow qui suivait le Ballet russe de Serge de Diaghilev, hantait les coulisses et traversait en silence le tourbillon des danseuses, des Sylphides ou des archers du *Prince Igor*. Tel est Serge Lido, mais armé d'un appareil de photographe. Sans l'amour qu'il porte à tout ce qui touche la danse, cet appareil ne servirait à rien. Il photographierait. Il statufierait un vertige.

Or, c'est le cœur même de Lido qui anime l'appareil suspendu à son cou. Comme le fantôme du général Bezobrazow, Lido hante les coulisses, chaque fois que notre théâtre se hausse jusqu'à la grande gesticulation.

C'est par un mélange de l'objectif et de l'âme qu'il obtient d'innombrables figures où le mouvement s'arrache de la mort. Il arrive que les photographies immobiles d'un film suggèrent souvent davantage que le film lui-même. Il arrive que les documents de Lido nous fassent rêver d'un ballet où le poids humain n'existerait plus, où le cadre de la scène deviendrait la vitre de quelque fabuleux aquarium. (*La Danse*, Paris, Masques, 1947.)

Nos ouvriers ont du génie

Il n'y a pas de miracles. On les fait et on les mérite. Il n'existe ni magiciens ni enchanteurs, et ces termes qu'on emploie sans cesse en parlant de moi sont incorrects. Tout se résume au travail, à l'intensité attentive qu'on y apporte.

La fatigue du travail donne au travailleur une sorte de sommeil qui se dort debout. Ce sommeil éveillé pousse le public à confondre ce qui en résulte avec le rêve.

L'art est un rêve partagé. L'artiste ne raconte pas ses rêves. Il rêve publiquement. Il lui faudrait donc des spectateurs propres à subir l'hypnose collective et qui dormissent à son exemple afin que le réalisme du rêve, ne s'opposant pas à la résistance de leurs habitudes, puisse les pénétrer sans effort.

Phénomène presque impossible en France où le bloc est formé d'individus qui détestent le mélange, refusent de composer un élément et de n'être plus qu'une seule personne perméable.

Il n'en reste pas moins vrai que, dans le domaine du cinématographe, le rêve dont je parle resterait un rêve individuel sans l'équipe, c'est-à-dire sans un groupe de techniciens et d'ouvriers qui fait objectif le subjectif et représente en quelque sorte une entreprise d'archéologues, une équipe de fouilleurs grâce à laquelle un homme arrive à sortir un objet de sa nuit. Nuit où cet objet préexiste et d'où on le délivre précautionneusement.

Georges Clouzot déclare qu'au cinématographe il n'y a pas de technique. Il n'y a, dit-il, que de l'invention. Et je l'approuve. Mais il parle de notre rôle artisanal de metteur en scène. Car on se demande ce que deviendrait l'imagination, l'invention du metteur en scène sans la technique, c'est-à-dire sans le secours des techniciens. Là encore, il conviendrait de changer les termes conventionnels.

En effet, le travail des techniciens du cinématographe peut, lui aussi, se mettre sur le compte de l'imagination. Je demeure émerveillé par les trouvailles d'une poignée d'hommes qui font corps avec le chef, deviennent ses mains et son âme. Alors que les interprètes sont les signes de notre alphabet et deviennent le style d'une œuvre écrite en images, les ouvriers de l'équipe, hommes parfois très simples, comprennent ce qu'on leur demande sur un clin d'œil.

Ils rendent l'impossible possible, à toute vitesse. On peut exiger d'eux n'importe quoi. Leur poser n'importe quel problème. Ils le résolvent. Ils ne refusent jamais. Ils ne boudent jamais, ne traînent jamais, ne dressent jamais d'obstacles.

Ils réfléchissent et ils trouvent. Je dirai même, selon une belle parole de Picasso, qu'ils trouvent d'abord et qu'ils cherchent après. Ils trouvent avec la rapidité de la foudre. Ensuite, ils suppléent par leur génie (j'insiste sur le terme) à la carence de notre matériel.

Soit le studio ne nous offre qu'un hangar poussiéreux qui ne possède aucune des machines qui pourraient nous simplifier le travail – et s'il les possède, elles se trouvent hors d'usage –, soit nous entraînons notre équipe dans des lieux réels où il faut immédiatement suspendre des projecteurs, clouer des praticables, poser des rails, sans abîmer quoi que ce soit, inventer un studio mobile dont, après notre départ, il ne reste aucune trace.

On emploie le mot génie avec trop de réserve. Il n'est pas le seul privilège d'un Goethe ou d'un Shakespeare. Le génie s'exerce du haut en bas de l'échelle humaine. Stendhal se sert du mot génie pour signifier l'aisance exquise avec laquelle certains êtres se meuvent et agissent.

À ce titre, nos ouvriers ont du génie. J'ignore si, dans un studio étranger, ils apportent une aide analogue. Mais ce que j'affirme, c'est que, sans ce mystère de ruche, nos rêves d'auteurs français demeureraient des rêves et qu'ils ne pourraient vivre ni dans l'espace ni dans le temps.

Pour G.M. Film

J'ai souvent dit, et je le répète encore, qu'un film comme *La Belle et la Bête* était irréalisable sans la collaboration affectueuse de toute une équipe, depuis la première vedette jusqu'au plus obscur des machinistes. Saint-Maurice est un véritable village où j'aime vivre parce que l'artisanat y consiste à donner corps à nos rêves. Si mon film remporte un succès, je le devrai aux artisans et aux techniciens des laboratoires cinématographiques G.M. Film dont le travail est au-dessus de tout éloge. S'il ne le remporte pas, je me consolerai par le souvenir admirable de cette gentillesse, de cette confiance, de cette ingéniosité, de ce courage, de cet esprit de famille qui m'entouraient et qui me permettaient de vaincre l'impossible. Les laboratoires français peuvent être fiers.

Pas de bonne affaire sans amour...

Depuis que je travaille à *La Belle et la Bête*, je découvre que le cinématographe est un monde pareil à l'enfance, et je me vois encore jadis dans une de ces chambres de malade où je découpais des images afin d'en recréer d'autres et de les coller dans des albums.

L'atmosphère d'hypnose collective que crée, sans même s'en rendre compte, l'auteur-metteur en scène est si forte que le moindre machiniste trouve naturel le surnaturel à quoi il collabore, et ne s'étonne de rien.

Un marchand vole une rose chez une Bête qui, pour ce simple vol, le condamne à mort. Cette Bête tombe amoureuse de sa fille : sa fille supporte de vivre chez cette Bête. La Bête se transforme en prince de Perrault, etc. Le machiniste regarde tout cela d'un œil calme, comme s'il s'agissait d'un drame réaliste. Mieux, il cherche avec nous à le communiquer au reste du monde, à inventer le véhicule qui permette de donner corps à un rêve, à le rendre normal.

Je ne croyais pas qu'on puisse, à ce point, former une équipe capable de penser, d'avoir une seule tête et un seul cœur. Je constate donc, chaque minute, que le secret du cinématographe doit être le plus ou moins d'aptitudes qu'on possède à réunir des spécialistes qui se plaisent et qui se dirigent passionnément dans le même sens. Car l'appareil de prise de vues enregistre le visible et l'invisible, ce qu'on lui montre et ce qu'on ne lui montre pas. Un film dénoncera, quels que soient le talent et l'argent qui s'y dépensent, l'atmosphère du groupe qui le tourne. Un studio de brouilles l'alourdira, l'empâtera. Un studio d'amitié, de bonne entente lui donnera des ailes.

On ne saurait assez prendre de précautions à la base. Le mélange chimique auquel on se livre peut devenir assez vite un précipité mortel. Saviez-vous que les films se défendent et que cette défense occulte d'une œuvre dans son organisme peut créer des obstacles si étranges que les hommes d'affaires qui prennent cet art pour une industrie finissent par les mettre sur le compte d'une fatalité ?

Des molécules ne peuvent vivre côte à côte, ni se confondre. L'organisme se désagrège : l'opérateur-chef rate ses prises ; le travelling saute ; l'actrice tombe malade ; le laboratoire raye la pellicule, etc., etc. Bref, les entrepreneurs se plaignent de malchance alors qu'il ne s'agit que des phénomènes d'ordre et de désordre qui président à la création.

Voilà un des innombrables phénomènes que provoque le

cinématographe, une des énigmes que je cherche à résoudre et que je crois insoluble sans les rayons X de l'amour.

P.-S. – Ces quelques remarques ont été écrites pour *Ciné-Revue* et mes amis belges auxquels je voudrais exprimer ma reconnaissance émue, de toutes les manières.

Il m'arrive de travailler en pensant à la Belgique, à l'accueil qu'elle me réserve toujours, et à en être digne. (*Ciné-Revue*, n° 5, 1-2-1946.)

La difficulté de faire un film en France, en 1946, n'est plus un secret pour personne. Le matériel manque ou flanche mais le génie des techniciens, des machinistes, de ce qu'on nomme les « électriques » et de l'ensemble du petit monde d'un studio, nous sauve la mise. C'est le miracle à chaque seconde et le vrai miracle – *celui qu'on mérite*.

Grâce à une foule d'individus qui aiment leur travail le cinéaste peut donner corps à son rêve. (Programme *L'Entr'aide du cinéma. Cercle technique de l'écran. Comités d'entreprises*, Ciné-Club de Paris, 22-6-1946).

CINÉMATHÈQUE IDÉALE

Voici, beaucoup trop vite, ma réponse :
Cinq *parmi* les plus importants (en ce qui me concerne) :

1. *La Grande Illusion* (Renoir)
2. *La Ruée vers l'or* (Chaplin)
3. *Monsieur Verdoux* (Chaplin)
4. Le *Procès de Jeanne d'Arc* (Dreyer)
5. *L'Âge d'or* (Buñuel)

et cætera : *Peter Ibbetson, Parade d'amour* de Lubitsch…

J'aimerais revoir :

1. *La Chienne* (Renoir)
2. *Les Rapaces* (Stroheim)
3. *Lady Lou*
4. *La Force des ténèbres* (R. Montgomery)
5. Garbo dans *Anna Christie*

et j'ajoute *Drôle de drame* de Carné. (Écrit vraisemblablement à l'occasion de la confrontation de Bruxelles en 1958.)

III

POÉSIE DE CINÉMA

> Un studio de cinéma est une usine à fantômes. Le cinéma est une langue fantôme qu'il faut apprendre. Il est incroyable pour un poète de la savoir. Le jour où le metteur en scène comprendra que le rôle de l'auteur ne se borne pas au texte (à l'écrire) – le jour où l'auteur mettra lui-même en scène –, la langue morte du cinéma deviendra une langue vivante. (*Album du Cinéma*, 1943.)

Le Sang d'un poète

L'art, cinématographique ou autre, se présente sous deux aspects. Soit l'art actif, sorte de journalisme sublimé, dont le but est de rendre des services d'ordre social, soit cet art occulte, caché, sorte d'explosif à retardement, qui semble, au premier abord, un luxe scandaleux, mais qui compose à la longue la figure la moins périssable des patries. Il est inhabituel que cette forme d'art très secrète et d'habitude très mal reçue du public hors de l'ombre, je veux dire des livres à éditions restreintes ou des spectacles d'un soir, par ce qu'il entraîne de ruineux, d'inabordable, et par la nécessité qu'il impose d'une énorme et immédiate récupération, le cinématographe, arme des poètes par excellence, échappe à l'emploi qui devait fatalement être le sien. Aucune liberté dans cette zone de liberté parfaite ! Et lorsque de grands poètes comme Chaplin ou Keaton l'adoptent, leur seule excuse sera d'exciter le rire. La même force qu'ils dépensent, s'ils la dépensaient au bénéfice du drame, et si leurs gags, au lieu de se soumettre au burlesque, servaient la tragédie, aussitôt le rire du public deviendrait féroce et le lynchage remplacerait les applaudissements.

De plus en plus le cinématographe s'éloigne de l'automobile et cherche à se confondre avec le théâtre, théâtre postiche, morne et ne bénéficiant plus de cet espéranto surnaturel des images.
Des scènes comme celles de la vache ou du chef d'orchestre dans *L'Âge d'or* de Buñuel peuvent être considérées comme un événement capital, l'apparition du gag tragique. Je ne doute pas qu'un mauvais rire ne les accueille : il n'en reste pas moins

qu'elles existent et que rien n'arrêtera plus le fleuve noir dont elles sont la source.

Et voilà le véritable rôle du mécène. Le mécène ne doit pas soutenir les bonnes affaires, mais les mauvaises affaires, certaines mauvaises affaires, les meilleures qui soient, les réussites à longue échéance, les gains mystérieux que les petites bourses arides ne peuvent attendre et qui restent l'apanage de vrais riches, riches de cœur et d'argent.

Le vicomte et la vicomtesse de Noailles nous offrent ce noble spectacle. Un grand nom et une grande fortune qui ne cherchent pas à se tenir sous les projecteurs de la mode et qui se placent au-delà, dans l'ombre où travaillent des artistes qu'ils aiment, qu'ils devinent, qu'ils approuvent, et qui ne trouveraient nulle part ailleurs le moyen de s'exprimer librement.

C'est pourquoi j'ai accepté leur offre après tant de refus. Malgré l'amabilité des grandes firmes, la politesse élémentaire nous oblige à ne pas leur « faire courir une aventure » et à travailler pour elles avec prudence. Ici, aucune prudence. La commandite ferme les yeux, se bouche les oreilles et pousse le tact jusqu'à ne pas déranger le travail du studio. La surprise sera bonne, quelle qu'elle soit, même si elle déclenche la réprobation du milieu mondain au centre duquel nos mécènes, moqués, ridiculisés, exposés aux pires insolences, innoveront avec beaucoup de calme un rôle inconnu des salons et qui ne peut que les ennoblir.

Le Sang d'un poète, film au sens où l'entend Chaplin, est un documentaire réaliste d'événements irréels. Le style y importe plus que l'anecdote, et le style des images autorise chacun à prendre son compte, à symboliser selon son esprit, car Freud a raison de dire, dans la préface du *Joueur*, qu'un artiste n'a pas besoin d'avoir pensé à certaines choses pour que ces choses deviennent ensuite le principal objet de son œuvre. (*Le Figaro*, 9-11-1930.)

Il est un peu ridicule de prendre la parole devant une salle comme la vôtre. Il faudrait plutôt parler chaque soir. Votre salle est une salle d'élite, composée de personnes qui devinent les paroles avant qu'on ne les prononce et les images avant qu'on ne les montre. Mais je prendrai la parole puisque j'ai promis de la prendre.

Je vous citerai d'abord un éloge et un blâme. Voici l'éloge :
Il vient d'une ouvrière qui travaille chez moi. Elle m'avait demandé des places, et j'avais eu la sottise de craindre sa présence. Je me disais : « Après avoir vu le film, elle ne voudra plus travailler chez moi. » Or, elle m'a remercié en ces termes : « J'ai vu votre film. On passe une heure dans un autre monde. » C'est un bel éloge, n'est-ce pas ?

Et maintenant le blâme ; c'est un critique américain qui l'a formulé :
Il me reproche d'employer le film comme une matière sacrée, durable, comme un tableau, comme un livre. Il n'estime pas que le cinématographe est un art inférieur, mais il estime, à juste titre, qu'une bande se déroule vite, que le public cherche surtout à se distraire, que la pellicule est fragile et qu'il est ambitieux d'exprimer toutes les forces de son âme par l'entremise d'une matière si fugace et si délicate que les premiers films de Charlie Chaplin ou de Buster Keaton ne se transmettent plus que par des bandes introuvables et terriblement abîmées. J'ajoute que le cinéma progresse chaque jour, et que le relief, la couleur, etc., jetteront dans l'oubli les films qui nous semblent à l'heure actuelle des merveilles. C'est exact. Mais depuis quatre semaines, le film tourne devant des salles si attentives, si nerveuses et si chaudes, que je me demande si après tout, il ne se forme pas un public anonyme qui cherche dans le cinématographe autre chose qu'un divertissement. Ce même critique américain me félicitait d'avoir inventé le « gag tragique ». Je n'ai pas inventé le gag tragique, mais je l'ai employé le plus possible. Le gag, c'est la trouvaille. Voici le type du gag : Charlie Chaplin avale un sifflet et tous les chiens le suivent. La salle éclate de rire. Avec le gag tragique, je ne demande pas à la salle

de rire (si elle rit, j'ai manqué mon but). Mais j'exige d'elle un silence noir et presque aussi violent que le rire.

Je veux aussi vous signaler tout de suite ma chance. Le cinéma est inabordable. Il ne peut tomber entre les mains des poètes, ou s'il y tombe, on leur demande les pires sacrifices. Pour le film que vous allez voir, on m'a laissé libre. C'est un cas unique, et si on aime ce film, il faut le faire entrer en ligne de compte, pour que je n'aie pas la part trop belle. Avec le film, on tue la mort, on tue la littérature ; on fait vivre la poésie d'une vie directe. Imaginez ce que pourrait être le cinéma des poètes. Mais hélas ! je le répète, le cinématographe est une entreprise avec laquelle on ne plaisante pas.

Avec *Le Sang d'un poète*, j'essaie de tourner la poésie, comme les frères Williamson tournent le fond de la mer. Il s'agissait de descendre en moi-même, dans ma nuit, la cloche qu'ils descendent dans la mer à de grandes profondeurs. Il s'agissait de surprendre l'état poétique. Beaucoup de gens s'imaginent que l'état poétique n'existe pas, et que c'est une sorte d'excitation volontaire. Or, même les personnes qui se croient le plus loin de l'état poétique le connaissent. Qu'elles se souviennent d'un grand deuil, d'une grande fatigue. Elles s'asseyent devant le feu, elles somnolent, mais ne dorment pas. Aussitôt commencent en elles des associations qui ne sont pas des associations d'idées, ni d'images, ni de souvenirs. Ce sont plutôt des monstres qui s'accouplent, des secrets qui passent dans la lumière, tout un monde terrible, équivoque, énigmatique, très capable de vous donner une idée du cauchemar dans lequel vivent les poètes, qui fait leur vie très émouvante et très dure, et que le public a tort de prendre souvent pour une griserie exceptionnelle.

Naturellement, rien n'est plus difficile que d'approcher la poésie. Elle ressemble aux fauves. On reproche aux films d'Afrique d'être truqués. Comment ne le seraient-ils pas ? Tourner des lions, et des rugissements de lions, pour n'obtenir que des descentes de lit, et des bruits de verre de lampe, oblige nos explorateurs à devenir des artistes, c'est-à-dire à donner l'illusion de ce qu'ils ont vu et entendu, grâce à des descentes de lit et à des verres de lampe maniés par les spécialistes de Hollywood. Je ne vous cacherai pas que j'ai employé des trucs pour rendre la poésie visible et auditive. En voici quelques-uns.

D'abord, vous verrez le personnage du Poète entrer dans une glace. Ensuite, il nage dans un monde que nous ne connaissons ni les uns ni les autres, mais que j'imagine. Cette glace le mène dans un couloir, et sa démarche est celle des rêves. Ce n'est ni la nage, ni le vol. C'est quelque chose d'autre et qui ne ressemble à rien. Rendre cela n'était pas commode. J'ai donc fait clouer les décors sur le sol, et tourner la scène à plat. Le personnage se traîne au lieu de marcher, et quand on redresse la scène, vous voyez un homme qui marche de façon très pénible et très étrange, et dont la musculature mouvante ne correspond pas à l'effort de sa promenade.

Miss Miller a des yeux pâles, et quelquefois, dans mon film, elle a les yeux sombres. C'est que je lui ai peint les yeux sur les paupières. Je ne les lui ai pas peints dans un but esthétique, et pour lui donner l'air d'un masque d'Antinoë. Je les lui ai peints parce que, quand elle est aveugle, elle a une démarche d'aveugle, et comme sur l'écran on ne se rend pas compte que ses yeux sont postiches, cette démarche irréelle ajoute à l'irréalité de son personnage.

Autre truc : il s'agissait de montrer la statue du poète détruite par les enfants qui jouent, par cette enfance qui ravage tout et ne respecte rien. Cette statue de pierre doit disparaître comme si elle était en neige. Il fallait donc opposer à ce prodige une scène très réaliste, une sorte de documentaire, enfin de le mettre en relief. J'ai poussé l'exactitude jusqu'à remplacer la vraie neige par le gâchis parisien, cette boue grise, avec laquelle les enfants de Paris se battent, et qui, certes, est moins photogénique et moins séduisante que la belle neige russe.

Le public commet souvent la faute de croire que les artistes se moquent de lui. C'est impossible. D'abord parce que l'artiste n'y gagnerait rien, ensuite parce que le travail singulièrement éreintant du cinématographe absorbe trop pour qu'on pense. À la pensée se substitue un mécanisme de somnambule.

Imaginez-vous le travail d'un film ! On arrive à six heures du matin – l'heure de la guillotine –, jusqu'à minuit, on passe de studio en studio. On essaie de ne pas ruiner l'entreprise pour laquelle on travaille. On ne mange pas. On dort debout. On trébuche. Après quatre jours, à moins d'avoir une charpente américaine très forte, ou d'être entouré d'aides, on est sonné. On nage. On ne sait plus où l'on est. C'est une des raisons pour lesquelles le cinématographe serait une arme poétique superbe. Dormir debout, c'est parler sans se rendre compte. C'est se confier. C'est dire des choses qu'on ne dirait à personne. On s'ouvre ; les ténèbres cessent d'être des ténèbres. La cloche à plongeur dont je parlais tout à l'heure se met en marche, et c'est pourquoi le film que vous allez voir est d'ordre confessionnel et aussi peu clair que possible, dans le sens où les spectateurs l'entendent.

Voudrais-je vous raconter ce film que je ne le pourrais pas. On a dit même pour me féliciter qu'il manquait de technique. C'est inexact. Il n'y a pas de technique du film. Il y a la technique que chacun se trouve. On se noie et l'on nage. On invente par force son style de nageur. Je n'avais jamais touché au cinématographe. J'étais admirablement entouré et secondé, et je ne reproche à aucun de mes collaborateurs de m'avoir laissé en plan. C'est moi qui exigeais de rester seul afin de découvrir une méthode qui me fût propre. Je me contentais de dire à Périnal : « Périnal, il me faut un éclairage crapuleux », ou : « Périnal, il me faut un éclairage de documentaire », ou : « Périnal, il me faut un éclairage de malaise. » Voyez comme sa tâche était commode. Il ne répondait pas. Il hochait la tête, et j'obtenais ce que j'avais voulu. Comment les cinéastes peuvent-ils faire tant de films et vivre heureux. On meurt. On se demande si on arrivera vivant à la fin de la journée. Je vous cite l'exemple de Miss Miller qui est admirable (mes interprètes sont admirables parce que je n'ai pas pensé à les choisir d'après leur beauté physique, mais d'après leur tenue morale. Car dans un film, les visages sont immenses et les yeux révèlent tout) – eh bien ! Miss Miller ne savait pas qu'elle avait joué son rôle du film. Elle disait : « C'est moi ! c'est moi ! c'est impossible ! » Elle ne se souvenait que d'avoir été assise sur une chaise pendant des heures, d'avoir dormi, de s'être évanouie, d'avoir mangé des sandwiches, et bu de la bière chaude. Notez que je ne la plains pas et que je ne regrette rien. Car lorsqu'un film est organisé à merveille il en résulte quelque chose de trop net, de trop brillant et qui se démode. À la Rolls Royce qui change vite de forme et de mécanisme, je préfère la brouette. Il n'est donc pas mauvais d'être victime du luxe des studios dont les directeurs méprisent les poètes. Il est même arrivé à ces directeurs de m'avoir aidé, en croyant me nuire. Un jour, ils ont fait secouer les tapis pour que je m'en aille, et c'est cette poussière qui argente toute la fin du film, et qui lui donne un air d'apothéose.

Comme je vous le disais tout à l'heure, on ne peut pas raconter un film pareil. Je pourrais en donner une interprétation qui m'est propre. Je pourrais vous dire que la solitude du poète est si grande, et qu'il vit tellement ce qu'il crée, que la bouche d'une de ses créations lui reste dans la main comme une blessure, et qu'il aime cette bouche, qu'il s'aime, en somme, – et qu'il s'éveille le matin avec cette bouche contre lui, comme une rencontre de hasard, et qu'il essaie de s'en débarrasser, et qu'il s'en débarrassera sur une statue morte – et que cette statue se met à vivre – et qu'elle se venge, et qu'elle l'embarque dans des aventures épouvantables. Je pourrais vous dire que la bataille des boules de neige, c'est l'enfance du poète, et que quand il joue cette partie de cartes avec sa Muse, avec sa Gloire, avec sa Destinée, il triche en prenant sur son enfance ce qu'il devrait puiser en lui-même. Je pourrais vous dire ensuite qu'ayant essayé de se faire une gloire terrestre, il tombe dans cet « ennui mortel de l'immortalité », auquel on songe devant toutes les sépultures illustres. Et j'aurais raison de vous dire cela, mais j'aurais tort aussi, car ce serait un texte écrit après coup sous des images. Du reste, ces images sont-elles des images ? La vie fait de grandes images sans le savoir. Le drame du Golgotha n'ayant pas eu lieu pour des peintres. Quand je travaillais, je le répète, je ne pensais à rien, et c'est pourquoi il faut laisser ce film agir comme la musique admirable d'Auric qui l'accompagne, et comme toutes les musiques du monde. La musique donne un aliment anonyme à nos émotions, à nos souvenirs, et si chacun de vous trouve à ce film un sens qui lui est propre, j'estime que j'aurai atteint mon but.

J'ajoute que trois passages de ce film ont engendré de graves malentendus.

Un titre d'abord : *La Profanation de l'hostie*. Je rappelle qu'il est emprunté à une toile de Paolo Uccello qui figurait à l'exposition italienne de Londres. Le sens de ce titre ? Du sang profane de la neige. Un point, c'est tout.

Puis cet enfant qui saigne. Je pensais qu'on ne déforme pas dans l'espace au cinématographe, et que les films russes nous fatiguent des visages pris en dessus ou en dessous, etc. J'ai voulu prendre mon film de face et sans art. Mais si le cinéma interdit les déformations dans l'espace, il permet les déformations dans le temps. Une histoire de mon enfance me hante toujours. On la retrouve dans quelques-unes de mes œuvres. Un jeune garçon blessé par une boule de neige. Dans *Les Enfants terribles*, l'enfant ne meurt pas. Dans mon film, l'enfant meurt. Ce n'est pas reprendre un thème. C'est toute une mythologie que le poète remue, et qu'il place sous d'autres angles. L'enfant qui saigne a dû saigner en réalité très peu, saigner du nez. Dans mon souvenir, il vomissait du sang. Or, je n'ai pas voulu tourner une scène réaliste, mais le souvenir déformé de cette scène.

Il y a aussi les loges qui applaudissent, non pas un enfant mort, comme on l'a cru. L'enfant est emporté par l'ange lorsque les loges applaudissent, et c'est le poète qui se tue qu'elles applaudissent. Les poètes pour vivre doivent souvent mourir, et dépenser non seulement le sang rouge du cœur, mais ce sang blanc de l'âme qu'ils répandent et qui permet de les suivre à la trace. Les applaudissements ne s'obtiennent qu'à ce prix. Ils doivent donner tout, afin d'obtenir le moindre suffrage.

Pour clore ce préambule dont je m'excuse, car je n'ai aucune habitude de l'improvisation, et le public m'intimide beaucoup, je vous dirai qu'un poète est fort peu réel. Quand le poète parle, éveillé du sommeil dans lequel il compose ses œuvres, c'est comme si les vieilles femmes qui servent de médium à la Salpêtrière vous parlaient à l'état de veille. L'œuvre du poète le déteste et le mange. Il n'y a pas de place ensemble pour le poète et son œuvre sur la terre. L'œuvre profite du poète, et c'est après sa mort que le poète profitera d'elle. Au reste, le public aime mieux les poètes morts, et il a raison. Un poète qui n'est pas mort est un anachronisme. Et c'est pour ne pas offrir ce spectacle monstrueux que je me suis de longue date retiré du monde. Je vais maintenant, Mesdames, Messieurs, céder la place à une forme de moi, peut-être obscure, peut-être pénible, mais plus vraie mille fois que celle qui vous parle et que vous avez devant les yeux. (Conférence prononcée au théâtre du Vieux-Colombier, le 20 janvier 1932, avant la projection du film.)

Le Sang d'un poète a été imaginé et tourné par Jean Cocteau il y a dix-neuf ans. La copie que vous allez voir est la copie de l'époque, une des seules conservées en France. Le film vient d'être édité en 16 millimètres, le premier de la série des grands classiques du cinématographe. Cocteau dit lui-même qu'il a tourné son film alors qu'il ne savait rien d'un studio ni d'un appareil de prise de vues. Il lui fallut tout inventer et il ajoute que ce doivent être les fautes commises qui ont donné le relief à l'œuvre et frappé les cinéastes. Charlie Chaplin déclare : « C'est l'extraordinaire *Sang d'un poète* qui m'a appris qu'il pouvait exister un cinéma en Europe. » *Le Sang d'un poète* passe régulièrement ou presque à New York, dans une salle spécialisée, depuis dix ans. C'est la plus longue exclusivité connue. À Paris il cause encore des scandales et l'auteur ne tient pas à ce qu'on l'y présente, sauf à des personnes curieuses d'une manière plus libre d'employer un moyen d'expression de premier ordre.

Le Sang d'un poète n'a pas de sujet. On en a fait d'innombrables études et d'innombrables exégèses. Freud l'a psychanalysé dans un article. C'est le contraire d'un rêve, mais plutôt la manière dont les souvenirs s'enchaînent et se déforment chez l'homme qui dort debout. Historiquement et contrairement à ce qu'écrivent certains critiques, *Le Sang d'un poète* a été tourné en même temps que *L'Âge d'or* de Buñuel. Cocteau et Buñuel ne virent leurs films respectifs qu'après les avoir terminés – et c'est seulement après avoir vu *L'Âge d'or* que Cocteau vit *Un chien andalou*. Il ne saurait donc être question d'influences, mais, comme le dit l'auteur, d'ondes qui circulent à une même époque. Cocteau ajoute que le caractère exceptionnel de ces trois films vient de ce que le vicomte de Noailles les avait commandés pour la salle privée de sa maison et que leurs auteurs n'eurent donc à se soumettre à aucune des contingences du cinématographe industriel. Ajoutons que Cocteau y expérimente pour la première fois ce qu'il nomme le synchronisme accidentel. Georges Auric ayant composé une musique pour chaque séquence, il en changea l'ordre à la dernière minute afin, disait-il, que cette musique de film colle moins à la roue. Les artistes qui jouent le film sont presque tous des amateurs ou des machinistes. Périnal en est l'opérateur. Cocteau eut la chance de tomber par hasard sur le plus grand. Le cœur qui bat est un enregistrement du cœur de Jean Cocteau. Il a également enregistré les voix des protagonistes muets, lorsqu'elles interviennent. (1949 ?)

Le film que vous allez voir a presque votre âge. Il a vingt ans. C'est un bel âge pour des jeunes gens et des jeunes filles. C'est un moins bel âge pour un film. Ce film m'avait été commandé par le vicomte Charles de Noailles. Il voulait un dessin animé. Je me suis vite rendu compte que la technique du dessin animé n'était pas au point en France et je lui proposai de choisir des lieux et des personnages qui ressemblassent à mes dessins.

Je ne connaissais rien sur le cinéma. Je me suis lancé la tête la première dans un travail où il me fallait inventer tout. Mon but était de ne pas faire un film, mais un poème, d'employer la machine, non pas à raconter une histoire, mais à me confesser, à dire par images ces choses qui habitent notre nuit profonde et que nous ne nous formulons qu'au bord du rêve. Si c'est une histoire, c'est une histoire à dormir debout, puisque c'est en dormant debout que j'ai mené ce travail à l'époque. Les images et les idées s'enchaînent selon la logique implacable d'un monde intérieur où la logique conventionnelle ne fonctionne plus.

Inutile de vous dire qu'à votre âge on a l'esprit de contradiction poussé à l'extrême. J'étais plus près de votre âge que du mien et je n'aimais pas contredire. Je contredisais d'instinct. Par exemple vous remarquerez la lenteur et la durée des images que j'opposais à la vitesse américaine, à la trépidation.

Ce film ne présente aucun symbole. Il ne procède que par allégories et il est possible que ces allégories vous demeurent souvent aussi obscures que le premier sens des armes, des blasons et même des noms de vos familles. Il n'en reste pas moins vrai que ces armes et que ces noms restent chargés d'un sens qui leur confère du prestige.

Le Sang d'un poète, lorsqu'il fut représenté, provoquait des scandales. La génération qui vous précède le considérait comme une insulte au bon sens. Aujourd'hui, ce film a ému tant de jeunesse (on le passe à New York en exclusivité depuis trois ans), il a été l'objet de discussions si passionnées dans les universités et les écoles de cinéma que je n'hésite pas à vous faire confiance.

Ne cherchez pas à comprendre – c'est un grand défaut de notre pays. Cherchez à sentir et tâchez de vous mettre à une époque où un voyage dans l'inconscient paraissait aussi fou qu'un voyage dans la lune. Je vous signale que certains passages du film sont devenus étranges parce qu'ils étaient prophétiques. Ainsi quand la Muse fait appeler son équipage – vers la fin cet équipage est un taureau – (l'enlèvement d'Europe) mais sur ce taureau Europe devient l'Europe et les taches de l'animal offrent le spectacle terrible de l'Europe déchirée, démembrée, tachée de boue.

Je cède la place aux images. Vous allez voir le poète mourir plusieurs fois et les mésaventures douloureuses de la solitude et de la gloire. (Texte prévu pour une présentation parlée du film en 1950.)

Chers amis,

Je ne tenais pas à laisser passer mon film dont il ne reste qu'une très mauvaise bande alors qu'il existe un négatif impeccable. Mais hélas ! des affaires compliquées comme il ne s'en trouve que dans le monde du cinématographe ne me permettent pas d'obtenir une copie propre. En outre, je vous signale que j'ai tourné ce film à l'origine du parlant, presque seul et tenu d'inventer ma technique. Je n'appartenais et m'efforçais de n'appartenir à aucune école. Confondre ce film avec un film surréaliste serait une faute grave, aussi grave pour les surréalistes dont je respecte les entreprises, que pour moi.

Laissez-le donc dans la solitude où il baigne, et qui est, du reste, son signe particulier.

LA BELLE ET LA BÊTE

Rochecorbon, 27 août

Un conte de fées possède un climat spécial et qui ne ressemble à aucun autre. Tout baigne dans une atmosphère très précise et très merveilleuse qui ne permet pas le moindre vague. Il importe que l'invraisemblable soit cru par la force de l'image et que les grandes personnes qui composent le public retrouvent la bonne foi des enfants. À vrai dire le public idéal est un enfant, un seul, qui ne préjuge pas et qui se laisse convaincre sans se défendre contre lui-même.

On s'est beaucoup demandé si le metteur en scène d'un film en était l'auteur véritable. N'exagérons rien. Sans histoire et sans texte, le metteur en scène ne brille pas. Mais il est exact que, partant sur de bonnes bases, un film appartient au metteur en scène et ne relève que de son mécanisme. C'est la raison pour laquelle je décide d'assumer la responsabilité totale de *La Belle et la Bête*. Il y a un an que mes bases sont prêtes. Reste à écrire pour l'œil et à traduire visuellement le conte dans ma propre langue. Inutile de dire que l'entreprise serait impossible sans une équipe de premier ordre, depuis les vedettes jusqu'au dernier machiniste. Cette équipe, je l'ai.

En outre, l'objectif enregistre l'impondérable. L'amour du travail, la bonne humeur, la fièvre sont aussi nécessaires que les décors et l'électricité. J'écris ces lignes dans une basse-cour, sous un ciel couvert de Touraine. Nous attendons, nous attendons le caprice du ciel, nous attendons le soleil. Josette Day (la Belle), Mila Parély, Nane Germon, Michel Auclair (ses sœurs et frère), Jean Marais (leur camarade), Marcel André (le père) campent, maquillés et bariolés, au milieu des poules, des canards, des projecteurs, des caisses, des tables de maquillage. Au milieu de cette halte de romanichels, la vie du petit manoir continue son rythme, comme si nous étions les fantômes invisibles d'une autre époque, celle de Vermeer de Delft. (*Le Monde illustré*, 8-9-1945.)

Je crois bien que c'est ce conte de *La Belle et la Bête* qui a le plus frappé mon enfance. Et c'est à tel point que je le transformai, l'allongeai, le compliquai sans le savoir. Je rêvais d'en faire un livre, une pièce, un film. Et je ne le relisais pas, par crainte d'être déçu. Je le retrouvai, en 1939, sous la couverture prestigieuse de la Bibliothèque rose. Il y voisine avec les contes de Perrault. Ce voisinage est cause qu'on oublie souvent son auteur : Mme Leprince de Beaumont, pour l'attribuer à celui de *Peau d'Âne*.

Je n'avais rien à craindre. Mon imagination dramatisait ce chef-d'œuvre sans en omettre un détail, mais le conte, illustré de vignettes exquises, était mille fois plus beau dans sa simplicité, sa brièveté, ses surprenantes perspectives. Une pièce me limitait trop. Je décidai de prendre le conte comme point de départ d'un film et de remplir ses marges avec des actes qui ne briseraient pas sa ligne droite, mais qui s'enrouleraient autour.

Restait de conserver le style inimitable des contes de fées, la naïve audace de leur langue et de traduire ce style en images. Restait de trouver des artistes susceptibles de lui donner des figures et des voix, des costumes et des décors qui eussent cet air normal exigé par l'invraisemblable, lequel ne supporte pas la moindre invraisemblance et impose des lois beaucoup plus sévères que le réalisme. *La Belle et la Bête* est un conte de fées sans fées, un conte humain très tendre et très cruel dont le postulat : « Vous m'avez volé mes roses, vous méritez la mort », annonce dès le début qu'il importe de croire certaines choses sans essayer de les comprendre. C'est le domaine de l'enfance. Elle croit ce qu'on lui montre. Elle n'oppose pas aux faits, si étranges soient-ils, cette incrédulité néfaste des grandes personnes. Et la seule chance du cinématographe, c'est d'imposer quelquefois encore à ce public qui a perdu l'enfance une hypnose comparable à celle de la lanterne magique ou des images d'Épinal.

Le travail du film est un travail d'équipe. Or, comme il importe de travailler seul, je veux dire d'imprimer au film une certaine pente singulière, bonne ou mauvaise, le premier travail sera le choix d'une équipe amoureuse de l'entreprise et capable d'en épouser à toute vitesse les moindres circonvolutions. Christian Bérard fournirait à Moulaert (décors) et à Escoffier (costumes) les idées, les trouvailles, les formes et les couleurs dont les rapports mystérieux n'appartiennent qu'à ce gaucher de génie (Christian Bérard n'emploie jamais la main droite). Je dirigerais la mise en scène. Pour ce travail, je n'aurais pas à proprement parler d'assistant. René Clément serait mon conseiller technique. Clément, le chef opérateur Alekan, Ibéria (monteuse) et moi ne ferions pas une seule prise de vues sans l'avoir d'abord discutée ensemble. Nos interprètes collaboreront également à l'entreprise par leur bonne grâce et leur désir de sauter les obstacles qu'un sujet pareil accumule le long de leur route.

J'ai choisi Josette Day parce que j'admire qu'en la décapant, et en dévoilant son vrai caractère, on se trouve en face d'un véritable personnage des illustrations de Gustave Doré.

Jean Marais jouera trois rôles. Celui qu'il préfère est son rôle de la Bête, où les avantages physiques qui handicapent toujours un jeune acteur ne risquent pas de le desservir.

Georges Auric ajoutera cette musique à celles, merveilleuses, du *Sang d'un poète* et de *L'Éternel Retour*. Notre époque rend un travail de film presque insurmontable. Il est vrai que le problème d'argent excite le poète et l'oblige à suppléer par la richesse d'esprit à la richesse tout court.

Remercions M. Paulvé, M. Darbon et M. Bertroud, sans lesquels ce vieux rêve et ces préparatifs d'une année resteraient lettre morte.

P.-S. – Je m'aperçois que je ne vous ai pas parlé du sens profond que pouvait présenter le film ni de sa vertu d'enseignement. J'avoue que je me refuse à de tels préparatifs. Je préfère la force secrète qui se dégage d'un homme à son prestige de beau parleur. Il en va de même pour une œuvre dont la poésie doit se dégager toute seule, sans que le poète la prémédite. S'il la préméditait, il ferait une de ces œuvres « poétiques » où la poésie se refuse et ne fonctionne pas. Pour dégager le sens profond du conte de Mme Leprince de Beaumont (conte qui s'adresse davantage aux grandes personnes qu'aux enfants), je préconiserai une méthode qui ressemble à celle de l'ébéniste : construire une table solide. Je laisse à d'autres le soin d'y manger, d'y écrire, d'y jouer aux cartes, de la faire tourner et parler s'ils le veulent. Une œuvre de poète doit être un véhicule qui permette à certains fluides de se répandre, à certaines ondes de s'épanouir. Un point, c'est tout. (*Plaisir de France*, n° 112, septembre 1945.)

Je ne crois pas qu'il existe un métier plus distrayant et moins monotone que celui de metteur en scène. Qu'est-ce qu'un metteur en scène ? Après le travail que je fais depuis plusieurs mois, je le constate : c'est une équipe. Notre rôle consiste à grouper, à aimer, à intéresser, à conserver intact ce feu sans lequel les prises de vues ne seraient que cendres.

Quelquefois, parmi cette grande machine de lumières, de vacarmes, de désordre, je me demande si c'est moi qui dirige le travail ou si le travail me dirige, accélérant sa vitesse étrange sur une pente de plus en plus raide.

Clément, ma main droite ; Ibéria, ma main gauche ; Alekan, l'opérateur ; Tiquet, son cameraman ; Lucile, ma script ; Bérard, lequel métamorphose les meubles et les étoffes ; Aldo, photographe, me donnent la sensation d'être mus par mes nerfs et par mes ondes. Je ne parle pas des artistes, Josette Day et Jean Marais en tête, à qui je m'efforce d'indiquer le moins possible, tellement l'atmosphère où ils baignent les inspire et les empêche de perdre leur route.

Mais quelle lutte cela représente ! Lutte contre l'électricité, contre les arcs qui grésillent, contre les maladies sournoises de la fatigue, contre les maquillages qui coulent, contre le son qui enregistre des bruits intempestifs, contre la conscience du chef opérateur qui veut rectifier un éclairage, contre la pellicule mauvaise qui refuse les contrastes, contre le laboratoire qui se trompe d'intensité, lutte de chaque seconde et qui épuise, car, pendant une prise de vues, le cœur cesse de battre entre le mot moteur et le mot stop.

Un film n'appartient ni au passé, ni au présent, ni à l'avenir. Il se borne dans un temps qui lui est propre et qui ne s'analyse pas.

En ce qui concerne les dialogues, je trouve qu'ils ne doivent pas jouer un trop grand rôle et que les actes les remplacent avec avantage.

Encore faut-il que cette économie soit soumise au rythme interne de l'histoire. Dans *Les Dames du bois de Boulogne*, je n'étais que le serviteur amical de Robert Bresson, qui voulait un dialogue sec et proche du style de Diderot. Son film étant un film moderne, je devais transposer ce style et conserver, hélas ! peu de phrases de Diderot. La seule réplique introduite exactement n'était pas de Diderot mais de Pierre Reverdy. Elle se trouve dans une pièce non encore représentée. « Il n'y a pas d'amour. Il n'y a que des preuves d'amour. » Elle figure dans *Les Dames du bois de Boulogne*, comme un hommage à ce grand poète et à ce grand ami.

Dans *La Belle et la Bête*, on parle peu. C'est un conte. Il importe que les personnages aient davantage l'air d'être racontés par l'auteur que de se raconter eux-mêmes. Le silence, la musique, le vent, les robes qui traînent accompagneront la merveilleuse aventure que Mme Leprince de Beaumont ajoute à celles de Perrault dans le livre de la Bibliothèque rose.

Jamais la France ne célèbre assez l'aide extraordinaire que nous apportent les machinistes et les électriciens du cinéma. Cette main-d'œuvre joyeuse, sérieuse, précieuse, rapide, aérienne, remplace chez nous le clairon mécanique de Hollywood. Il faudrait le comprendre et ne plus traiter, par exemple, les véritables chefs d'orchestre du son comme de simples manœuvres.

La liste des réformes qui s'imposent est trop longue.

Contentons-nous d'imiter les enfants qui savent le secret de manier les jouets misérables de telle sorte qu'ils deviennent les plus beaux jouets du monde. (*Carrefour*, 19-10-1945.)

Les innombrables critiques faites à mon film *La Belle et la Bête* ne m'ont pas choqué. Je m'y attendais. J'en ai une longue habitude. La plupart viennent d'un manque de recul, de la hâte avec laquelle le cinématographe accoutume les yeux et les oreilles à voir et à entendre distraitement ce qui exige une attention profonde, d'un oubli total du style des légendes françaises. Un des articles les moins désinvoltes me reproche le triple rôle de Jean Marais. Il faut donc que je m'en explique.

Ce triple rôle démontre combien est naïf le monde des fées et pourquoi il ne s'approche plus de nos personnes. Les fées (qui agissent en marge de mon film) s'aperçoivent que Belle est éprise d'Avenant, jeune homme indigne d'elle. Elles croient que Belle aimera la Bête si la Bête a le regard d'Avenant. Elles croient punir Avenant, qui cherche à tuer la Bête, en lui donnant sa laideur. Elles croient récompenser la Bête et la Belle en donnant à l'une la beauté d'Avenant avec, en plus, la noblesse de la Bête et que ce mélange sera le prince des rêves de l'autre. Fées naïves !

Comme les jeunes filles en 1946 qui assistent à mon film et qui m'écrivent, Belle préfère la Bête au prince. « Vous êtes heureuse ? » lui demande-t-il. Et elle répond : « Il faudra que je m'habitue. »

Mais ce mariage est possible parce que Avenant, la Bête et le prince ne forment qu'un. Sinon Belle prendrait la fuite en face du bel inconnu. Une grande énigme groupe les trois hommes qui l'approchent. Sans cela le film ne serait qu'une image d'Épinal.

On parle de la lenteur de mon film. Or, si le cinématographe n'admet pas la lenteur, ce n'est pas un art. Et c'en est un. Ma lenteur n'en est pas une, c'est un rythme. Pendant que je tournais, je me chantais sans cesse le menuet de Lulli du *Bourgeois gentilhomme*. Sa pompe, ses syncopes, sa singularité solennelle me communiquent une sorte de terreur sacrée, me projetant aussi loin dans le temps qu'un documentaire sur les danses de l'Afrique du Sud dans l'espace.

Il faudrait que les critiques ne considèrent pas seulement le cinématographe comme une distraction, qu'ils puissent retourner à un film et l'étudier, ne serait-ce, en ce qui concerne le mien, que pour découvrir la sublime musique de Georges Auric qui l'accompagne, pour s'apercevoir de la grâce miraculeuse avec laquelle se meut Josette Day, la grandeur pleine de réserve avec laquelle Jean Marais exprime la souffrance animale de ce rôle d'infirme. Tout cela, y compris le style moliéresque des sœurs, l'équilibre entre les membres de cette famille, le relief inconnu des images d'Alekan et pas mal d'autres choses, est resté lettre morte pour ceux qui devraient être les témoins à décharge du procès qu'on nous entame depuis des siècles.

Comment se fait-il que le vrai public, que les âmes les plus simples lisent tous ces secrets à livre ouvert et nous les racontent en d'innombrables lettres qui feraient la fortune de la critique ?

C'est à cette foule que je m'adresse et que j'exprime ma reconnaissance.

Vous connaissez Josette Day, Nane Germon, Mila Parély, Jean Marais, Marcel André, Michel Auclair ; vous connaîtrez Alekan et Clément qui viennent de faire l'admirable *Bataille du rail* ; vous me connaissez peut-être ; mais connaissez-vous Aldo, Tiquet, Foucard, Letouzey, Lucile Costa, Ibéria, Volper, Jacques Lebreton, Chevalier, Vandenbruck, Henri Proust, Molies, Raymond Mairesse ? Connaissez-vous Pouboula, qui pêche des voix à la ligne et demande à l'invisible, au mystérieux Gaboriau de lui « envoyer la cloche » ? Et tant d'autres que je voudrais nommer et dont la liste serait trop longue ? C'est l'équipe. Mon équipe qui m'appelle « mon général » et que j'aime comme je suppose qu'un général aime ses troupes.

Jamais nous ne parlerons assez de ces vedettes de la coulisse, car la coulisse n'existe pas au cinématographe, puisqu'un film compose sa solitude d'astre au milieu d'une foule qui se presse en désordre jusqu'à la dernière limite du champ visuel de l'objectif. Foule et bric-à-brac qui s'arrêtent juste à certaine ligne idéale où le décor s'organise, flambe, où les acteurs passent brusquement du naturel au surnaturel et doivent cinq, six, sept fois de suite recommencer ce prodige.

Au bord du drame, c'est la table de la « script-girl », les électriciens qui tiennent des contreplaqués sur des arcs, l'enchevêtrement des câbles, la perche du percheman, les maquilleuses et les photographes qui guettent la fin de la prise pour se disputer les artistes. Au-dessus du drame, ce sont les pieds qui pendent des passerelles, une véritable jungle de planches et de ferraille où voltigent les acrobates de la lumière. Au-dessous du drame, les machinistes qui cognent, qui démolissent, qui bâtissent, qui peignent et qui doivent s'interrompre dès que la fameuse cloche exige le silence.

Chez nous (je veux dire à Saint-Maurice), le moindre machiniste travaille autant que moi et avec la même fougue. Sans se plaindre, un groupe d'hommes, dont chacun possède une sorte de génie, se livre à des besognes insurmontables, se dépense jusqu'au dernier sou. Rien à craindre. Il n'existe pas de dernier sou dans ce trésor de la France : les ouvriers de notre usine à rêves.

Si je quitte le travail, certain que Clément, Alekan, Tiquet, Ibéria continuent de tracer ma ligne droite, je trouve dans la cour Escoffier qui, avant de les présenter à Bérard, déguise en personnages de Peter de Hoog les camarades qui acceptent de figurer à la taverne. Avec quoi les déguise-t-il ? Avec des loques, des vieilles chemises, des feutres jetés au rebut. Bérard quitte le décor dont il surveille les architectures, et, suivi de sa chienne, fouille dans cette étonnante poubelle. Il en tire ce chef-d'œuvre d'une minute que seul le cinéma permet de prendre au col et de perpétuer.

Mon équipe (je devrais dire ma famille) veut que je me repose et me tend des fauteuils comme des pièges. Pourquoi m'asseoir ? Ne faut-il pas que je circule à travers l'innombrable mécanisme et que je lui communique ma chaleur ?

S'asseoir ? Dormir ? Vivre ? C'est impossible. Un film ne relève ni du passé, ni du présent, ni de l'avenir. C'est un monde fantôme qui nous étouffe et s'imprègne de notre substance. À quelle heure voulez-vous prendre contact avec le dehors ? Le travail nous entraîne à Joinville, au petit matin. Le soir, nous rentrons ivres de fatigue. Nous essayons de dormir, mais, hélas ! le film se déroule dans les ténèbres. Nous le montons et le remontons. Nous le corrigeons et tâchons de réparer nos fautes. Nous avons hâte de nous lever et de retrouver notre rythme, de dérober au vide les belles images qu'il dissimule.

Du reste, il use de tous les moyens pour nous empêcher de les lui prendre. Cette fois, il a bien failli m'empoisonner et tuer une de mes interprètes. Il a fallu m'enfermer quinze jours à l'hôpital Pasteur et, en Touraine, abandonner Mila Parély à la clinique Saint-Grégoire.

Peu importe. Le cinématographe nous enseigne le courage et la patience. S'acharner, attendre, s'acharner, attendre, voilà en quoi consiste notre école. La merveille, c'est que l'actualité ne nous atteint plus et que son vacarme ne pénètre pas notre province magique. La projection de sept heures est le seul spectacle permis. Inutile de dire que toute personne appartenant à l'équipe a le droit d'y assister et de juger le résultat de son travail.

Et je songe au machiniste de Pagnol qui ne s'est jamais consolé d'une petite secousse de travelling dont il était responsable. Il en mourait de honte. Il refusait de voir le film. Il en parle encore. Il dit : « C'est l'année de ma secousse de travelling. » (Almanach *Paris-Cinéma*, 1946.)

La grande difficulté de la mythologie (et la féerie n'est-elle pas la mythologie française ?) c'est de ne pas froisser l'image fort vague que chacun se forme de ses héros ! L'enfance se forge un monde dans lequel il importe d'entrer avec une extrême délicatesse.

Lorsque j'envisageai de faire un film de *La Belle et la Bête*, je me reportai d'abord à l'âge où je lisais le conte de Mme Leprince de Beaumont, à plat ventre dans ma chambre de malade, sous la couverture de la Bibliothèque rose. La Bibliothèque rose, son cartonnage théâtral rouge et frappé d'or fut le premier rideau de théâtre que nous vîmes se lever sur des spectacles d'ombre et de lumière. Si je ne m'abuse des vignettes décoraient le conte dont je parle. On y voyait une bête à cornes et à griffes adossée au fauteuil de la Belle, peu différente, sauf par la robe, des demoiselles de Rose Long et de Sophie Fichini. Mais il y en avait d'autres et c'étaient celles de notre imagination. Elles furent innombrables. La bête surgissait des massifs d'un jardin et terrifiait le marchand qui tombe à genoux après avoir cueilli une rose. La bête rôdait dans les couloirs et Belle mourait de peur dans sa chambre. Belle bravait la bête et la pauvre bête pleurait.

Conte qui ressemble fort peu au monde où nous sommes, à sa foudre et à ses horreurs. Mais peut-être y a-t-il quelque chance d'en sortir par la porte interdite, la porte secrète qui ouvre sur nous-même, en nous-même, un nous-même qui ne se révolte plus contre son enfance et découvre que les événements qui firent de nous de grandes personnes relèvent encore de cette mauvaise habitude qu'a l'enfance de casser tout.

La Belle et la Bête est un conte de fées où les fées n'apparaissent pas, ce que j'aime, car lorsque les fées apparaissent elles disparaissent vite et ne reviennent plus. Mieux vaut les imaginer déguisées en objet et surveillant nos actes. C'est ici que je touche du doigt la difficulté de mon entreprise et l'apport extraordinaire de Christian Bérard. Chaque objet de ce film devait être fée, provoquer en nous quelque résonance et un malaise agréable. Les costumes devaient avoir ce style qui n'appartient qu'aux contes mais qu'ils perdent s'ils se veulent cocasses et ne se soumettent pas au réalisme impeccable de l'irréalité.

La grande réussite de Bérard, car pour la mienne je me garde et crains d'avoir fait fausse route, c'est le tact avec lequel aidé de Moulaert et de Carré, aidé par les ouvrières étonnantes de chez Paquin et par des voyages continuels entre des livres de Vermeer de Delft et de Gustave Doré, il habilla mes personnages de telle sorte qu'en Touraine ils devinrent les véritables habitants du petit manoir où nous tournions, alors que le propriétaire et mon équipe y devenaient des fantômes.

La féerie, je le répète, est un style: une bête y peut dire *« Je sais que je suis très horrible »* et non pas *« Je sais que je suis horrible »*. Tout tient à un fil, il n'était pas commode de manier ce fil sans le rompre dans l'état actuel du cinématographe. Ce n'est un secret pour personne. Il est au pire. Sans les ouvriers qui inventent et construisent génialement ce qui manque avec des planches et des clous nous n'irions pas à la fin de nos entreprises.

En outre j'étais malade. Mais je ne conserve du studio de Saint-Maurice que des souvenirs merveilleux. J'inventais, je construisais, je tournais, je montais, bref avec Ibéria comme gouvernante, je me retrouvais dans mes chambres de rougeole, de coqueluche, de scarlatine et j'y collais des images.

Les seuls à plaindre dans un film sont les acteurs. Ils nous appartiennent et ne peuvent rien faire à leur guise. Josette Day décolletée mourait de froid. Jean Marais couvert de poils et de cornes attendait ses quatre mots de texte. Ils se rattrapent au Gymnase où ils redeviennent libres et où c'est mon tour de leur appartenir.

En ce qui me concerne, je plaide coupable. J'ai fait beaucoup de fautes. Mais qui pourrait nous en vouloir de ces fautes et de celles de mes collègues ? Le cinématographe débute. Il a mon âge. C'est vieux pour un homme. Jeune pour un art, si on songe à la vieillesse de la peinture, de la sculpture, de la musique et de l'imprimerie. Attendez la couleur, le relief, les fautes nouvelles et, à la longue, la possibilité d'employer enfin le cinématographe sans s'entendre dire chaque minute qu'il est cher et qu'il s'adresse aux masses. Il faudra bien qu'il se singularise comme les autres arts. L'exclusivité (qui n'en est pas une) souillera ses pièges. Les films « à petit tirage » se projetteront dans une salle semblable à celle des Ursulines. Et si le film en déborde tant mieux. Il ira directement, sans passer par la grosse élite qui préjuge, au gros public qui ne préjuge pas.

Et maintenant je ne dirai jamais assez ma reconnaissance pour les techniciens du cinématographe. Ils pouvaient me regarder de travers. J'arrivais au milieu d'eux avec l'amour instinctif d'un métier dont ils possèdent les méthodes. Je n'ai rencontré partout que bonne grâce, entraide, gentillesse. Notre directeur de production Émile Darbon m'a soigné et me soigne encore sur la montagne de neige où j'écris ces lignes. Aucun de ces hommes, rompus à l'exercice, ne s'est moqué de mes recherches ou de mes faux pas. Le laboratoire de Saint-Maurice a supporté mes visites de maniaque. Bref, si j'ai pu donner corps à mon rêve, c'est parce qu'ils l'ont bien voulu.

rquoi j'ai tourné *La Belle et la Bête* ?

...toujours et depuis l'enfance rêvé de *La Belle et la Bête*. Le conte de Mme Leprince de Beaumont, souvent attribué à Perrault, voisinait avec les siens sous la prestigieuse couverture de la Bibliothèque rose. Je voulais le dessiner, le peindre, le porter à la scène. En fin de compte, le cinématographe m'apparut comme la seule machine capable de donner corps à mon rêve. Il existe un style des contes de fées. Il est inimitable. Il importe de s'y soumettre. Il me fallait donc une équipe légère, attentive, capable de comprendre que le mystère à ses règles, que l'invraisemblable exige une vraisemblance. Mon premier soin fut de la réunir. Ensuite le travail devenait une fête de famille, un arbre de Noël d'ombres et de lumières. Sans cette équipe, sans Bérard et sans Auric, je ne pouvais rien. (*Spectateur*, 18-6-1946.)

Le métier d'acteur est terrible parce qu'il consiste à faire disparaître le travail au bénéfice d'une apparente facilité. Plus l'acteur est grand, plus son travail s'estompe, plus il a l'air de vivre et d'imposer son rôle, moins le public se rend compte de son immense effort. La salle est un monde, la scène en est un autre. Ces deux mondes sont divisés par la rampe, flamboyante et mystérieuse comme l'épée de l'archange. Après le spectacle, le rideau rouge sépare définitivement les vagues du public qui s'écoule sans un regard vers le naufrage des coulisses pleines d'épaves somptueuses où les machinistes s'accrochent, d'agrès qui s'embrouillent, de perspectives qui se chevauchent, d'ombres qui chavirent.

Car les coulisses d'un théâtre pas plus que les plateaux d'un studio ne sont le lieu de plaisir que l'on rêve, mais une petite usine où les émotions s'accumulent et se reforment chaque soir. Que de discipline ! Chaque soir nos médiums admirables communiqueront à la salle ou à l'écran leur hypnose et incarneront des personnages d'ombre, d'encre et de papier.

Lorsque j'écrivais *La Belle et la Bête*, j'essayais de faire le film que j'imaginais, à l'âge où je n'allais pas encore au cinéma ou au théâtre, à travers le départ mystérieux de mes parents et les programmes qu'ils déposaient dans ma chambre.

Pour *La Belle et la Bête*, comme pour *Les Parents terribles*, mon seul conseil à Jean Marais, après la lecture de son rôle, fut de jouer comme les acteurs qu'il n'avait pas connus et dont il essayait de se représenter le prestige. Sans doute est-ce à cette méthode qu'il doit de jouer avec fougue, d'être excessif, à la limite de ses forces, et de surprendre par une rupture violente avec le style « moderne ». Le triomphe qu'il a remporté dans ma pièce et qu'il remporte dans mes films vient, certes, de dons particuliers, mais il s'ajoute à ces dons du ciel une volonté de vaincre des habitudes d'hier et d'imposer une maladresse de gros chien et des excès de fauve.

Beaucoup de personnes crurent que ses rôles le servaient et lui permettaient de suivre sa pente. C'est inexact. Rien de plus difficile, pour le comédien, que d'interpréter des personnages qui lui ressemblent. « Lorsque je joue une mère, me disait Réjane, il me faut oublier que je suis une mère, et que j'adore mon fils et ma fille. » (*Films pour tous*, n° 15, 23-7-1946.)

J'ai tant écrit sur *La Belle et la Bête* que je n'ose ajouter une ligne, sauf pour dire ma gratitude à mon équipe et à André Paulvé sans lequel le film n'existerait pas. (*Films pour tous*, n° 23, 17-9-1946.)

Paul Éluard a dit que, pour comprendre mon film, il fallait aimer mieux son chien que sa voiture. Après cela il ne reste plus grand-chose à dire. Mais puisque ce film pose des problèmes et que j'ai lu tant d'erreurs sur son compte, je me décide à m'expliquer un peu. Les Lettres françaises sont fort malades. Elles digèrent difficilement la littérature américaine mal traduite qu'elles dévorent et les Américains seraient fort étonnés d'apprendre la haute estime qui les fait mettre au pinacle des œuvres que l'Amérique considère comme des œuvres mineures auxquelles elle n'attache pas grande importance. Ne soyons pas trop sévères. Car le phénomène inverse se produit souvent et il arrive que l'étranger reçoive et adopte de nous des livres que nous ne tenons pas non plus en grande estime.

En outre c'est la mauvaise traduction de ces livres américains qui charme le snobisme actuel et flatte une pente de plus en plus rapide à lire très vite et très distraitement les textes, à n'y chercher que des événements pittoresques. On comprendra que d'une nation à l'autre ce pittoresque ne joue pas de la même manière et que les choses qui semblent toutes naturelles à l'une semblent extraordinaires à l'autre. Je mets sur le compte de cet angle de vision le succès, par exemple, des films de cow-boys chez nous et de *La Femme du boulanger* de Pagnol en Amérique. Ajouterai-je qu'en France, où la jeunesse n'achète plus de livres (trop chers ou trop rares), un véritable gouffre s'est creusé entre hier et aujourd'hui et que le naturalisme si péniblement imposé par les Goncourt et par Antoine en 1889, vaincu par le symbolisme, le cubisme, le dadaïsme, le surréalisme enfin, recommence à fleurir dans ses ruines et que toute une jeunesse qui ne s'en doute pas croit inventer une forme d'art définitive et d'autant plus séduisante qu'elle exige un moindre effort ?

Nous venons de voir se produire des prodiges assez curieux dans ce sens. Ne seraient-ce que les derniers films italiens, films que l'Italie méprise et qui nous charment par un naturalisme lyrique, une sorte de plus vrai que le vrai, dont *Païsa*, le film de Rossellini, reste l'exemple type.

C'est à cause de *Païsa* en ce qui me concerne, à cause du *Sang d'un poète* en ce qui concerne Rossellini, que nous décidâmes de collaborer et de faire avec Mme Magnani cette *Voix humaine* dont elle est l'unique et admirable interprète.

Le film français traverse une crise fort curieuse. Les producteurs voyaient jadis dans l'esprit et la poésie même un moyen de faire fortune par notre entremise. Notre circuit de distribution de moins en moins large, la hausse des prix et le prix des places des salles de cinéma qui restait le même, amenèrent peu à peu les hommes d'affaires du cinéma à devenir des mécènes, et des mécènes de mauvaise humeur, on le devine.

À l'heure actuelle un film qui dépasse le style moyen n'est plus rentable en France et, sauf pour certaines grandes entreprises où le prestige est en jeu, la production va se trouver en panne et les studios vides.

En outre une des grandes difficultés d'un poète en face du travail cinématographique c'est le rapport immédiat que le cinématographe exige.

Un livre peut attendre. Une pièce peut échouer. Un film doit plaire et il importe de mettre en œuvre plusieurs forces conjointes qui nous permettent de déplaire et de plaire à la fois. Il est sans exemple que le neuf ne déroute pas les esthètes, les critiques et la foule, paresseusement habitués à certaines formules, et que la moindre entorse à ces formules réveille en sursaut de la manière la plus brutale et la plus désagréable.

La seule chance d'un film, c'est que la foule, moins sourde et moins aveugle que nos juges, je devrais dire plus enfantine, plus apte à se laisser convaincre, peut ne pas obéir au veto du tribunal des Lettres et, comme il est advenu pour *La Belle et la Bête*, voir naïvement et amoureusement ce que des œillères cachaient à *l'intelligentsia* d'une capitale.

Bref lorsque je décidai de faire un film qui serait une féerie et qu'entre toutes les féeries je m'arrêtai à la moins féerique, c'est-à-dire à celle qui profiterait le moins des facilités offertes par la technique moderne du cinématographe, il va de soi que je savais marcher à rebrousse-poil, à contre-courant et que je m'opposais, une fois de plus, à la mode.

Au réalisme j'opposerais la vision schématique et un peu grosse des personnages de Molière (dans le début du film), à la féerie telle que les gens la conçoivent, j'opposerais, par contre, une sorte de réalisme qui la sortirait du vague, des vapeurs, des surimpressions et autres méthodes désuètes.

Le fil conducteur de l'œuvre serait la continuité du type que les femmes poursuivent, sans le savoir, en croyant changer d'amour et la naïveté des fées (ou de ceux qui les inventèrent) qui s'imaginent que ce type se perfectionne jusqu'à la beauté conventionnelle. Mon but était de rendre la Bête si humaine, si sympathique, si supérieure aux hommes, que sa transformation en prince charmant soit, pour la Belle, une déception terrible et l'oblige, en quelque sorte, au mariage de raison et à un avenir que résume la dernière phrase des contes de fées : « et ils eurent beaucoup d'enfants ».

Je devais donc décevoir du même coup le public et la Belle et je m'appliquai sournoisement à obtenir de mon chef opérateur Alekan qu'il photographiât Jean Marais, en prince, dans un style fade, pour que le tour pût être joué. Ce qui advint.

Innombrables sont les lettres de femmes, de jeunes filles, de petites filles, d'enfants, qui m'écrivent ou écrivent à mon interprète pour se plaindre en 1947 de cette transformation et regretter la pauvre Bête qui leur eût fait horreur à l'époque où Mme Leprince de Beaumont écrivit le conte.

Lorsque Mme Leprince de Beaumont publia *La Belle et la Bête*, elle était une pauvre institutrice en Angleterre et je suppose que la source de l'histoire est écossaise.

Les Anglo-Saxons manient l'étrange, l'effroi, mieux que quiconque et, en Angleterre, on raconte souvent que des lords, aînés d'une grande famille, héritiers du titre, étaient des monstres qu'on cachait dans la chambre de quelque château.

Je fonde un grand espoir sur la clairvoyance américaine en cette matière pour trois raisons :

1. C'est le pays d'Edgar Poe, des clubs secrets, des mystiques, des fantômes, d'un admirable lyrisme musical qui court les rues.
2. L'enfance y est plus fraîche, plus préservée dans l'âme des hommes que chez nous où ils s'exercent à la perdre et à la considérer en tant que faiblesse.
3. Ce qui, d'Amérique, influence la littérature française est déjà vieux et dépassé en Amérique et l'Américain cherche autre chose que ce qui nous étonne et ne l'étonne plus.

Voilà les grandes lignes de ce qui m'a poussé dans une expérience que je ne renouvellerai pas, car une expérience doit être unique, et je la compare une fois encore à la projection d'une graine qui tombe dans un terrain favorable ou défavorable et qui vole où elle veut.

C'est beaucoup plus qu'une voix qu'il faudrait vous faire entendre. C'est tout le parcours que cette voix traverse, tout ce parcours obscur de l'organisme humain compliqué comme le cor de chasse. Bref c'est le bruit du cœur qu'il faudrait qu'elle répercute et qu'elle vous apporte jusqu'à le rendre audible et visible ainsi que dans mon vieux film *Le Sang d'un poète*, où le public l'entend remplir la salle et le voit soulever en mesure le revers du héros.

Car c'est la grande tristesse de n'être pas à Prague que cette voix exprime, ma grande tristesse d'être ailleurs qu'où elle vous parle, ma grande tristesse de ne pouvoir prendre les mains de Nezval, de Hoffmeister et de Kopesky, de les secouer et de leur faire comprendre, par le contact, avec quelle chaleur je désirais cette rencontre et avec quelle mauvaise grâce j'y renonce à cause de mon travail. Le travail ! C'est la seule excuse que j'ose formuler de mon absence. Ce travail qui me travaille, qui ne me lâche jamais, qui me donne ses ordres et qui se moque pas mal de mes désirs et de mes plaisirs.

J'ai eu beau essayer de lui faire comprendre que Prague était un lieu de travail et que j'y visiterais les usines où le cinématographe arrive à mettre nos rêves en conserve, j'ai eu beau lui dire, à ce travail, que la magnificence de votre ville serait le ban de nouvelles entreprises – rien n'émeut ce maître dont nous sommes le domestique qui nous méprise et qui ne nous écoute même pas.

Je sais bien que *La Belle et la Bête* c'est encore ma voix que vous allez entendre et que, derrière l'écran, c'est moi qui conte le conte et que j'ai voulu que les personnages n'agissent que dans la mesure où ils appartiennent au verbe. Je sais bien que vous comprendrez que ce film s'oppose au style dit de cinématographe et ne cherche qu'à exprimer coûte que coûte et lentement, comme l'exige l'enfance attentive et maniaque, des actes très simples dont la poésie ne me regarde pas davantage que le spiritisme ne préoccupe l'ébéniste en train de construire une table.

Je sais bien que vous remarquerez que j'économise les paroles et que si le film que je vous présente dépasse ses propres limites c'est par le mystère de la transfiguration.

En effet, que pensent les fées naïves, ou ceux qui les inventèrent? Avenant est beau, la Bête est laide. Avenant est un mauvais garçon, la Bête une bonne bête. Un mélange des deux fera Belle heureuse par l'entremise d'un être parfait : le prince charmant. Voilà ce que pensent les fées.

Elles se trompent, et vous verrez, je suis sûr, que Belle devinait dans Avenant les yeux de la Bête et qu'elle aimait la Bête et que le prince charmant brise l'aventure et qu'il va lui falloir vivre en famille et avoir, comme disent les contes, beaucoup d'enfants.

Depuis mon enfance j'étais fasciné par *La Belle et la Bête* qui voisinait avec Perrault sous la couverture rouge et or de la Bibliothèque rose.

J'y trouvais naturel ce qu'il y a de surnaturel et je le trouve encore. J'ai tourné ces images sans aucune malice. Bête je devais rester pour être digne de peindre les souffrances d'une bête, et grâce à cela j'ai mérité ce bel éloge de notre poète Paul Éluard : « Pour comprendre ce film, disait-il, il faut préférer son chien à sa voiture. » Ce n'est pas toujours le cas dans les salles où un film commence sa carrière. C'est ensuite qu'il rencontre les âmes qui l'adoptent. Et c'est pourquoi je ne peux me consoler de n'être pas avec ce film à Prague et de ne pas le regarder d'un œil neuf, dans l'ombre, à côté de vous. André Paulvé, Émile Darbon, mes artistes, mon équipe (qui est la même que celle de *La Bataille du rail*), mon décorateur Christian Bérard et mon musicien Georges Auric vous saluent.

Et maintenant fermez les yeux de l'intelligence qui préjuge, ouvrez les yeux du cœur qui ne préjuge pas. Laissez-vous aller. Je raconte. (Enregistré pour la présentation de *La Belle et la Bête* à Prague.)

Chers amis belges,

Il y a une Belle et il y a une Bête. La Belle est une petite campagnarde déguisée en princesse. La Bête est un prince charmant transformé en bête. Il y a une famille qui habite une maison où règne le style de Vermeer. Il y a un château sombre où règne le style de Gustave Doré. Il y a les fées invisibles qui croient que tout est simple grâce à des coups de baguette alors que rien n'est simple et surtout le cœur de jeunes filles simples qui aiment mieux l'aventure que le mariage de raison. Il y a l'énigme d'un regard qui reste le même et qui trouvera son sens dans le ciel. Il y a le mot de Paul Éluard à qui on demande ce qu'il pense de ce film et qui répond : « Pour comprendre ce film il faut aimer mieux son chien que sa voiture. » Il y a les personnes qui jugent les œuvres, qui jugent les personnes. Il y a l'auteur qui raconte, qui s'éloigne, qui regarde, qui écoute et qui ne peut plus se changer en rien d'autre qu'en ce qu'il est. Il y a Jean Cocteau qui vient de vous adresser la parole et qui vous salue. (Présentation de *La Belle et la Bête* en Belgique, le 3 décembre 1946.)

Cher et vénéré Mei Lan Fang,

J'ai toujours considéré l'art du théâtre et du film comme une religion. Et de cette religion j'estime que vous êtes le grand prêtre.

C'est un honneur extraordinaire pour moi que de parler par votre bouche.

Si je n'étais pas né en France, la Chine serait ma patrie. J'aime et je respecte toutes les forces par lesquelles son âme s'exprime. S'il m'arrive de les mal comprendre, je les devine avec mon cœur. Dans *La Belle et la Bête*, je vous ai souvent donné comme exemple à nos artistes et j'ai tâché d'obtenir d'eux le rythme qui fait votre gloire. Le regard de Jean Marais lorsqu'il souffre d'être un animal n'est autre que celui des monstres sacrés de vos légendes. Les gestes de Josette Day sont ceux d'une des princesses de vos estampes. Et si j'avais la chance de plaire chez vous, je pense que j'aurais atteint mon but et je serais si fier qu'il pourrait ensuite m'arriver n'importe quoi. Je répondrais à ceux qui m'attaquent : peu m'importe. Par la bouche de Mei Lan Fang j'ai salué la grande Chine profonde. (Lorsque *La Belle et la Bête* fut présenté en soirée de gala à Shanghai, Mei Lan Fang, le « roi des acteurs », particulièrement célèbre pour ses compositions féminines, lut cette lettre de Jean Cocteau.)

L'Aigle à deux têtes

J'ai eu, cette fois, le dessein de porter à l'écran une pièce de théâtre en lui conservant son caractère théâtral. Il s'agissait en quelque sorte de me promener, invisible, sur la scène, et de saisir les innombrables aspects, nuances, violences et regards qui échappent au spectateur, incapable de les suivre en détail, d'un fauteuil d'orchestre.

Ajouterai-je que j'avais remarqué la force prise par un spectacle de théâtre dès qu'on le regarde à vol d'oiseau, des cintres par exemple, c'est-à-dire sous un angle d'indiscrétion ? Le public, enfermé avec les personnages dans une chambre à laquelle manque un mur, les écoute de plain-pied et sans le caractère mystérieux conféré aux spectacles intimes par la forme capricieuse du trou de serrure.

L'Aigle à deux têtes n'est pas de l'Histoire. C'est une histoire, une histoire inventée, vécue par des héros imaginaires et jamais je n'eusse risqué l'aventure dans le monde réaliste du cinématographe si je ne m'étais appuyé sur Christian Bérard. Il possède le génie de situer ce qu'il touche, de lui donner, dans le temps et dans l'espace, un relief et une apparence de vérité proprement inimitables.

Le film s'inspire d'une époque plus récente que celle du spectacle au théâtre. C'est la jeunesse de Sarah Bernhardt, la découverte par les grandes dames, souveraines ou actrices, du sport en robe à traîne et des bibelots chinois.

Ma reine n'est plus reine. Le roi est mort assassiné le soir de leurs noces. Mais elle règne encore par le prestige qu'elle exerce sur l'imagination du peuple. Elle se cache dans ses châteaux. Elle se voile. Elle ne montre pas son visage. Bref, comme le déclare le ministre de la police, « elle a l'invisibilité encombrante ».

La mère du roi, l'archiduchesse, redoute cette encombrante invisibilité. Son éminence grise, le comte de Foëhn, chef de la police, terrorise de pauvres groupes anarchistes et des familles clandestines qui éclaboussent la reine, lui inventent mille turpitudes.

Un jeune anarchiste sincère et dont on exploite la révolte sera choisi pour tuer la reine, mais sa révolte n'est qu'une forme cachée de l'amour. Sa ressemblance extraordinaire avec le roi Frédéric décide les anarchistes et probablement la police et le comte de Foëhn.

La police organisera une fausse chasse à l'homme et laissera le jeune Stanislas débarrasser le royaume d'une personne qui dérange les intérêts de l'archiduchesse, jalouse d'un pouvoir sur lequel rien n'a de prise. La nuit de son arrivée à Krantz (le château où se rendaient le roi et la reine le soir de leurs noces), la reine, qui s'amuse à scandaliser la cour, donne un bal provincial où elle ne paraîtra pas. Elle charge le duc de Willerstein son officier d'ordonnance et Mlle de Berg sa lectrice, jeune espionne aux gages de l'archiduchesse, de recevoir à sa place.

Pendant le bal, elle soupera dans sa chambre avec l'ombre du roi, en écoutant les valses qu'il aimait.

C'est cette nuit de bal à Krantz que Stanislas, poursuivi par les chiens et les coups de feu de la police, tombera dans la chambre de la reine après une escalade. Il s'y évanouira, la reine le cachera, le soignera, et lui expliquera, en face de son silence buté, qu'elle le traite d'égal à égal parce qu'elle le considère comme sa mort, comme l'ange de la mort. Elle veut mourir mais que le destin en décide. « Vous êtes, lui dit-elle, mon destin, et ce destin me plaît. »

Il importe de tuer vite. Stanislas était un assassin. Il a manqué son coup. Il va lui falloir devenir un héros. C'est moins facile.

Le film montrera les trois jours que la reine et son meurtrier passent ensemble. Car elle prétend l'avoir fait venir, par ce procédé romanesque, pour être son nouveau lecteur.

Le protocole n'existe plus entre eux. La reine se dévoile, bouge, parle, insulte, se fait insulter, se cabre ou baisse la tête. C'est, on le devine, une pente à pic vers l'amour.

Le comte de Foëhn, averti de la tournure prise par les choses, offre à Stanislas d'aider sa politique. Stanislas refuse. Foëhn l'arrête. Il le laisse libre jusqu'au départ de la reine que Stanislas a convaincue de retourner dans sa capitale et de risquer un coup d'État.

Stanislas se rend compte que cet amour est insoluble. La reine amoureuse a jeté dans sa chambre un poison qu'elle ne quittait pas et dont la capsule met un quart d'heure à se dissoudre.

Stanislas s'empoisonne avec et veut revoir la reine. La reine découvre le médaillon vide : elle affrontera Stanislas et décidera de jouer une comédie atroce. Elle l'insultera et lui fait croire qu'elle l'a bafoué, jusqu'à ce qu'il la poignarde.

Poignardée debout, elle parlera et marchera comme le fit l'impératrice Élisabeth d'Autriche à l'embarcadère de Genève. Elle lui avouera qu'elle l'aime. Ils mourront presque à la même minute au moment où la reine allait se montrer, la figure découverte, à son escorte.

Un pareil drame est presque inracontable et inadmissible sans l'entremise des artistes admirables qui lui communiquent la grandeur et la vie. Edwige Feuillère et Jean Marais, acclamés chaque soir dans leurs rôles de la pièce, s'y surpassent à l'écran et nous livrent d'eux-mêmes tout ce, je le répète, qu'ils ne pouvaient nous en livrer sur les planches.

La musique de Georges Auric et les valses de Strauss du bal de Krantz composent le fluide où baigne ce drame d'amour et de mort.

Dans *L'Aigle à deux têtes* – en tant que film – et comme j'estime que cette manière de s'exprimer, que cette forme d'art du cinématographe, nous oblige à nous adresser aux foules sans perdre nos privilèges, j'ai voulu (dans la mesure du possible bien entendu) étouffer l'intellect sous l'agir et faire que mes personnages agissent plus leurs pensées qu'ils ne les parlent. J'ai poussé cette méthode jusqu'à leur inventer une psychologie presque héraldique, c'est-à-dire aussi loin de la psychologie habituelle que, sur les blasons, les animaux qu'on y représente ressemblent peu aux animaux tels qu'ils existent. Par exemple un lion qui sourit, une licorne qui s'agenouille en face d'une vierge, un aigle qui porte une banderole dans son bec.

Ce qui ne veut pas dire que cette psychologie soit fausse, mais qu'elle s'exprime plus réellement, plus violemment que de coutume, voilà tout.

Un exemple entre mille sera l'habitude prise par une reine de donner des ordres et cette habitude la poussant à avouer son amour en une seconde alors qu'une autre personne y mettrait des formes – à cette habitude s'ajoutant une élégance d'âme qui oblige cette reine à se vaincre et à passer outre les pudeurs qu'elle méprise chez autrui. C'est justement cette insolente audace qui révolte d'abord Stanislas, qu'il estime ridicule et qui peu à peu l'étonne et se change en admiration et en amour. Voilà pour l'ensemble du mécanisme des âmes de ce film.

Pour le reste nous nous sommes, Bérard et moi, inspirés, sans l'ombre d'un détail qui nous paralyse, de toute une atmosphère propre à ces maisons royales où ce qu'on nomme décadence chez les poètes et qui n'est autre que leur démarche particulière s'exprime par une certaine folie, par une lutte naïve contre le conformisme et les usages reçus.

C'est ce qui pousse la reine à donner un bal pour l'anniversaire de la mort du roi, à n'y point paraître et, par la force de l'habitude, à essayer de tuer l'habitude en se créant à elle-même et dans sa chambre un cérémonial : pompe avec l'ombre du roi.

Une seule chose a été empruntée à l'Histoire – c'est le coup de couteau final et le fait qu'une impératrice célèbre ait pu marcher longtemps avec ce couteau planté sous l'omoplate. Le reste (qu'il s'agisse des lieux, des personnages et des actes) est de ma seule imagination.

Il m'est difficile d'envisager le cinématographe sous l'angle industriel, car ce n'est pas mon métier propre. Le cinématographe m'est un moyen d'expression comme un autre. C'est un art. Un très grand art. Peut-être le seul art du peuple. En ce qui me concerne, c'est une encre de lumière avec laquelle j'ai le droit d'écrire ce que je veux. (Je ne parle pas du dialogue.) Dans *L'Aigle à deux têtes*, j'ai voulu faire un film théâtral.

On a dit de *L'Aigle à deux têtes* que c'était le triomphe du mauvais goût. Bien sûr. On ne saurait mieux dire. Christian Bérard et Wakhévitch ont voulu peindre le mauvais goût des souverains. Nous sommes après les Goncourt. Mallarmé, Manet, les impressionnistes découvrent le japonisme. Les reines et les grandes actrices s'en inspirent. *L'Aigle*, outre la salle des fêtes copiée sur la pagode du prince de Galles, à Bath, montre le bric-à-brac des ateliers de Marie Bashtkirtseff et de Sarah Bernhardt.

Je connais les fautes de *L'Aigle à deux têtes*, mais hélas ! l'argent que coûte un film et le minimum de temps qu'il nous impose, ne permettent pas de corriger nos fautes. Le cinématographe coûte trop cher.

J'ai tourné dans *L'Aigle* cinq cents mètres de pellicule sur Edwige Feuillère qui parle toute seule. Sans elle, ce tour de force était impossible. Il devient possible parce qu'elle se meut avec le génie d'un acteur chinois et parce que l'intensité du silence de Marais vaut sa démarche et l'autorité de sa parole.

À la fin du film, ce n'est pas la chute à la renverse de Marais (réalisable par suite de sa témérité) que je trouve sensationnelle, mais son visage qui se décompose au fur et à mesure qu'il monte les marches.

La reine de *L'Aigle* n'offre aucune similitude sérieuse avec l'impératrice Élisabeth d'Autriche. Bérard s'est surtout inspiré de l'allure des reines Victoria et Alexandra. Il importe de mettre l'audace de la reine à déclarer son amour sur le compte de la maladresse naïve et de cette coutume de donner des ordres qui caractérisent les souverains et passent pour de l'orgueil et pour de l'impudeur. C'est lorsque Stanislas constate cette manie de donner des ordres, après l'entrée du mameluk, qu'il comprend que leur amour est un songe.

Je n'aurais certes pas osé la scène finale sans l'exemple célèbre de l'impératrice Élisabeth. Seulement le coup de couteau de *L'Aigle* n'a rien à voir avec celui de l'embarcadère de Genève. Seul subsiste un phénomène clinique et de force d'âme. Ajouterais-je la scène du trapèze en robe à traîne que nous raconte Christomanos ?

Si l'on admet que le cinématographe est un art, on se doit, à chaque film de se poser un problème et d'essayer de le résoudre. Dans *Les Parents terribles*, je me suis proposé, à l'inverse de *L'Aigle*, de déthéâtrer une pièce, de la filmer dans l'ordre et d'en surprendre les personnages, sur le vif, sous l'angle d'indiscrétion de l'appareil de prises de vues. Bref, d'observer une famille par un trou de serrure au lieu de la regarder vivre d'un fauteuil d'orchestre.

LES PARENTS TERRIBLES

J'aime avant tout la mise en scène, et mes pièces sont des mises en scène écrites. Depuis *Le Sang d'un poète*, film inventé pour quelques personnes, et qui eut l'honneur de plaire aux stars de Hollywood, je rêve de mettre en scène un film de grand public. Cette fois, je me suis adjoint Jacques Manuel et Auriol, parce que j'estime que le travail est énorme (la pièce est refaite) et qu'il exige une aide, compétente, mais qui ne prenne pas barre sur moi.

Ma première combinaison était avec Esway. Les circonstances m'empêchent d'y donner suite, car le cinéma est une salle de jeu, et, du reste, Esway possède déjà un style et ce style risquerait de m'empêcher de trouver le mien. Je reste son ami fidèle, naturellement.

En ce qui concerne les interprètes, le cinématographe est à l'inverse du théâtre. Ce que le public du théâtre accepte, le public du film ne l'accepte pas. Une grosse Yseult peut émouvoir et un gros Tristan, mais pas dans un film, au théâtre.

Alice Cocéa a fait le sacrifice d'accepter, dans *Les Parents terribles*, un rôle qui ne l'aide pas et qui marche à l'encontre de ses aptitudes. Elle trouve le moyen de l'amener à elle et d'y être merveilleuse. À l'écran, ce serait une faute de goût dont elle pâtirait. Et je m'y refuse. Je lui ai écrit, dans ma prochaine pièce, un rôle où je m'impatiente de l'admirer.

J'ai écrit *Les Parents terribles* pour Yvonne de Bray. De Bray, malade, a cédé son rôle à Germaine Dermoz. Dermoz en devient donc, en quelque sorte, titulaire. Mais, à l'écran, je dois à Yvonne de Bray et je me dois de présenter cette grande comédienne.

Au reste, l'éblouissante santé de Dermoz, sa beauté saine et robuste, conviendraient mal, sur l'écran, à un rôle de malade qui se traîne de chambre en chambre. Au théâtre, je le répète, on admet certaines conventions ; à l'écran, pas.

Tout ce mécanisme se passe en pleine amitié. Les autres comédiens garderont les rôles où ils excellent. Je n'ai pas encore choisi de jeune fille pour le rôle de Madeleine.

Nous tournerons, je l'espère, le 10 ou le 15 juillet. Roger Capgras soutiendra notre entreprise.

Vous me demandez sous quelle forme s'exprimerait ma reconnaissance pour les collaborateurs de mon film. Voici.

Mmes de Bray et Dorziat
Dans cet échange de balles, presque toutes coupées ou mises dans les coins, entre Mme de Bray et Mme Dorziat, on se demande, ébahi de leur vitesse, laquelle tient le mieux sa raquette. L'une joue avec le ventre, l'autre avec la tête, ce qui

les rend incomparables dans des rôles qui exigent cette différence de style.

Josette Day
Josette Day trouve d'emblée la note juste, ne craint pas de s'enlaidir par la grimace des larmes – et s'enlaidir ne lui est pas facile. Jamais elle ne tombe dans l'émission excessive, jamais elle ne fait une de ces fautes de tact que le public prend, hélas, pour de la sensibilité profonde et dont les acteurs descendent vite la pente. Elle est l'interprète idéale d'un personnage très difficile parce qu'il se trouve expulsé par le bloc d'une famille étouffante.

Jean Marais
Jean Marais a triomphé dans le rôle de Michel dès le premier soir, en 1939. Mais il avait l'âge du rôle. Il s'y jetait à la nage et nageait d'instinct. Maintenant c'est le grand art. Il compose le rôle, l'invente, le domine. Dès qu'il risque d'émouvoir dans une situation facile, il corrige par un effet comique. Sa manière étonnante de jouer toujours contre les invites du public et les habitudes de nos juges est une haute leçon de théâtre et de cinématographe. Sans l'âme qu'il possède *Les Parents terribles* étaient intournables. On ne pouvait y croire et la phrase de Léo : « Il faut être des aveugles dans le genre de Michel et de ma sœur pour n'avoir rien vu » tombait dans le vide.

Germaine Dermoz, Berthe Bovy, Serge Reggiani, Daniel Gélin ont été remarquables sur la scène. Mais la pièce a été écrite pour Yvonne de Bray et pour Jean Marais. À l'écran ils la récrivent plastiquement avec une merveilleuse intelligence du texte. En outre, ils se ressemblent et ils ont le même rythme de jeu.

Marcel André
Marcel André illustre ce mystère du cinématographe : un auteur n'y raconte pas une histoire. C'est l'écran qui la raconte. L'histoire se raconte en quelque sorte elle-même. Marcel André

gesticule malgré toutes les règles et il a raison. Ce n'est plus un personnage de moi qui parle. Ce n'est pas Marcel André qui parle. Il échappe à l'analyse. C'est Georges. Un Georges né dans la coulisse et dans l'appareil de prises de vues.

Michel Kelber
Michel Kelber et Tiquet m'ont donné le trou de serrure indiscret par lequel j'observe la famille des portes qui claquent. Mais ce trou de serrure est celui où l'enfance colle son œil et déforme le monde à son usage.

Christian Bérard
Bérard a mis mes cinq poissons dans leur aquarium. Un aquarium avec très peu d'eau. Et des plantes sous-marines qui sont les admirables meubles atroces de notre enfance. J'estime que, seul, Christian Bérard pouvait, par une coupe savante, permettre au vieux peignoir d'Yvonne de Bray de suivre sa démarche autoritaire et qui, comme sa voix, ne ressemble à nulle autre.

Georges Auric
Auric m'a souligné certaines entrées de sentiments comme le mélodrame soulignait certaines entrées de personnages. C'est l'emploi complètement neuf d'un seul motif musical très court, dans l'histoire du cinématographe.

Mme Douarinou-Sadoul
Jacqueline Sadoul m'a mis la ponctuation que j'oubliais de mettre à force d'écrire vite. Elle a placé les accents circonflexes, les accents aigus, les accents graves.

Les producteurs (Les Films Ariane)
Enfin mes producteurs n'ont pas été des producteurs mais des amis qui v naient, chaque jour, nous rendre visite dans la roulotte.

Le théâtre est à l'opposé du cinématographe. Au théâtre, l'auteur appartient aux interprètes. Ils en font ce qu'ils veulent. Au cinématographe, les interprètes appartiennent à l'auteur-metteur en scène. C'est lui qui les dirige et qui constate si la ligne brisée qu'ils doivent suivre forme le fil rouge qui traverse, en ligne droite, le drame, de bout en bout.

Filmer une pièce comme *Les Parents terribles* pose donc un problème à résoudre. Les problèmes à résoudre sont le seul intérêt réel de notre métier. Il importe que la pièce conserve sa force émotionnelle et ne perde pas son efficace, constatée sur le public. Mais il importe aussi que rien de théâtral ne subsiste et que l'efficace vienne d'une intensité toute différente de celle du théâtre où le cadre fixe nous oblige à obtenir nos effets d'un bloc.

Au cinématographe, la caméra joue le rôle d'un spectateur qui se promènerait, invisible, sur la scène, et regarderait les artistes se mouvoir sous des angles inattendus et mille fois plus semblables à ceux qu'on observe dans la vie que d'un fauteuil de théâtre d'où notre attention se porte soit sur l'ensemble qui oblige à perdre quelque détail, soit sur un détail qui nous empêche d'observer l'ensemble et ce qui se passe ailleurs qu'où notre regard se fixe.

Il arrive bien souvent que l'intérêt soit plus vif sur ceux qui écoutent que sur ceux qui parlent, comme dans la fin des *Parents terribles* où le groupe de famille ne bavarde que pour permettre à Mme de Bray de contourner son lit en silence et de pénétrer dans son cabinet de toilette. Au théâtre, le public, attiré vers le groupe qui parle, risque de perdre la pantomime d'une mère qui se croit abandonnée, qui souffre et disparaît. Au cinématographe, par contre, je peux mettre l'œil du public sur le parcours de Mme de Bray et l'isoler, avec elle, de ce qui motive sa démarche.

Je peux, lorsque Michel raconte à sa mère qu'il aime une jeune fille, ne montrer que la bouche du fils qui raconte et les yeux de la mère qui écoute et les yeux de Mme de Bray brillent et angoissent comme les astres.

J'avais, jadis, fait un film des *Parents terribles*. J'y ai renoncé pour tourner la pièce.

Souvent, au théâtre, je regrettais de ne pouvoir mener cette famille de chambre en chambre, de la faire se poursuivre dans les couloirs, écouter aux portes, les claquer, bref, vivre dans une roulotte.

C'est pourquoi je conserve la pièce intacte et me contente de quitter la chambre d'Yvonne, où elle se concentre, (comparable au vestibule des tragédies) et de la promener dans les lieux où il est logique qu'elle déborde.

Mon vrai mobile, en tournant ce film, aura été de fixer à l'écran les merveilles de l'interprétation du Gymnase. Yvonne de Bray et Jean Marais sont une mère et un fils. Aucun œil ne s'y trompe. Gabrielle Dorziat et Marcel André sont la tante et le père et Josette Day la jeune fille, au point que l'intrigue continue dans les coulisses et que cette famille de théâtre est devenue, à la longue, une famille véritable. La seule difficulté du film consiste à les arrêter chaque minute dans le mécanisme torrentiel qui les entraînait tous les soirs. (*La France hebdomadaire*, n° 225, 13-7-1948.)

Yvonne de Bray à l'écran

Le secret qui fait grande Mme Yvonne de Bray est même un secret pour elle. Tout ce qui se constate s'affaiblit. C'est de ne constater aucun de ses privilèges que Mme de Bray tire sa grandeur.

C'est ne pas savoir sa force qui donne à Mme de Bray sa patience étonnante. Pendant des années et des années, elle ne jouera pas. Elle deviendra spectatrice. Elle ne cherchera pas à prouver son génie. Elle vivra et dépensera simplement à vivre les dons qu'elle dépensait sur la scène à l'époque d'Henry Bataille.

Sans doute, est-ce à vivre sans songer à imiter la vie qu'elle accumule les trésors qu'elle dépense, brusquement, un beau jour pour notre joie.

Encore faut-il pouvoir attendre. Et Mme de Bray le peut. Elle ne saurait que devenir plus belle. Car elle possède ce quelque chose d'animal qui distingue des autres femmes une Sarah Bernhardt, une Réjane, une Colette dont elle a les yeux de lionne.

Alors que, dans *L'Aigle à deux têtes*, j'ai voulu faire un film théâtral, avec des paroles, des gestes, des actions de théâtre, j'ai voulu, dans *Les Parents terribles*, « déthéâtrer » une pièce, la surprendre par un trou de serrure, varier ses angles jusqu'à en faire un film.

Mme de Bray se prêtait à l'expérience. Elle n'a jamais l'air de jouer. Il me suffisait de la laisser libre, en face du pire appareil d'indiscrétion : la caméra. Je la priai de n'y pas prendre garde. Ce n'était pas à elle de s'occuper de nous. C'était à nous de nous occuper d'elle. Qu'importe qu'elle regarde l'objectif, qu'importe si sa main passe au premier plan comme un oiseau rapide ! L'essentiel était d'attraper sur le vif son regard enfantin, sa grosse voix merveilleuse, râpeuse, douce, dure, de velours et de métal.

Avouerai-je que si j'avais eu des craintes, elles eussent été vaines ? En deux jours, Yvonne de Bray avait deviné et adapté à son style les mécanismes qui passent pour les plus difficiles à apprendre.

Chez Yvonne de Bray rien ne semble sortir du cerveau. Tout s'échappe du cœur et du ventre. Et tout rayonne.

Et, en outre, elle est modeste. Elle demande qu'on lui donne ses intonations. Ce qui est drôle. Et on le peut. Elle les adapte instantanément à la mesure de son âme.

Ne s'est-elle pas amusée, pendant que nous tournions *L'Aigle*, à jouer cinq minutes la silhouette d'une vieille présidente, par l'entremise de qui on apprend que la reine n'assiste pas au bal.

Un journaliste la cite dans le rôle de l'archiduchesse. C'est bien mal voir le film, mais c'est fort bien voir Mme de Bray dont on n'imagine pas qu'elle puisse paraître au second plan.

Je souhaite que le public se rende un compte exact de ce que Mme de Bray apporte au cinématographe dans le rôle de la mère des *Parents terribles*. C'est incalculable. (*L'Écran français*, n° 176, 9-11-1948.)

Orphée

Le café des poètes est le rendez-vous de la jeunesse littéraire et d'une foule d'artistes et de snobs dont les sentiments pour Orphée se partagent entre l'admiration et la jalousie.

Orphée est le poète officiel que la gloire a consacré; son attention est attirée ce jour-là par une femme très élégante que l'on appelle la princesse. Mais une bagarre éclate, mettant aux prises divers jeunes gens et Cégeste, un poète complètement saoul que la princesse s'efforce vainement à entraîner hors du combat. L'arrivée des policiers accroît le tumulte et, au cours de la fuite, Cégeste est blessé par deux motocyclistes survenus en trombe sur la place.

La princesse interpelle Orphée et lui demande de l'accompagner à l'hôpital où elle va conduire le jeune homme, pour lui servir de témoin. Mais en cours de route, Orphée s'aperçoit que le jeune homme est mort et que la voiture a quitté la ville. Rejoint par les motocyclistes, le véhicule stoppe devant un chalet situé au sommet d'une colline. Orphée suit la princesse et la voit avec stupéfaction ranimer Cégeste et l'entraîner à travers le miroir de la pièce où ils ont pénétré, puis disparaître. Orphée se précipite à leur suite, mais s'abat contre la glace et s'évanouit.

Quand il revient à lui, il est seul sur la colline déserte d'où le chalet a disparu. Heurtebise, le chauffeur de la princesse – qui n'est autre que la Mort – est assoupi dans la voiture. Il reconduit Orphée chez lui où son épouse, Eurydice, s'inquiétait de son absence et des bruits qui se répandent selon lesquels Orphée aurait fait disparaître Cégeste devenu introuvable depuis l'incident du café.

Mais Orphée ne vit plus que dans la pensée des faits étranges dont il fut témoin et dans celle de la princesse. Il délaisse

Eurydice pour écouter à la radio de la voiture de Heurtebise des messages dont il cherche anxieusement le secret.

Convoqué par le commissaire de police pour répondre aux accusations dont il est l'objet, Orphée rencontre la princesse, mais c'est en vain qu'il s'efforce à la rejoindre. Il ne sait pas que, chaque nuit, la princesse émerge du miroir de sa chambre pour venir vers lui… Eurydice attend un enfant. Désolée de l'abandon d'Orphée, elle décide d'aller conter sa peine à ses amies d'autrefois, les Bacchantes, qui détestent Orphée. Mais, sur la route la jeune femme est renversée par les motocyclistes de la Mort et emportée à son tour dans le mystérieux domaine de l'au-delà.

Mis au courant par Heurtebise de ce qui s'est passé, Orphée abandonne enfin l'écoute des messages – qui sont émis par Cégeste – pour suivre Heurtebise au domaine de la Mort, avec l'aide des gants qui permettent de franchir les miroirs. Ils traversent ainsi une zone morne et aboutissent enfin au Palais où le Tribunal suprême juge la Mort coupable d'avoir agi sans ordre. Ici tous les secrets sont révélés : l'amour de la princesse pour Orphée, et celui que Heurtebise porte inconsciemment à Eurydice.

Orphée obtient de reprendre sa femme, à condition de ne jamais plus la regarder. Heurtebise les aidera à respecter cette clause dont ils comprennent bientôt toutes les difficultés. Sentant qu'elle ne pourra plus retrouver l'amour d'Orphée, Eurydice cherche à mourir une seconde fois en forçant son mari à la voir. Elle y parvient enfin et disparaît pour toujours.

Presque au même instant, les poètes et les Bacchantes font irruption dans la maison du poète qu'ils accusent toujours d'avoir enlevé leur ami Cégeste. Heurtebise prend la défense d'Orphée, mais un coup de feu retentit et le jeune homme s'écroule, tué net. Supplantant la police parvenue sur les lieux, les motocyclistes de la Mort aident Heurtebise à emmener Orphée dans la voiture de la princesse.

La Mort et Cégeste les attendent dans la zone intermédiaire. Mais, sacrifiant son amour à celui des vivants, la princesse ordonne à ses aides, Heurtebise et Cégeste, de ramener Orphée à la vie aux côtés d'Eurydice.

Dans le film d'*Orphée* la princesse, interprétée par Maria Casarès, ne représente pas la Mort, mais celle d'Orphée. Chacun de nous possède la sienne qui s'occupe de nous dès la minute de notre naissance. Ce n'est pas celle des autres. On verra que la Mort d'Orphée outrepasse singulièrement ses prérogatives et n'hésite pas, pour des fins trop humaines, à désobéir aux ordres de l'Inconnu.

Ici le mythe célèbre d'Orphée devient en quelque sorte le mythe du poète dont j'avais donné l'ébauche il y a vingt ans avec *Le Sang d'un poète*. Le poète outrepasse, de son côté, les lois terrestres et sa Mort et lui se rencontrent sur un terrain de malaise où ne peuvent se produire que des drames.

Mais on suppose que l'amour arrive à vaincre certaines lois mystérieuses. La Mort d'Orphée se sacrifie (c'est-à-dire qu'il devient immortel) et le ménage Orphée-Eurydice oubliera les intrigues dont il était victime.

La maison d'Orphée, entourée de vide, se trouve soumise sans cesse aux bonnes et aux mauvaises forces qui la cernent. Le sentiment qu'il n'a pas été assez loin dans son œuvre pousse Orphée à passer outre et à se livrer à des entreprises aussi dangereuses que celles de la magie. Entreprises qui le trompent et dont il est la dupe.

Une voiture qui parle, le chauffeur Heurtebise et quelques mirages d'une jeunesse violente et injuste comme doit l'être la jeunesse, voilà les pièges qui se forment autour du poète lorsqu'il essaye de rompre avec le succès facile.

Dans le film, Heurtebise n'est pas l'ange de la pièce. C'est un jeune étudiant qui, après son suicide, est devenu un des aides de la Mort d'Orphée. Cégeste sera l'autre, mais à seule fin d'embarquer Orphée dans une aventure qui facilite les combinaisons de sa Mort. Tout se passe dans cette zone vague, dans ce no man's land, où cesse la vie et où l'au-delà s'ébauche à peine.

J'ai voulu traiter le problème de ce qui est écrit d'avance et de ce qui n'est pas écrit d'avance. Bref, du libre arbitre.

Quand je tourne un film, c'est un sommeil et je rêve. Ne comptent que les gens du rêve, les lieux du rêve. J'ai peine à prendre contact avec les autres, comme il arrive dans le demi-sommeil. Si l'on dort et qu'une personne entre dans la chambre du dormeur, elle n'existe pas. Elle n'existe que si elle est introduite dans les actes du rêve. Le dimanche ne m'est pas un vrai repos. Je cherche à me rendormir le plus vite possible.

La Mort dans mon film n'est pas la Mort symboliquement représentée par une jeune femme élégante, mais la Mort d'Orphée. Chacun de nous possède la sienne qui s'occupe de nous dès notre naissance. La Mort d'Orphée, qui outrepasse ses pouvoirs, devient donc celle de Cégeste qui dira, quand elle lui demande : « Vous savez qui je suis ? » – « Vous êtes ma Mort », et non pas « Vous êtes la Mort ».

Le réalisme dans l'irréel est un piège de chaque minute. On peut toujours me dire : cela est possible ou cela est impossible, mais comprenons-nous quelque chose au mécanisme du destin ? C'est ce mécanisme mystérieux que je cherche à rendre plastique. Pourquoi la Mort d'Orphée est-elle vêtue de telle ou telle manière ? Pourquoi voyage-t-elle dans une Rolls, pourquoi Heurtebise apparaît-il et disparaît-il à sa guise dans certaines circonstances et use-t-il des règles humaines dans d'autres ? C'est l'éternel pourquoi qui hante les penseurs, de Pascal au moindre poète.

N'importe quel spectacle insolite de la nature nous déroute et nous pose des énigmes parfois insolubles. On n'a pas encore pénétré le véritable secret d'une fourmilière, ni d'une ruche. Le mimétisme et les taches des animaux prouvent certes que leur race a pensé longuement à se rendre invisible. Nous n'en savons pas davantage.

J'ai voulu toucher aux plus graves problèmes d'une main légère et sans philosopher dans le vide. Le film est donc un film policier qui trempe d'un côté dans le mythe, de l'autre dans le surnaturel.

J'ai toujours aimé ce « chien-et-loup », cette pénombre où fleurissent les énigmes. J'ai pensé que le cinématographe s'y prêtait à merveille, à condition de profiter le moins possible de ce que les gens appellent le merveilleux. Plus on touche au mystère, plus il importe d'être réaliste. La radio dans les voitures, les messages chiffrés, le signal des ondes courtes, la panne d'électricité, autant d'éléments familiers à tous et qui me permettent de rester sur le plancher des vaches.

Nul ne peut croire à un poète célèbre dont un auteur invente le nom. Il me fallait un chantre de la fable, le chantre des chantres. Celui de Thrace. Et son aventure est si belle qu'il serait fou d'en chercher une autre. C'est une base sur laquelle je brode. Je ne fais que suivre le rythme des fables qui se transforment toutes à la longue, selon le conteur. Racine et Molière faisaient mieux. Ils copiaient l'antique. Je conseille toujours de copier un modèle. C'est dans l'impossibilité de refaire pareil et dans le nouveau sang qu'on lui infuse qu'on juge le poète.

La Mort d'Orphée et Heurtebise lui reprochent de poser des questions. De chercher à comprendre ; c'est l'étrange manie des hommes.

J'ai voulu comme pour Tristan et Yseult, dans *L'Éternel Retour*, adapter à notre époque la légende d'Orphée, la plus belle de toutes.

Mais, en adaptant *Orphée*, j'ai voulu conserver l'atmosphère de miracles qui m'est propre et qui a fait réussir en Amérique *Le Sang d'un poète* et *La Belle et la Bête*.

Les personnages miraculeux, la Mort et son aide Heurtebise, par exemple, se présenteront au public, l'une comme une femme de grande élégance et l'autre comme son chauffeur. Un grand rôle sera joué par l'automobile de la Mort (la princesse), voiture *qui parle*, grâce à la radio, ce qui permet de traduire le mythe des animaux qui parlent et de le représenter sous une forme familière à notre époque.

Orphée, c'est le poète. Mais il a les honneurs officiels et sa gloire est un peu méprisée par les chapelles littéraires. On le lui fait durement sentir au café des poètes (café de Flore) où le film commence (je tiens à fixer l'étonnante atmosphère de 1949). C'est là qu'il rencontre pour la première fois (et sans se douter de ce qu'elle est) la Mort sous la forme d'une princesse extrêmement élégante et qui fréquente la jeunesse d'avant-garde.

Le film débute comme un film policier, et c'est ce style policier qu'il conserve d'un bout à l'autre afin de satisfaire à la fois les personnes qui ne veulent accepter que son style propre et le gros public qui veut se passionner à une intrigue.

On y verra (sans lâcher une seconde le fil de l'histoire et celui de la légende) les personnages parcourir notre monde et l'autre monde : une zone intermédiaire entre la vie et la mort définitive, zone dont Christian Bérard avant de mourir avait généralement préparé les décors. Cette poursuite d'Eurydice par Orphée, d'Orphée par la Mort, cette intrigue de la jalousie entre les personnes de la terre et celles de l'autre monde, cette fameuse histoire d'Orphée allant chercher sa femme chez les morts, la ramenant sous condition de ne pas la regarder, la regardant et la perdant une seconde fois, les machinations de la Mort afin de séparer les époux et de prendre sur elle des démarches pour lesquelles l'autre monde ne lui avait pas donné d'ordres, les avertissements de l'autre monde à la Mort, son procès et le sacrifice final de la Mort qui rend les époux l'un à l'autre et se fait arrêter par la police des Enfers, tous ces actes parfaitement irréels sont noués ensemble avec la rigueur d'un film réaliste (et représentés sous une forme réaliste). Chaque séquence et chaque scène se présente sous forme de gags comiques, tragiques ou étranges qui me permettront de conserver mon style de poète sans jamais lâcher le fil indispensable à tendre d'un bout à l'autre d'une histoire pour exciter l'intérêt que prennent les masses à ce qui les sort de la médiocrité de tous les jours. (*Ciné-Digest*, n° 9, janvier 1950.)

Il n'y a rien de plus vulgaire que les œuvres qui prétendent prouver quelque chose. *Orphée*, naturellement, évite de prouver quoi que ce soit ou d'en avoir l'air.

« Qu'avez-vous voulu dire ? » C'est une question à la mode. J'ai voulu dire ce que j'ai dit.

Tous les arts peuvent et doivent attendre. Ils attendent même la mort de l'artiste pour vivre. Seules les sommes absurdes que coûte le cinématographe l'obligent à une réussite immédiate. Il se contente donc de n'être qu'une distraction.

Avec *Orphée*, j'ai décidé de courir le risque de faire un film comme si le cinématographe pouvait se payer le luxe d'attendre, comme s'il était l'art qu'il devrait être.

La beauté déteste les idées. Elle se suffit à elle-même. Une œuvre est belle comme quelqu'un qui est beau. Cette beauté dont je parle (celle de Piero della Francesca, d'Uccello, de Vermeer), provoque une érection de l'âme. Une érection ne se discute pas. Peu de personnes en sont capables. La plupart, comme dans le célèbre dessin de Forain, estiment que « c'est bien meilleur de causer ».

Notre époque se dessèche à force d'idées. Elle est fille des Encyclopédistes. Mais il ne suffit pas d'avoir une idée. Encore faut-il que cette idée nous ait, qu'elle nous hante, qu'elle nous obsède, qu'elle nous devienne insupportable.

La nécessité pour le poète de traverser des morts successives et de renaître sous une forme plus proche de sa personne est la base du *Sang d'un poète*. Thème joué avec un doigt, et pour cause, puisque j'inventais un métier que je ne connaissais pas. Dans *Orphée*, j'orchestre le thème. C'est pourquoi les deux films s'apparentent à vingt ans de distance.

Mon film ne pouvant tolérer un pouce de fantaisie, m'apparaissant comme une infraction à mes règles, il me fallut, puisque j'inventais des règles, les soumettre à des chiffres qui ne se gouvernassent que les uns par rapport aux autres.

S'il m'arrive de faire disparaître Heurtebise, une fois par l'emploi du miroir, une fois sur place, c'est qu'il m'importait de conserver la marge qui intrigue les entomologistes et dont les lois leur échappent.

Le vitrier, sur la figure duquel on m'interroge beaucoup, était le seul capable d'illustrer la phrase : « Rien n'est plus tenace que la déformation professionnelle », puisque ce très jeune mort s'obstine à crier son cri dans une zone où les vitres n'ont plus de sens.

Une fois la machine en marche, chacun devait s'y plier, de sorte que, dans la scène du retour à la maison, Marais arrive à être comique sans dépasser la ligne du tact et sans coupe entre le lyrisme et le bouffe.

Il en va de même pour François Périer dont la moquerie reste tendre et ne lui donne pas l'air d'abuser des avantages surnaturels qu'il possède. Rien n'était moins facile que le rôle d'Orphée, aux prises avec les injustices de la jeunesse des Lettres. Il ne me semble pas détenir des secrets qu'il devine et qui le dupent. Il ne prouve sa grandeur que par celle de l'interprète. Là encore, Marais m'éclaire le film avec son âme.

Parmi les inexactitudes qu'on a imprimées sur *Orphée*, je vois parler toujours d'Heurtebise comme d'un ange et de la princesse comme de la mort.

Dans le film, il n'y a ni Mort ni ange. Il ne saurait y en avoir ; Heurtebise est un jeune mort au service d'un des innombrables sous-ordres de la Mort et la princesse n'est pas plus la mort qu'une hôtesse de l'air n'est un ange.

Je n'effleure jamais les dogmes. La zone que je montre est une frange à la vie. Un no man's land. On y flotte entre la vie et la mort. Le tribunal est au tribunal suprême ce que le juge d'instruction est au procès. La princesse déclare : « Chez nous, on va de tribunal en tribunal. »

Les critiques appellent longueurs les ondes entre les nœuds, la détente entre deux actions intenses.

Shakespeare n'est que longues et brèves. C'est ce qui le rend considérable. Les Anglais ne constatent plus les longueurs de Shakespeare parce qu'ils les attendent et les respectent.

Lorsqu'on loue Marais de son jeu dans *Orphée*, il répond : « C'est le film qui joue mes rôles. »

Les trois thèmes de base d'*Orphée* sont :

1. Les morts successives par lesquelles doit passer un poète jusqu'à devenir, selon l'admirable vers de Mallarmé :

« Tel qu'en lui-même enfin l'éternité le change. »

2. Le thème de l'immortalité : la personne qui représente la Mort d'Orphée se sacrifie, s'annule pour rendre le poète immortel.

3. Les miroirs : on se regarde vieillir dans les miroirs. Ils nous rapprochent de la mort.

Les autres thèmes sont un mélange du mythe orphique et des mythes modernes : par exemple les voitures qui parlent (la radio dans les voitures).

Je signale que la scène du retour à la maison est une scène d'ordre comique. Paraphrasant ce que disent les hommes amoureux d'une femme autre que la leur : « Je ne peux plus voir ma femme. » (*Cinémonde*, n° 842, 25-9-1950.)

Mesdames, Messieurs,

Laissez-moi vous dire quelques mots avant le voyage auquel je vous invite, voyage où le temps n'est plus le même que chez nous, comme il arrive pendant le sommeil des anesthésiques ; nous croyons vivre un siècle et nous nous réveillons au bout d'une seconde.

Le vrai drame d'Orphée se passe entre l'instant où le facteur glisse une lettre dans la boîte et celui où la lettre y tombe. Six heures sonnent au départ et au retour.

On ne jette pas sans émotion quarante années de sa vie de travail sur une table qui, somme toute, est une table de jeu puisqu'un film, à cause du prix qu'il coûte, doit courir immédiatement sa chance au lieu d'attendre avec sagesse, comme les autres arts qui souvent vivent après la mort de ceux qui les exercent.

Avec Orphée, j'ai voulu employer la cinématographie au même titre que n'importe quel autre moyen d'expression sans me soucier du goût du public puisque le public est une mer inconnue et qu'un homme qui ne songe qu'à se mettre à la pointe de lui-même risque de rencontrer une foule d'amis anonymes qui se trouvent être à sa longueur d'onde.

J'ai voulu déjouer le temps, prendre un thème de la mythologie antique et y joindre la mythologie moderne. Par exemple : la voiture qui parle, les phrases énigmatiques de la radio anglaise pendant l'Occupation, la jeune fille qui demande des autographes, et autres bizarreries qui ne nous étonnent pas parce que nous en avons l'habitude, mais qui auraient interloqué nos ancêtres.

Je ne vous ferai pas l'insulte de vous mettre les points sur les i. La seule chose que je vous demande c'est d'être attentifs et de ne pas confondre cet emploi grave de l'écran avec le cinéma, lieu terrible où l'on entre et d'où l'on sort pendant le spectacle, lieu des mangeurs de crèmes glacées, aussi étranges que les mangeurs d'opium dont Thomas de Quincey nous raconte les troubles.

Orphée est une méditation sur la mort. Mais prendre le personnage joué par Maria Casarès pour la mort, c'est confondre une hôtesse de l'air et un ange. Maria Casarès joue le rôle d'un des innombrables fonctionnaires d'État dont le mécanisme nous demeure aussi incompréhensible que celui des abeilles et des termites.

La zone que je montre n'a à voir avec le ciel, ni avec l'enfer, ni avec les Enfers mythologiques. C'est le no man's land entre la vie et la mort. Les limbes. « Quels sont ces gens qui rôdent, demande Orphée à Heurtebise qui l'y guide, vivent-ils ? » Et Heurtebise répond : « Ils le croient. Rien n'est plus tenace que la déformation professionnelle. »

Un jeune vitrier mort illustre cette phrase en continuant à crier son cri dans cette ruine où les vitres n'existent plus.

Je devais en outre mêler le comique et le dramatique, comme on le verra dans la scène du retour d'Eurydice rendue à la vie sous condition qu'Orphée ne la regarde pas. C'est une situation bouffe et c'est la grande méthode de Shakespeare, de Goethe, de Molière, du *Giovanni*, de Mozart. Nous ne pouvons que les suivre.

Ces quelques phrases ne sont pas pour vous convaincre ni pour obtenir votre suffrage, mais je ne devais pas vous prendre en traître et prévenir les personnes qui cherchent l'évasion à la mode qu'un tel film est une invasion, je veux dire que l'inattention, le refus à se laisser envahir par une œuvre et à partager le rêve d'un homme qui marche les yeux fermés sur des routes dangereuses, rendrait ce film incompréhensible et inefficace, donc fastidieux.

J'ajoute que les truquages n'y sont pas des truquages, que je n'ai jamais employé le truquage de laboratoire parce que j'estime qu'il n'existe pas de technique proprement dite, que toute technique nous est propre, que la véritable technique n'est autre que l'invention et c'est l'admirable phrase de Picasso : « Le métier, c'est ce qu'on n'apprend pas. »

En route...

(Projet de préface parlée.)

Un film de poète correspond au tirage monstrueux d'un de ses livres. Il est normal que beaucoup de monde n'admette pas ce livre, mais ce tirage monstrueux multiplie notre chance d'atteindre certaines âmes, les quelques personnes que le poète ne rencontrait jadis qu'à la longue, ou après sa mort. En outre, l'expérience d'*Orphée* prouve que ces quelques personnes sont innombrables. Comme dix francs en deviennent mille, il semble que le phénomène du change ait joué dans le domaine du public. Les personnes amoureuses du film, et qui me l'écrivent (je les range parmi les *quelques personnes innombrables*) se plaignent toutes des autres spectateurs de la salle parisienne qu'elles estiment être amorphes. Elles oublient que, sans cette salle, elles n'auraient pas pu voir le film.

Orphée est un film réaliste, ou, pour être plus exact et observer la distinction faite par Goethe entre réalité et vérité, un film où j'exprime une vérité qui m'est propre. Si cette vérité n'est pas celle du spectateur, et qu'il oppose le refus de sa personnalité à l'expression de la mienne, il m'accuse de mensonge. Je m'étonne même que tant de monde demeure encore perméable à la pensée d'un autre dans le pays de l'individualisme.

Car, si *Orphée* rencontre des salles amorphes, il en rencontre de grandes ouvertes à mon rêve et qui acceptent de se laisser endormir et le rêver avec moi (acceptant la logique du mécanisme du rêve, logique implacable mais qui ne relève pas de la nôtre).

Je ne parle que d'un mécanisme, *Orphée* n'ayant rien d'un rêve, mais résumant, grâce à un luxe de détails analogues à ceux du rêve, ma façon de vivre et d'envisager la vie.

Ces salles grandes ouvertes le sont de plus en plus lorsque le film voyage vers le nord, ou lorsque le grand public s'y plonge de bonne foi, sans la froideur d'âme des élites, ni leur crainte de se mouiller les pieds dans une eau dangereuse capable de déranger leurs habitudes.

Déjà, lorsque le désir de tourner un tel film se change en entreprise, tout se perturbe selon les machines, les artistes, les décors, les circonstances imprévisibles.

Il me faut donc admettre que le phénomène de réfraction commence avant même que l'œuvre ne me quitte et que je ne coure définitivement le risque du phénomène de la réfraction multiforme.

Le récit de Marcenac, dans *Ce soir* (puisque vous me demandez ce que j'en pense), me donne un exemple remarquable du phénomène de réfraction après qu'une œuvre a pris le large.

Et, de même qu'une analyse d'un film, par un psychanalyste, nous renseigne sur certains prolongements et certaines sources d'un travail dont le contrôle est d'autant plus vague que les difficultés matérielles nous y rendent inattentifs à notre fatigue et laissent notre inconscient fort libre, de même l'interprétation d'une de nos œuvres, par un esprit étranger, nous la montre sous un angle neuf et révélateur.

Quel serait notre malaise si un appareil nous permettait de constater l'étrange parcours d'une histoire à travers les méandres des mille cervelles d'une salle de spectacle ? Sans doute cesserions-nous d'écrire. Et nous aurions tort. Car ce serait une rude école. La phrase de Jules de Noailles, rapportée par Liszt : « Vous vous apercevrez un jour qu'il est difficile de parler de n'importe quoi avec n'importe qui », est juste. Il n'en reste pas moins vrai que chacun assimile ou rejette notre nourriture, que celui qui l'assimile, l'assimile à sa manière, que cela décide la démarche d'une œuvre à travers les siècles, et que si une œuvre rencontrait un reflet impeccable, il se produirait une sorte de pléonasme, d'échange inerte, de perfection morte.

Évidemment, lorsqu'un dimanche de campagne, j'entends à la radio raconter *Orphée* et que je tombe sur la phrase suivante, destinée à dépeindre le no man's land entre la vie et la mort : « Ils traversent les cathédrales souterraines de l'enfer », ma stupeur est grande. Mais lorsqu'un homme sérieux et attentif (et que je ne connais pas personnellement) se donne la peine de se rappeler une intrigue et de cette intrigue très complexe, à plusieurs étages, tâche de tirer, avec une grâce presque enfantine, une ligne simple et d'une lecture facile, sans renoncer à ses points de vue personnels, ni à l'exactitude, je ne peux que lui éviter mes critiques. Elles seraient aussi inopportunes que celles de nos juges lorsqu'ils condamnent en hâte une œuvre qui résume trente ans de recherches. (*Les Lettres françaises*, 16-11-1950.)

Le Testament d'Orphée

Noir et couleur

J'ai longtemps hésité pour savoir si je tournerais mon film en cinémascope et en couleurs. Le cinémascope poserait de graves difficultés sans les salles où un tel film doit chercher refuge. Quant à la couleur, on ne manquerait pas de croire que je compte y apporter quelque chose de neuf alors que je n'y apporterais rien et que je me garderais de me lancer dans des recherches fort réduites et fort dangereuses. Par contre le noir et blanc, c'est l'encre du cinéaste et il n'y a guère que de mauvais poètes qui emploient des encres de couleur et supposent que ce pittoresque les sauvera de la platitude.

Le noir et blanc statufie les personnages et les lieux. Les films en noir et blanc profitent d'une sorte de clair de lune, de cette lune dont j'écrivais jadis qu'elle est le soleil des statues. Il fait songer à l'étonnante phrase de Moussorgsky à son lit de mort : « L'art futur ce sera des statues qui bougent. »

Les couleurs d'un film ressemblent à l'artifice des fleurs afin d'attirer les insectes. Ce serait faire insulte à notre public que de lui tendre ce piège naïf et j'y renonce.

Mon âge et mon film

Il arrive un moment de la vie où notre œuvre nous a placés au-dessus ou en marge du tir. Aucune flèche ne peut plus nous atteindre et les ennemis perdent leurs munitions et leur temps.

70 ans – 70 bougies – Plus il y a de bougies, moins il y a de souffle. C'est pourquoi le patron de l'Hôtel de Baumanière m'apporte le soir du 5 juillet 1959 un gâteau orné de 7 bougies.

L'âge est un mythe, pourvu que la santé réponde. Jadis, l'homme à partir de 40 ans, la femme à partir de 30, jouaient un rôle de vieux, se retiraient, se voûtaient, se résignaient.

Actuellement, certains artistes (comme Picasso et moi par exemple) prouvent que le travail empêche de penser à l'âge et à jouer un rôle.

Un jour, une voix mystérieuse se fait entendre : « Éteignez vos cigarettes. Bouclez vos ceintures. » C'est le dernier quart d'heure. Lorsque j'entendrai cette voix je lui obéirai mais il faudra que mes oreilles ne soient pas distraites par les problèmes que pose la besogne, à quoi il faut que ma bouche et mes mains répondent.

La jeunesse a de moins en moins de souvenirs historiques lointains ou proches. L'objet et l'événement lui apparaissent donc avec une sorte de pureté, de fraîcheur, sans rien qui s'y rattache ou qui s'y accroche comme des racines ou la terre à une plante qu'on dépote. Dans *Le Testament d'Orphée* j'ai voulu que les événements que je montre se suffisent à eux-mêmes et n'exigent pas une culture ou une connaissance du passé. Le choc doit en être direct et surprendre comme n'importe quel spectacle quotidien de la rue.

Rien ne serait plus étrange, plus inattendu, plus bizarre que ce qui nous semble naturel pour peu que l'habitude ne le frotte pas avec sa grosse gomme. Même notre nom de famille provoquerait notre surprise si notre oreille n'avait pas l'habitude de l'entendre.

Le secret de la poésie c'est de dépayser des choses que l'habitude nous cache et de les placer sous un angle qui nous les fasse voir comme si c'était la première fois qu'un sauvage voyait un avion, un téléphone, une lampe électrique ou une fourchette.

Archéologie
C'est chose faite. Le film est en face de moi et cherche à me méduser avec ses yeux fixes. Il ne me reste plus qu'à m'émouvoir et son cadre est assez robuste pour que je puisse, enfin, me laisser aller.

Jusqu'à maintenant je ne pouvais penser qu'à l'armature d'une œuvre, à craindre ce vague, ce pittoresque, cette fantaisie, cette atmosphère poétique et rêveuse que j'évite comme la peste et que les gens adorent – sans oublier l'ennui, respecté de tous, parce qu'il délivre un brevet d'intelligence, qu'il ne coûte qu'une petite victoire sur le sommeil.

Il va me falloir prendre mon courage à deux mains, une fois encore, et ne pas obéir à la dangereuse tentation de plaire et de correspondre à ce qui plaît.

Une œuvre sérieuse préexiste dans un sol où il faut la découvrir à coup de bêche. C'est pourquoi je m'entoure d'une équipe respectueuse de cette délicate besogne et qui ne bêche ni ne pioche à tort et à travers.

Et j'ai beau croire que je connais l'objet que je cherche, je me trompe. Je ne le connais pas.

Mon titre

Le Testament d'Orphée, ce titre qu'une étrange faute typographique a fait appeler par certains journaux : « *Le Testament d'Orsay* », n'a aucun rapport avec ce que le film nous montre. Orphée symbolise ici le poète et le Testament veut dire que je lègue ce film à l'innombrable jeunesse qui, à travers le monde, m'a toujours fait confiance et permis de vaincre la routine.

De même que *Le Sang d'un poète* est mon premier film, *Le Testament d'Orphée* (qui lui ressemble par la liberté de son style) sera mon adieu au cinématographe.

Orphée (film) a été ma « somme ». Et *Le Testament* sera pareil à un mouchoir qu'on agite avant que le navire ou que le train ne disparaissent.

N'importe quel jeune aviateur peut actuellement exécuter les acrobaties que j'exécutais jadis avec Garros – dont seuls Garros et Pégoud étaient capables. N'importe quel jeune pianiste peut faire les traits que seuls savaient faire Liszt et Chopin. Il en va de même pour les progrès techniques du cinématographe. Lorsque je tournais *Le Sang d'un poète,* il y a trente ans, je ne savais rien du métier et personne au monde n'aurait pu m'apprendre ce que j'ignorais. Il m'a fallu inventer à mon usage une technique, trouver avec mille difficultés ce qui, ensuite, allait devenir d'une simplicité enfantine. Trop de progrès rendent la route facile et font l'âme paresseuse. Actuellement, n'importe quel jeune cinéaste est capable de produire un bon film, de même que n'importe quel jeune peintre en sait assez pour ne plus peindre une vraie croûte. Dans son discours de réception à l'Académie française, Voltaire annonce déjà le danger des progrès techniques. « Un peuple trop adroit, dit-il, et trop intelligent, *ne pousse plus de pointes.* » Il veut dire par là que l'exceptionnel disparaît au bénéfice d'une moyenne honnête.

C'est à cause de cela que j'avais renoncé à l'emploi du film, bien qu'il nous offre un véritable véhicule de poésie, en ce sens qu'il permet de montrer l'irréalité avec un réalisme qui oblige le spectateur à y croire.

Peu à peu, en constatant que *Le Sang d'un poète*, film tourné pour quelques amis intimes, se projetait depuis trente années dans toutes les capitales du monde et singulièrement à New York où il dure depuis dix-sept années dans le même cinéma, établissant la plus longue « exclusivité » connue, je pensai qu'il serait curieux de boucler ma boucle et de terminer ma carrière de cinéaste par un film analogue au *Sang d'un poète* et m'obligeant à sauter d'autres obstacles que jadis.

Un film libre, sans qu'aucune condition commerciale n'intervienne, et destiné à l'innombrable public de jeunes formés par les cinémathèques à travers le monde et auquel on ne sert jamais les spectacles dont il a faim et soif.

En outre, j'estime qu'une des grandes fautes de la cinématographie vient de ce qu'on n'envisage jamais plusieurs manières de lancer un film, obligeant les jeunes à faire œuvre de vieux et à épouser les vieilles habitudes, faute de quoi leur film resterait dans un coffre sans pouvoir en sortir.

Peut-être était-il indispensable qu'un homme âgé – c'est-à-dire plus libre qu'un jeune d'être jeune – ouvre une porte close et prenne la tête d'un cortège qui ne demande qu'à se mettre en marche.

Lorsque j'ai dit à la télévision et à la radio que mon film, *Le Testament d'Orphée*, « n'aurait ni queue ni tête mais une âme », je plaisantais sans plaisanter. Car, en effet, je m'étonne – dans une époque où les peintres ont sacrifié le sujet à l'art de peindre et annulé le modèle ou prétexte à peindre – que les cinéastes, harcelés par les producteurs qui croient connaître le public et en sont restés à l'enfant qui veut qu'on lui raconte une histoire, exigent un « sujet » et un *prétexte* alors que la manière de dire, de montrer les choses, et de meubler l'écran, est mille fois plus importante que ce qu'on y raconte.

Hélas, le public (et celui des films est innombrable) ressemble encore à une dame qui, n'aimant pas les zouaves, déclarerait ne pouvoir aimer *Le Zouave* de Van Gogh, à un monsieur allergique aux roses qui ne pourrait accrocher à son mur un bouquet de roses de Fantin-Latour ou de Renoir.

Mais l'heure est venue de détruire ces tabous ridicules et d'éduquer le public de cinéma au même titre que le public des expositions de peinture. Sinon la jeunesse du milieu cinématographique ne sera jamais jeune, et condamnée à obéir toujours aux mauvaises habitudes du producteur, du distributeur et des directeurs de salles.

Il est ridicule de dire que le cinéma n'a rien à faire avec le rare. C'est lui refuser son rôle de Muse. Or les muses doivent être représentées dans la position de l'attente. Elles attendent que la beauté, qui déconcerte au premier abord et semble laide, pénètre lentement dans les esprits. Hélas, les sommes absurdes que le cinéma coûte l'obligent à s'incliner devant l'idole de l'immédiat.

C'est cette hideuse idole de notre époque, c'est ce détestable dogme qu'il faut vaincre. On n'y arrivera pas du premier coup. Mais je serais fier si mon effort y entre pour quelque chose et si un jour futur la jeunesse me doit un peu de pouvoir sortir un film comme un poète édite un livre de poèmes, sans être condamné à l'impératif américain du best-seller.

Le veau d'or est toujours de boue, sorte de calembour que je signe sans honte et sans craindre qu'on ne me le reproche. Il relève de l'oracle de Delphes. Car il adviendra que l'argent idéologique du cinéma et les fortunes abstraites qu'il affiche ne barreront plus la route aux sommes raisonnables que le moindre film nécessite et qui sont instantanément récupérées si le film apporte du neuf et ne rabâche plus ce dont le mépris qu'on a du peuple l'imagine avide. Ce sont les fameuses « élites » qui barrent notre chemin. Le peuple est sensible à la beauté, même si elle le déroute. Et nos films qu'on accuse d'être faits par une minorité doivent en sauter l'obstacle et tomber dans cette majorité qui juge de plus en plus instinctivement et n'est pas encore fermée au neuf par la routine des modes.

Mon anticartésianisme est si vif que j'en arrive à en être le Descartes.

Autant je respecte le cercle entrouvert de Pascal où le hasard peut pénétrer par surprise, autant je déteste le cercle fermé d'un savant contredit par les progrès de la science et qui symbolise l'horrible manie de tout vouloir comprendre du peuple français. Pourquoi ? C'est le leitmotiv de la France : « Expliquez-moi ce que vous avez voulu peindre. » Pour un peu il faudrait expliquer ce que la musique veut dire. Comme pour *La Symphonie pastorale* où la salle se délecte en reconnaissant le coucou et les rondes paysannes.

Or tout ce qui s'explique, tout ce qui se prouve est vulgaire. Il faudra bien que les hommes admettent qu'ils habitent une planète incompréhensible où ils marchent la tête en bas par rapport aux indigènes des antipodes, et que l'infini, l'éternité, l'espace-temps et autres fantasmes resteront toujours incompréhensibles à notre intelligence infirme, réduite à trois dimensions, même si le pauvre terrien s'arrache péniblement de la terre (à laquelle il demeure attaché par un cordon ombilical) et visite la lune, qui est une ancienne terre morte et pas beaucoup plus éloignée de nous qu'Asnières ou Bois-Colombes.

La lune a été terre – la terre sera lune. Le soleil sera terre et ainsi de suite. C'est tout ce que nous savons d'un effroyable mécanisme dans lequel nous nous sommes distribué le grand premier rôle et ne sommes rien – quelques microbes d'une moisissure que notre petitesse nous montre comme d'agréables paysages et de charmantes campagnes.

Le Testament d'Orphée : ce titre n'a aucun rapport direct avec mon film. Il signifiait que je lègue ce dernier poème visuel à tous les jeunes qui m'ont fait confiance malgré l'incompréhension totale dont mes contemporains m'entourent.

Je souligne que ce film est le contraire du film « artiste » et intellectuel.

J'aimerais pouvoir dire : « Je ne pense pas, donc je suis. » Toute pensée paralyse l'agir. Or un film est un enchaînement d'actes. La pensée l'embourbe et l'orne d'un style prétentieux et insupportable. La poésie est le contraire du « poétique ». Dès qu'on veut être poète on ne l'est plus et la poésie se sauve. C'est alors que le public la reconnaît de dos et se félicite d'être assez fin pour la comprendre.

Dans *Le Testament d'Orphée*, les événements s'enchaînent comme dans le sommeil, où nos habitudes ne contrôlent plus les forces qui nous habitent et cette logique de l'inconscient, étrangère à la raison. Un rêve est rigoureusement fou, rigoureusement absurde, rigoureusement magnifique, rigoureusement atroce. Mais jamais une part de nous ne le juge. Nous le subissons sans mettre en branle l'abominable tribunal humain qui se permet de condamner ou d'absoudre.

Il est du reste probable que l'intrigue de mon film est faite de signes et de significations. Seulement, je l'ignore et ne peux l'admettre que sous forme d'une machine à fabriquer des significations. J'ajoute que les signes et significations que le public lui découvrira doivent sans doute posséder une base où le moi profond qui transcende mon moi superficiel vient en vedette.

Répétons ce que j'ai déclaré souvent. *Je suis un ébéniste, je ne suis pas un spirite.* Ma besogne se borne à construire une belle table – que d'autres y posent les mains et l'obligent à parler ne me regarde pas et m'intrigue au même titre que ceux qui évoquent les esprits des morts, puisque nos œuvres, une seconde après avoir été écrites, deviennent posthumes.

J'ai 69 ans, et j'en aurai 70 le 5 juillet 1959. Je joue pratiquement toutes les scènes du film, assisté de mon fils adoptif Édouard Dermit – peintre – qui m'a déjà rendu le service d'interpréter Paul des *Enfants terribles* et Cégeste d'*Orphée*.

J'estime que, jeune (à l'époque du *Sang d'un poète*), il valait mieux confier mon personnage (idéologiquement) à Rivero. J'avais alors trop de chances de plaire. Vieux, il y a courage à paraître dans mon propre rôle de poète, sans profiter d'aucun avantage physique. Quant à Édouard Dermit, l'ayant abandonné jadis dans la fameuse zone qui n'est ni la vie ni la mort du film *Orphée*, je le fais réapparaître dans *Le Testament* à seule fin qu'il m'amène de gaffe en gaffe jusqu'à l'obligation de disparaître avec lui et de quitter un monde où, dit-il, « vous savez fort bien n'avoir rien à faire ».

Au terme du *Testament*, et cela n'est pas sans rapport (je viens de m'en apercevoir à la minute) avec la scène du commissaire de ma pièce, *Orphée*, je fausse compagnie à deux motards de la police, vaguement analogues aux fameux motocyclistes de la princesse, et, après ma disparition et celle de mon fils, une voiture de jazz balaye mes papiers d'identité que le motard a laissé choir et qui sont devenus au contact du sol la fleur déraisonnable que je m'efforce de ressusciter afin de l'offrir à Minerve, déesse de la raison.

Au reste, Minerve la refuse comme une chose morte et me transperce de sa lance. Puis, comme dans tous mes mythes, ma mort est fausse. C'est *une de mes morts* et les gitans sanglotent sur ma pierre tombale vide.

Je m'éloigne et je croise le Sphinx, et Œdipe conduit par Antigone. Je ne les vois même pas. Comme le prince André de *Guerre et Paix* qui rêvait de connaître Napoléon et ne lui accorde même pas un coup d'œil, parce que, couché et blessé sur le champ de bataille, il contemple la magnificence sereine des nuages. C'est alors que se produit la rencontre des motards et l'enlèvement par Cégeste.

On devine que toutes ces scènes ne représentent rien de symbolique. Elles me vinrent à l'esprit dans ce vague état de somnambule sans lequel je n'ose jamais écrire.

Les poètes ne sont que les humbles serviteurs d'un « nous » plus nous que nous, qui se cache au fond de notre organisme et dicte ses ordres.

C'est ce moi qui nous compromet sans cesse afin de ne pas recevoir les coups à l'exemple de Leporello que don Giovanni déguise avec son costume pour qu'on le rosse à sa place.

On a beaucoup parlé d'acteurs célèbres, comme Yul Brynner et Jean Marais (entre autres), qui joueraient dans mon œuvre sans que leurs noms figurent au générique. C'est exact en ce sens que, par amitié, ils s'amusent à figurer dans un film qui ne ressemble à aucun des leurs.

C'est de la sorte que des personnes connues figuraient dans *Le Sang d'un poète*.

Il m'est difficile d'en dire davantage. Non que je cherche le secret, car je le trouve prétentieux et ridicule, mais, parce que je pense qu'une œuvre cinématographique ne peut davantage se raconter qu'une œuvre peinte. C'est « sa matière et sa manière » qui comptent et non ce qu'elle représente.

Du reste, je n'attends de ce film aucun des succès dont se remboursent les fastes du cinématographe. Quelques amis et quelques personnalités du milieu acceptent de rendre possible une entreprise qui, je le répète, ne répond à aucun des impératifs du cinématographe. Il s'agit *d'autre chose*, de cet « autre chose » qui auréole mystérieusement certaines vedettes du sport et du music-hall. Et lorsque les gens m'objectent que les sportifs que j'admire ne sont pas des sportifs, que les tableaux que j'aime ne sont pas des tableaux, et que je leur demande : « Alors, que sont-ils » ? ces gens me répondent : « Je ne sais pas, *c'est autre chose* ». Or il me semble que cet « autre chose » est, somme toute, la meilleure définition de la poésie.

Cette fois, dans mon film, j'ai pris bien garde à ce que les truquages soient au service de la ligne interne et non pas de la ligne externe de la bande. Ils doivent m'aider à rendre cette ligne aussi souple que celle d'un homme qui « gamberge », pour employer ce terme admirable mais qu'on ne trouve pas dans notre dictionnaire.

Gamberger signifie laisser l'esprit suivre son cours sans contrôle et sans correspondre ni au rêve, ni à la rêverie, ni à la rêvasserie, permettre à nos idées les plus intimes (les plus emprisonnées en nous) de prendre la fuite et de passer sans être vues devant les gardes. Tout le reste n'est que « thèse » et « brio ». L'une et l'autre me rebutent.

Car la thèse nous oblige à *voiler notre roue*, à la tordre par obéissance à une ligne artificielle, et le brio nous pousse à employer sans motif valable les accélérés, ralentis ou à l'envers, fort tentants à mettre en œuvre, mais dont l'effet de surprise ne compte que s'ils s'intègrent dans la besogne et ne passent pas au premier plan.

Si les personnes distraites et frivoles qui jugent nos films savaient ce que représente de rigueur son montage, elles nous regarderaient avec quelque crainte et nous dénonceraient au tribunal d'Église comme alchimistes.

Il est vrai que nous fabriquons de l'or. Seulement cet or n'a pas cours, sauf pour quelques âmes rares et attentives. Il m'arriva, jadis, de parler du merveilleux film *Lady Lou* (Mae West) avec un homme du monde très supérieur à sa caste et passionné par une bande qu'il avait été voir cinq fois. Comme je lui rappelai certains épisodes (celui entre autres de Mae West qui cache la morte en feignant de peigner ses cheveux), il m'avoua ne pas s'en souvenir et s'étonna que je m'en souvinsse. Bref, il n'avait rien vu, mais ressenti une vague jouissance d'un *ensemble*, sans qu'aucun de ces détails qui nous donnent tant de peine à faire ne le frappent.

Et, je le répète, cet homme du monde était fort au-dessus des intelligences de son milieu.

Mais si tous ces détails n'existaient pas, l'ensemble du film ne l'aurait pas frappé, n'aurait laissé aucune trace dans sa mémoire.

Il est incontestable que la plupart des spectateurs de mon film diront que c'est une sottise et qu'on n'y peut rien comprendre. Ils n'auront pas tout à fait tort, car il m'arrive de n'y rien comprendre moi-même et d'être au bord d'abandonner la partie et de présenter mes excuses à ceux qui m'ont cru. Mais l'expérience m'ayant appris qu'il ne fallait sous aucun prétexte renoncer à ces choses qui eurent un sens et qui paraissent le perdre, je cherche à vaincre ma faiblesse et à m'imposer la confiance en moi que j'éprouve vis-à-vis des autres, si je les admire et si je les respecte. Bref, je fais confiance à cet *autre*, à cet étranger que nous devenons quelques minutes après avoir créé un ouvrage.

La vie veut-elle « dire quelque chose » ? Je me le demande, et il arrive souvent que l'art consiste à essayer de lui fabriquer une signification factice et de l'amputer de ce charme, de cette mystérieuse « part de Dieu » dont parle Gide et qui, chez lui, pourrait souvent s'appeler « part du diable ».

La première question que me posent les journalistes est la fameuse question française : « Quelle est l'histoire ? » Et si je réponds avec franchise : « Il n'y en a pas », on me regarde avec la crainte qu'on éprouve en face des fous. Et cela est exact. *Il n'y en a pas.* Je profite du réalisme des lieux, de personnes, de gestes, de paroles, de la musique, pour procurer à l'abstraction de la pensée un moule – et, dirais-je, pour construire un château sans lequel on imagine mal un fantôme. Si le château était lui-même fantôme, le fantôme y perdrait son pouvoir d'apparaître et d'effrayer.

Donc, j'insiste bien, un film abstrait ne saurait être un film analogue à la peinture dite abstraite et se contentant d'imiter naïvement les taches et les équilibres des peintres. Un film abstrait doit donner corps non pas à *une pensée* mais *à la pensée*, à cette force inconnue qui règne sans autre privilège que d'être une force plus forte que les autres et plus rapide que la vitesse. La force et la vitesse en soi.

C'est à cette force que je tâche d'obéir sans la freiner par cette fameuse intelligence qui ne fait que transcender la bêtise.

Mes deux épouvantails sont *le poétique* et *l'intellectualisme*. Ils mènent, hélas, le monde, et chassent le monde ailé que le poète arrive parfois à prendre au piège. Jean l'Oiseleur, ainsi, ai-je, dans ma jeunesse, signé mes dessins et mes textes.

C'est Jean l'Oiseleur qui tourne *Le Testament d'Orphée* avec l'espoir d'atteindre en ce triste monde quelques âmes fraternelles. « C'est, disait Goethe, en se serrant contre soi qu'on risque de rencontrer des âmes fraternelles. » Slogan dangereux dans un âge où la dépersonnalisation gouverne les peuples et tente d'abolir les différences et les contrastes qui donnaient à l'univers un visage humain et parvenaient à vaincre la platitude et le robot.

Voici mon vœu et mon oracle : « À la longue, la dépersonnalisation rendra les âmes si lugubres qu'il se reformera une victoire du singulier sur le pluriel, que la majorité ne se croira plus juge suprême, que les moutons ne prendront plus la place du berger, que des minorités ne rêvant plus d'être majoritaires redeviendront pareilles à ces prêtres qui conservaient les secrets du temple, bref, que l'esprit de création, qui est la plus haute forme de l'esprit de contradiction, abolira le "faites ce qui vous chante" moderne, cette mauvaise liberté d'agir qu'on enseigne à l'enfance américaine et qui supprime le ressort essentiel des enfants, des jeunes, des héros et des artistes, "la désobéissance". » (Ce texte est ici donné pour la première fois dans sa version intégrale. De larges extraits en avaient paru dans *Le Monde*, 25-7-1959 ; *Radio Cinéma Télévision*, n° 528, 28-2-1960 ; *La Table Ronde*, n° 149, mai 1960 ; et *La Saison cinématographique 1960*, notamment.)

Mon cher Louis,

Vingt années de brouilles et de réconciliations, de fuites et de retours, ont fait de notre amitié une étoffe si solide que même un Iago ne saurait comment la découdre. Cette belle étoffe résulte d'innombrables fils d'or qui se croisent, se nattent et se contredisent. Car il existe entre nous des ressemblances et des différences profondes, bref, les contrastes, les luttes d'ombres et de lumières, les chocs de perspectives et les nobles fautes (cette vérité que Goethe oppose à la réalité) sans quoi une œuvre d'art serait un simple pléonasme et les rapports entre amis une manière de flirt amical.

C'est la raison pour laquelle, à ta demande d'article, je réponds par une lettre, rassure-toi, plus courte que les innombrables pages où je te communiquais au fur et à mesure mon amour de ta merveilleuse *Semaine sainte*.

Tu voudrais un article sur mon film *Le Testament d'Orphée*. Or mieux vaut que je t'en parle à toi, comme il arrive rue de la Sourdière dans un de ces monologues à deux voix où nous réussissons ce phénomène de parler et d'écouter ensemble. L'œil d'Elsa se lève : « Vous ne laissez personne ouvrir la bouche ! » Et nous rions et nous continuons, et nous nous vengeons de cet autre bavard obscur qui nous dicte nos œuvres et nous laisse fort peu libre d'échanger des balles. Cela m'amène à te confier les ennuis que me cause la jeune Muse Cinéma qui n'accepte pas d'attendre comme ses sœurs et condamne à l'immédiat les poètes rompus à faire antichambre et à vivre posthumes.

Le film devait se tourner en 1958. Le retard vint de ce que les producteurs, enthousiastes de travailler avec moi, prenaient la fuite en lisant mon scénario et mes dialogues (après m'avoir dit qu'ils ne voulaient même pas les lire). L'un d'eux, pour excuser le manque à sa parole d'honneur, déclarait à un journaliste : « Je ne peux pas produire un film où il ne se passe rien. » Or il se trouve que, selon moi, il ne se passe rien dans les films de ce producteur. Seulement, il y a plus de personnes qui admettent ce rien-là que de personnes qui savent comprendre les richesses du nôtre. Le relief des images actives ne peut que s'écrire.

L'art commence à la seconde où l'artiste s'éloigne de la nature. Et c'est lorsque les peintres s'en éloignent jusqu'à supprimer le prétexte, le motif, le modèle, que, par un impératif de milieux incultes, le cinématographe oblige les jeunes cinéastes à choisir un « sujet », à l'exemple des peintres du Salon des Artistes français de 1900 et des Prix de Rome.

En outre, la jeunesse nous a tellement aidés, toi et moi, que le moment est venu, me semble-t-il, de l'aider à mon tour en lui donnant une œuvre libre qui réponde à son attente perpétuellement déçue par la routine.

L'argent que coûte un film et la hâte à le récupérer nous amènent à cet étrange paradoxe : pour convaincre, la jeunesse doit se plier à de vieilles habitudes, à des modes d'avant-garde, et la vieillesse seule permet, avec l'autorité qu'elle acquiert, de se rendre libre et d'imaginer œuvres de jeunes. L'exposition des *Ménines* de Picasso nous en a encore fourni la preuve.

Bref, le recul d'une attente, impropre au style cinématographique, a coupé mon élan, m'a ouvert les yeux sur l'ombre où loge le meilleur de nous-même, a réveillé en moi cette bêtise transcendante qu'on nomme l'intelligence et qui d'accusé debout nous transforme en juge assis et nous inflige le contrôle néfaste de la critique.

Me voilà donc devenu public, dérouté par ma spontanéité d'hier, et, pareil au Kim de Kipling lorsqu'il voit aux Indes se superposer le miracle et le subterfuge, tenté de changer mon texte, tout en sachant que ce serait un crime absurde contre l'esprit.

Actuellement, ma seule étude consiste à vaincre en moi le diable dont chacun sait qu'il règne par le brio et ruine les forces instinctives de l'âme et du cœur.

La sottise dont je m'accuse est d'avoir cru aux privilèges de l'âge, alors que je demeurerai jusqu'à ma mort (et sans doute après ma mort) un franc-tireur solitaire.

Tel je suis né, tel je reste. Accusé debout, face aux juges confortables.

On nous reproche souvent, mon cher Louis, de parler de nous. Et qui donc saurait remettre les choses en place dans une époque où l'humble ouvrier que je suis passe pour un fantaisiste, et pour un touche-à-tout, un homme qui n'accepte jamais la moindre besogne sans être sûr de la mener à terme ? Et, puisque la chasse à courre s'étonne de mes crochets, n'est-il pas normal que je m'adresse à celui dont l'agilité magnifique ne cesse de nous surprendre ? («Lettre ouverte à Louis Aragon», *Les Lettres françaises*, n° 785, 6-8-1959.)

Le danger pour un film est qu'il entre dans les habitudes de le voir sans lui accorder l'attention qu'on accorderait à une pièce de théâtre ou à un livre. Or, c'est un véhicule d'idées et de poésie de premier ordre et propre à conduire le spectateur dans des domaines où il n'était jusqu'ici mené que par le sommeil et le rêve. J'ai souvent pensé qu'il serait économique et admirable qu'un fakir hypnotisât toute une salle. Il lui ferait voir un merveilleux spectacle et lui commanderait, en outre, de ne pas l'oublier au réveil. Or, c'est un peu le rôle de l'écran que d'exercer sur le public une sorte d'hypnotisme et de permettre à un grand nombre de personnes de rêver ensemble le même rêve. Le phénomène est difficile à obtenir chez nous où chaque membre d'une foule individualiste oppose une résistance instinctive à ce qu'on lui offre et considère le désir de convaincre comme un viol de la personnalité.

Cette fois, je ne me suis pas posé de problème à résoudre. J'ai tourné comme en songe, sans contrôle d'aucune sorte et pour tenter l'expérience de mettre ma nuit en pleine lumière.

Avec le recul je m'aperçois que ce film n'est pas à proprement parler un film, mais qu'il me procurait la seule manière de rendre objectives et même directes des choses que je porte en moi sans bien les comprendre et que tout autre véhicule de la pensée tel que l'écriture, on le devine, m'obligerait à mettre sous le contrôle de l'intelligence, alors que le film autorise le phénomène qui consiste à vivre une œuvre au lieu de la raconter et, en outre, à faire voir l'invisible.

Dans *Le Testament d'Orphée* j'ai obtenu un si parfait mélange de la vérité et de la fable, du réalisme et de l'irréel que je m'y embrouille et qu'il me serait impossible d'en dénouer le nœud et d'en essayer l'analyse.

Le sous-titre : *Ne me demandez pas pourquoi*, signifie que je serais incapable de dire pourquoi j'ai mené d'un bout à l'autre une aventure qui ne répond à aucun des impératifs du cinématographe.

La seule chose évidente, c'est que le film, par les possibilités qu'il offre de remonter le temps et de vaincre ses limites étroites, était la seule langue propre à mettre ma nuit en plein jour, à la poser sur une table, en pleine lumière. Du reste ce sentiment ne se limitait pas à ma personne. Maria Casarès, par exemple, avait l'impression de sortir d'elle les phrases et les gestes de son rôle, et François Périer, ayant à m'adresser une réplique assez désagréable, s'en excusait, oubliant que je l'avais écrite et comme s'il avait honte d'en être responsable. Sa gentillesse exquise lorsqu'il s'adresse au professeur vient de ce qu'il aime beaucoup Crémieux et qu'il s'adressait davantage à Crémieux qu'au savant que Crémieux représente.

Tout le long du film il y eut cette dualité, ce mélange que je pourrais comparer dans le monde spirituel au phénomène qui consiste, lorsqu'on roule une bille au bout de l'index et du médius croisés, à croire qu'on n'en roule pas une, mais deux ensemble.

Édouard Dermit joue comme moi son propre rôle (et en même temps le rôle de Cégeste qu'il interprétait dans le film *Orphée*), Maria Casarès et François Périer, qui retrouvent aussi leurs rôles *d'Orphée*, les retrouvent tout en ignorant ou feignant d'ignorer qui est Cégeste. Ils me visitent peut-être à cause des liens mystérieux qui attachent à leur auteur les créatures de son imagination. Je n'ignore pas que j'exige un gros effort du public et qu'il serait ridicule de prétendre que les spectateurs se donneront la peine de démêler une pelote que je ne démêle pas moi-même.

Seulement il arrive qu'on se laisse envoûter par une atmosphère énigmatique (celle des rêves entre autres), et j'estime qu'une œuvre peut intriguer sans être comprise, attacher sans qu'on en fasse la preuve par neuf et sans être soumise aux vérifications du nombre d'or.

P.-S. – Aimez-vous le bœuf mode ? » – « Oui. » – « Le comprenez-vous ? » – « Je ne me suis jamais posé la question. » – « Tout est là. »

Plus un film est irréel plus il exige de réalisme afin de convaincre. Le réalisme proprement dit se trouve aidé par les habitudes, aptes à boucher les vides et à corriger les fautes.

Seulement, si l'œuvre est faite exprès de fautes, il est indispensable de les sanctifier, c'est-à-dire de les rendre à tel point incontestables qu'elles deviennent exemplaires. *Faire des fautes si hautes qu'elles cessent d'être fautes.*

La leçon me vient de Picasso qui, de plus en plus, se charge de sanctifier des fautes, de leur donner un tel relief que l'œuvre évite d'être une mauvaise copie de la nature mais montre le visage d'une race et d'un règne supérieurs, gouvernés par l'homme.

Ce fut ma règle dans *Le Testament d'Orphée*. Et même lorsque le recul faisait intervenir le contrôle de l'intelligence (la pire ennemie des poètes), je passais outre. (*Arts*, n° 761, 10-2-1960.)

Mon cher Régis Bastide,

Ce qui me semble donner à ce film un style nouveau, c'est qu'après trente ans de recherches j'ai pu organiser des actes comme on organise des mots pour construire un poème.

C'est, en quelque sorte, une expérience alchimique, une transmutation du verbe en acte.

Il arrivait de mettre sur une intrigue des paroles d'ordre poétique. Ici les paroles sont sans importance et seul l'agir compte. Les scènes s'emboîtent en prenant davantage le sens de signes que de signification proprement dite. Je ne raconte rien. Je laisse les événements suivre la route qu'ils veulent. Mais au lieu de perdre tout contrôle comme il arrive dans le rêve, je célèbre les noces du conscient et de l'inconscience qui mettent au monde ce monstre terrible et délicieux qu'on appelle *poésie*.

La grosse erreur commise de siècle en siècle consiste à confondre ce monstre avec son singe. Avec son ombre chinoise. Avec *le poétique*, lequel est aussi loin de la poésie que les précieuses ridicules pouvaient l'être de Mme de La Fayette.

J'ai choisi, pour ce film où je cherche à pétrifier de la pensée, des lieux qui soient de véritables fontaines pétrifiantes, des eaux mystérieuses qui, je le répète, savent métamorphoser du texte en actes. Par exemple, le Val d'Enfer des Baux-de-Provence, ainsi nommé parce que Dante l'habitait et y trouva l'inspiration de *La Divine Comédie*. Par exemple, le studio de la Victorine, où quelques accessoires suffisent à créer un lieu significatif entouré de vide comme le théâtre chinois nous en donne l'exemple, ou bien comme notre chambre que nous imaginons extérieure à la chambre dans laquelle nous somnolons et fermons les yeux.

On a trouvé drôle de parler de vedettes qui acceptent de figurer dans mon film. On se trompe. L'irréel possède des lois encore plus rigoureuses que le réalisme, car le réalisme est aidé par l'habitude et l'irréel exige, par son caractère insolite, une extrême précision dans le moindre détail. Il y a très peu de personnages dans *Le Testament d'Orphée*. Or rien n'est moins facile à interpréter que des rôles courts parce que le grand talent seul arrive à trouver vite le relief que le petit talent ne trouve qu'à la longue. Les amis célèbres qui répondaient à l'emploi ont accepté des rôles que bien des artistes inconnus eussent refusé de tenir. Mais il n'y aura pas de générique, les reconnaîtra qui veut, et s'ils jouent ce n'est pas parce qu'ils sont des artistes célèbres, mais parce qu'ils sont mes amis. Ils savent que je les emploie au même titre que les machinistes, que les électriciens, que l'opérateur et le cameraman, que cet admirable et adorable Claude Pinoteau, mon bras droit, bref, que l'ensemble d'une équipe où le moindre sous-ordre possède ce génie artisanal sans lequel un film resterait un simple cortège d'images.

En outre, mon film n'était pas assez riche pour se payer autant d'acteurs. Il m'a donc fallu faire appel à des amis qui accepteraient de tourner pour rien. Il s'est trouvé que ces amis étaient des comédiens célèbres. Voilà le vrai secret de l'affaire. C'est la pauvreté qui a été ma chance.

Je déteste le pittoresque, la fantaisie, le poétique, les symboles, toutes ces vieilles planches de salut auxquelles le public s'accroche pour peu qu'il tombe de son confort quotidien dans l'océan des choses qui le dérangent et qu'il évite par crainte de couler à pic.

Il n'y a de beau que le naufrage, que la désobéissance aux règles mortes, que l'accident, que les fautes, si l'homme est assez fort pour les sanctifier et les rendre exemplaires. Une faute cesse d'être une faute si le fauteur la change en ce que Baudelaire appelait « l'expression la plus récente de la Beauté ».

Le difficile pour une œuvre c'est que cette expression récente de la Beauté bouleverse des habitudes, change les règles du jeu, et ressemble au premier coup d'œil à la laideur, à une espèce de tête de Méduse. Les choses s'aggravent avec le cinématographe, car la jeune muse Cinéma refuse, comme ses neuf sœurs, d'attendre que la beauté neuve pénètre lentement dans les âmes et arrive à les convaincre. Elle exige qu'on adore avec elle le culte de l'immédiat, de la hâte et de l'auto-stop, qui sont le crime contre l'esprit de notre époque impatiente et turbulente. Elle est dépensière et voudrait rentrer vite dans son argent. Elle ignore que la jeunesse est fugitive et s'imagine qu'il existe une race permanente de jeunes, comme il y a une race permanente de vieux. Elle mettra encore longtemps à comprendre son sacerdoce, à devenir cette dixième muse qui, pareille aux autres et à la mante religieuse, dévore ceux qu'elle aime afin que leur œuvre vive à leur place.

Je ne suis pas un cinéaste. Je suis un poète qui use de la caméra comme d'un véhicule propre à permettre à tous de rêver ensemble un même rêve, un rêve qui n'est pas un rêve du sommeil mais le rêve rêvé debout, qui n'est autre que le réalisme irréel, le plus vrai que le vrai, dont on verra un jour qu'ils furent le signe distinctif de notre époque.

Mon cher Régis,

Excusez ces paroles un peu trop sérieuses pour l'amusement d'un lecteur. Mais j'ai toujours considéré la poésie comme un sacerdoce et comme une sorte de cloître laïc dont on accepte une fois pour toutes de suivre la règle. Je n'ignore pas que le public aime les anecdotes et les vedettes, qu'il nous oblige de force à monter sur l'estrade et sous les projecteurs avec les coureurs cyclistes, les Miss Europe et les chanteurs de charme – qu'il nous prive volontiers de cette ombre où poussent les œuvres et nous reproche ensuite de tenir trop de place au soleil et d'être monté prétentieusement sur l'estrade – seulement il existe un vaste public de l'ombre, un vaste public jeune qui a faim et soif d'une audace dont l'actualité le prive – et je n'en veux pour exemple que les vingt années qu'on donne *Le Sang d'un poète*, mon premier film, dans la même salle de New York (un film qui s'adressait à une douzaine d'*aficionados* et à quelques intimes). Peu à peu notre style a formé un vaste public anonyme qui ne ressemble en rien à ce que l'étranger prend pour notre jeunesse (Saint-Tropez et blousons noirs). Cette jeunesse est une minorité qui s'amuse et parfois se révolte contre l'impossibilité de s'amuser et de payer deux verres six mille francs pendant les vacances. Il serait ridicule d'accuser de scandale cette petite poignée de jeunes et il serait également ridicule de la confondre avec les innombrables jeunes attentifs et curieux de la moindre désobéissance au conformisme. Sans cette jeunesse mystérieuse, Picasso ne serait pas Picasso.

Le 4 octobre 1959.

Il n'existe pas de lieu plus abstrait qu'un studio de films puisque les décors y changent sans cesse, au point qu'il est impossible, chaque fois, de le reconnaître et de se dire : « Tiens, un tel tourne dans le studio 4 où j'ai tourné jadis le garage de *L'Éternel Retour.* »

Tout le début de mon film se déroule dans le studio 4 de la Victorine avec quelques meubles ou objets situant l'épisode. C'est une farce à la Goldoni sur les embrouilles de l'espace-temps et son. Mon personnage vit un temps instantané autre que celui des hommes de la terre et, sans ordre chronologique, il rencontre instantanément le même savant, à différents âges de sa vie. Il lui arrive même de modifier le destin du professeur en effrayant, par sa brusque apparition en costume Louis XV, sa jeune mère qui le laisse tomber sur la tête. Ici je paraphrase l'histoire des demoiselles anglaises de Trianon qui, au lieu de rencontrer des fantômes révélant leurs gestes du passé, rencontrent des ombres vivantes qui leur adressent la parole et modifient leur comportement – ce qui laisse à penser que ces demoiselles apparaissent à la même minute sous Louis XVI et qu'elles étonnent autant les valets de la reine que les valets de la reine les étonnent en 1911.

Bref, pas une minute je n'ai prétendu faire une séquence scientifique – mais jouer avec des problèmes modernes comme Goldoni jouait avec ceux de son époque.

Mon personnage cherche le professeur, sachant qu'il possède le secret de le faire réintégrer 1959. Mais sans la farce de l'espace-temps il ne réussirait pas. Car c'est lorsque le professeur est trop vieux pour exploiter sa découverte qu'il s'empare d'une boîte de balles indispensables à l'exercice et la rapporte au professeur à l'âge où il n'arrive pas encore à mettre sa découverte au point.

Tout cela paraît fort embrouillé lorsqu'on raconte – mais grâce au cinématographe les images le racontent mille fois mieux que moi, et leur extravagance ne déroute jamais le moindre de mes machinistes. (Lettres à François-Régis Bastide publiées par *Les Lettres françaises*, n° 811, 11-2-1960.)

De la jeune Miss France qui représente Minerve jusqu'à Maria Casarès qui retrouve son rôle de la princesse dans *Orphée*, tous les acteurs de mon film y ont participé avec un tel élan qu'ils semblent nés pour incarner le personnage ou la silhouette qu'ils jouent. On dirait que gestes ou paroles sortent d'eux, que je n'en suis pas responsable et qu'ils vivent la minute où ils paraissent sans avoir été dirigés par un metteur en scène.

Qu'on approuve ou qu'on désapprouve cette œuvre, il n'en reste pas moins vrai que personne n'y semble obéir aux impératifs de l'interprétation et qu'un François Périer, un Jean Marais, un Yul Brynner, un Crémieux ne peuvent être jugés comme artistes, mais au même titre que Mme Alec Weisweiller, son maître d'hôtel, Dermit ou moi comme des gens à qui des choses arrivent et ne peuvent d'aucune manière s'appuyer sur une science théâtrale quelconque. J'ajoute que l'économie ne venait pas seulement de la générosité des artistes célèbres qui me prêtaient leur concours mais aussi de la prescience immédiate de ce que j'attendais d'eux. Avec une Nicole Courcel ou une Françoise Christophe je ne perdais pas une seconde et j'obtenais un relief qu'une simple figurante ne pourrait jamais obtenir. Daniel Gélin dit une phrase et monte un escalier. Seulement il frappe et reste dans la mémoire du spectateur. Jean Marais, en Œdipe aveugle, qui marche, son bâton à la main, guidé par Antigone et remuant les lèvres pour prononcer des paroles douloureuses et inintelligibles, est inoubliable. De même Yul Brynner, lequel, faute d'un Stroheim, pouvait seul tenir le coup dans le décor monumental des Baux-de-Provence.

Un Édouard Dermit ne sait rien du théâtre, un Périer en connaît tout, et cependant, à la fin de la scène du tribunal, ils nous émeuvent également par une simplicité profonde qui les apparente, l'un par un oubli volontaire du métier des planches et l'autre par sa méconnaissance ou par la connaissance instinctive de ce métier, ce qui est pareil.

Si les noms des protagonistes ne paraissent pas au générique, c'est, en premier lieu, parce que je ne voulais pas profiter publicitairement du service qu'ils acceptaient de me rendre. En second lieu que certains noms eussent risqué de tromper le public en lui faisant espérer davantage que la courte apparition de ses vedettes favorites. (*France-Soir*, 15-2-1960.)

Salut aux amis de Lyon,

À l'époque du travail dans les carrières des Baux-de-Provence, comme un journaliste me demandait : « Qu'attendez-vous de ce film ? », je m'entends encore lui répondre : « J'ai eu tant de joie à pouvoir le faire qu'il serait fou d'en attendre davantage. » Mais, depuis, le film m'a valu un tel élan d'amour, qu'il a changé mon optique. Il m'a fourni la preuve que la fameuse jeunesse « qui ne s'intéresse à rien » était une fable et que si la jeunesse à l'envie de ne s'intéresser à rien, c'est sans doute qu'on ne lui donne pas ce qu'elle exige et ce qui l'intéresse.

Claude Mauriac écrit : « Je suis retourné voir *Le Testament d'Orphée* que j'ai trouvé plus beau et plus émouvant encore qu'à la première vision. La salle, qui était comble, apparaissait en majorité faite de très jeunes gens dont l'extrême attention, le sérieux et même la gravité me frappèrent. Les belles dames et les jolis messieurs du "monde" vont l'apprendre d'un jour à l'autre et rectifier leur tir. »

Car, on s'en doute, le parisianisme a eu aussi son mot à dire et la frivolité mondaine, sauf de nombreuses exceptions, a jugé le film en surface. Or je connais à merveille votre ville mystérieuse et magnifique. Il y a en elle quelque chose de sévère et de noble dont j'ai maintes fois fait l'expérience. Et si je ne viens pas en personne accompagner mon œuvre ce n'est pas par une indifférence qui serait criminelle après les marques d'estime et d'amitié que Lyon me témoigne toujours, c'est parce que le *Testament d'Orphée* n'est autre qu'une tentative d'autoportrait, autoportrait qui s'attache à la ressemblance profonde et néglige cette ressemblance extérieure qui nous documente fort mal sur un artiste lorsqu'on nous le montre dans l'exercice de ses habitudes.

Dans ce film j'ai inventé une suite d'actes imaginaires qui s'enchaînent selon le mécanisme du rêve et répondent à ce réalisme irréel, à ce plus vrai que le vrai, qui seront un jour le signe de notre époque.

Parfois même, et par pudeur, je me caricature, car je n'ignore pas le danger de ce strip-tease qui consiste à quitter peu à peu son corps et à montrer son âme toute nue.

Bref ma présence risque de faire double emploi avec un ouvrage qui me retourne à l'envers comme un gant et qui, s'il intrigue les uns, bouleverse les autres.

Innombrables sont les lettres émouvantes qui me démontrent l'efficacité d'une œuvre dont j'avais tout à craindre, tellement elle est peu soumise aux impératifs du commerce et aux règles d'Aristote du cinématographe.

J'ai voulu me rendre libre des moindres attaches, retrouver la désobéissance aux contraintes du *Sang d'un poète* et répondre à la demande d'un considérable public de l'ombre qui devient de plus en plus vaste, auquel il me fallait exprimer ma reconnaissance et dont le style de la salle où Lyon présente mon film prouve qu'il existe chez vous des esprits fatigués par la routine et désireux de spectacles exceptionnels.

Ajouterai-je que la jeunesse n'est pas question d'âge, que je m'adresse aux spectateurs qui surent préserver leur enfance et qui sont restés dignes de surprendre le merveilleux où qu'il se trouve, sans mettre en branle la résistance et le contrôle qui rendent les hommes aveugles et les empêchent de le voir. (Mars 1960. Texte écrit pour la présentation du film à Lyon.)

Une des grandes joies qui me vient de mon film, c'est de faire chaque jour la preuve que la fameuse « jeunesse moderne qui ne s'intéresse à rien » est une fable, et que, s'il est exact qu'elle a l'air de ne s'intéresser à rien, c'est peut-être qu'on ne lui donne pas ce qu'elle demande et ce qui l'intérese.

Toujours est-il que les salles jeunes, attentives et enthousiastes qui assistent au *Testament d'Orphée* cherchent querelle aux spectateurs qui toussent ou qui se permettent de déplier la cellophane d'un bonbon. « La salle, écrit Claude Mauriac dans *Le Figaro littéraire*, qui était comble, apparaissait en majorité faite de très jeunes gens dont l'extrême attention, le sérieux et même la gravité me frappèrent. Les belles dames et les jolis messieurs du "monde" vont l'apprendre d'un jour à l'autre et rectifier leur tir. »

Car il est exact que le film n'est ni un western ni une histoire d'adultère ni une étude sur la jeunesse délinquante. Les belles dames et les jolis messieurs parisiens n'y peuvent trouver pâture, et je suis certain de regrouper autour de lui, c'est-à-dire de moi, cette merveilleuse jeunesse de Genève et de Lausanne, que « Belles Lettres » symbolise, et sans laquelle je n'ai jamais essayé de prendre la parole en Suisse. La première fois, jadis, lorsque vivaient Ramuz et Gagnebin, ce fut pour lire *Le Secret professionnel* qui était dédié aux Bellettriens de Genève et de Lausanne, et, ensuite, il m'arriva souvent, lorsque la salle était trop pleine pour les recevoir, de m'adresser au public, debout, au milieu de la jeunesse estudiantine, assise en tailleur autour de moi.

Et n'imaginez pas que je méprise les plus de vingt ans. Ce serait fort ridicule à mon âge. Mais j'estime que, s'il existe des jeunes d'âme vieille, il existe aussi des personnes qui ne vieillissent pas et qui savent préserver en elles l'enfance, grande ouverte aux spectacles du monde, et capables de reconnaître le rêve et la féerie sous n'importe laquelle de ses formes.

C'est donc au public suisse entier que je m'adresse pour le mettre en garde contre le danger de ne voir dans mon film que la surface et de ne pas comprendre qu'il est une tentative d'autoportrait, s'attachant beaucoup plus à la ressemblance profonde qu'à la ressemblance extérieure, qui nous renseigne très peu et très mal sur les écrivains et les peintres. Les films documentaires sur Gide, Colette, Mauriac ne m'ont rien appris. Gide jouait du piano, Colette mangeait des oignons crus (en ma présence) et Mauriac se livrait à l'art d'être grand-père. C'est pourquoi j'ai inventé une suite d'actes qui s'enchaînent avec le mécanisme du sommeil et sont davantage propres à montrer mon âme toute nue qu'à suivre mes habitudes à la piste.

Je déteste la fausse gravité, l'affectation de sérieux qui cachent du vide. Ma pudeur, dans *Le Testament*, consiste à ne pas craindre de provoquer le rire et parfois même à me caricaturer, comme il arrive dans le rêve. (*La Tribune de Genève*, 31-3-1960.)

Mon cher Maurice Bessy,

Bien que je ne prétende pas me donner en exemple, envisagé sous l'angle d'un sommeil que tous les spectateurs d'une salle dorment ensemble et partagent avec ces dormeurs debout que sont les poètes, le film représente la seule machine de poésie, le seul moyen en notre pouvoir d'éviter le pléonasme consistant à reproduire des formes et des actes que nous ne pouvions que reconnaître et comparer avec nos habitudes.

Je n'ignore pas que connaître exige un effort et que reconnaître est beaucoup plus simple (c'est pourquoi, depuis plusieurs siècles, les artistes reproduisaient de la beauté au lieu d'en produire).

C'est par la force avec laquelle l'art s'éloigne de la nature que l'homme prouve son génie inventif et je me demande en vertu de quelle faiblesse étrange le film échapperait à cette règle.

Si le film échappe à cette règle, c'est la faute des sommes fabuleuses qu'il coûte et que les exigences du commerce obligent à récupérer dans l'immédiat, au lieu d'admettre, à l'exemple des autres muses, la nécessité d'attendre que l'œil et l'esprit publics s'accoutument à ce que Baudelaire appelait « l'expression la plus récente de la beauté ».

Tu imagines ma reconnaissance, lorsque des amis connus et inconnus m'écrivent et, soit à la Pagode, soit dans les cahiers de la jeune vague, soit (de *L'Humanité* au *Figaro*) dans la presse, respectent ce besoin de m'exprimer par l'entremise du cinématographe, sans obéir à d'autres impératifs que ceux de mon univers intime, et autorisent notre réalisme secret à prendre corps (à se pétrifier en quelque sorte).

Il y a quelques années, le scandale était inévitable pour qui n'empruntait pas la grande route. Je n'attendais de ce film rien d'autre que la joie d'un travail libre. Or, il m'apporte davantage : la preuve que la jeunesse « qui ne s'intéresse plus à rien » est une fable et que si elle semble ne plus s'intéresser à rien, c'est peut-être qu'on ne lui donne pas assez ce qui l'intéresse.

À la longue il se forme un considérable public international qui ne se cache plus dans des caves pour voir ce dont on le prive et, peu à peu, une foule de petites salles nouvelles multiplient la formule des ciné-clubs et rendent possible une production jadis interdite par l'ogre, ou si tu préfères par le formidable minotaure qui doit assouvir sa formidable faim de pellicule, de vedettes, d'Oscars et de chair fraîche. (*Le Bulletin d'Information du Festival de Cannes*, n° 14, 17-5-1960.)

Le film n'est autre (outre un autoportrait d'ordre interne) qu'une traduction dans ma langue de ce que j'imagine d'une *initiation orphique.* De ces initiations (analogues à celle du temple d'Éleusis), l'initiation de la Franc-Maçonnerie est en quelque sorte une décadence, de ce cérémonial qui allait jusqu'aux menaces de mort (Minerve et sa fausse mort). Même Descartes, pour lequel je ne cache pas mon aversion, et que je range parmi les habits rouges de la chasse à courre qui force les poètes, se préoccupait de cultes secrets, de rites obscurs, et appartenait à la Rose-Croix.

Seulement, au cercle fermé de Descartes, ou de Voltaire et des Encyclopédistes, j'oppose le cercle entrouvert d'un Pascal ou d'un Jean-Jacques, malgré ce que Jean-Jacques accumule d'ennui et de grandiloquence naïve.

Je suis l'anti-intellectuel type et mon film en est la preuve. Je l'ai d'abord imaginé dans ce chien-et-loup, ce demi-sommeil qui permet à notre nuit de se glisser en plein jour et comme en fraude. (Passer à la barbe des douanes de l'intellect et du contrôle des marchandises interdites.) Ensuite, à la longue, les obstacles d'ordre commercial et la difficulté de trouver une petite somme (fort suspecte à ceux qui en engagent de grosses) m'avaient éloigné de mon objet, et cet objet, avec le recul, me devenait aussi incompréhensible, aussi étranger, aussi stupide, dirai-je, qu'à ces membres de la foire d'empoigne qui prétendent connaître le public et savoir ce qu'il exige.

C'est alors que mon équipe toute neuve me rendit honteux de me laisser vaincre par le contrôle de l'intelligence (la pire ennemie des poètes). Car cette équipe très simple (électriciens et machinistes) trouvait normal de s'épuiser sur des épisodes dont je me trouvais à deux doigts d'avoir honte. Ces hommes représentaient l'innocence merveilleuse que je commençais à perdre.

Je n'osais jouer mon propre rôle : ils s'efforcèrent de me convaincre qu'un autre ne pouvait pas l'interpréter à ma place. Bref, c'est par respect pour l'enthousiasme et le courage de l'équipe, par gratitude pour leur confiance et leur gentillesse, que je retrouvai l'enfance que j'avais perdue. J'avais, en quelque sorte, vieilli pendant les épuisantes recherches de l'argent que les producteurs m'offraient en masse, jusqu'à la minute où ils prenaient contact avec mon scénario et mes dialogues.

Une belle œuvre cinématographique ne relève pas de l'encre, et il importe de se méfier de la séduction exercée par une histoire qui se désintègre à l'écran.

Lorsqu'on me demandait : « Qu'attendez-vous de ce film ? » je répondais : « J'ai trop de joie profonde à le faire pour en attendre autre chose et pour en espérer davantage. » Depuis, quelques semaines de salles combles et pleines de jeunesse m'ont valu de ressentir une autre joie. Celle d'avoir la preuve que « les jeunes qui ne s'intéressent à rien » est une fable, et que si la jeunesse à l'air de ne s'intéresser à rien, c'est peut-être qu'on ne lui donne pas ce qu'elle demande et ce qui l'intéresse.

Si l'exégèse est une muse (et singulièrement une muse allemande), le danger d'exégèse existe. Un poète se doit d'accepter ce que sa nuit lui dicte comme un dormeur accepte le rêve. Et sans que le contrôle, pas plus que dans le rêve, ne fonctionne. Il est donc évident qu'il dit beaucoup davantage qu'il ne croit dire, et il est juste qu'on fouille son œuvre inconsciente, de même que Freud et Jung cherchent dans le rêve la véritable personnalité d'un individu. Seulement, le danger reste qu'on cherche trop et que, comme il arrive aux psychanalystes, on fabrique des rapports qui retombent dans l'erreur des intellectuels. C'est ce que je constate, hélas ! souvent, dans les articles où les jeunes se montrent le plus aimables à mon égard. Je veux bien être un érotomane et un criminel qui s'ignore, mais il est ridicule de feindre l'art là où je l'évite, et de surcharger de signes et de symboles une œuvre qui tire sa noblesse de n'y avoir jamais recours.

Le Testament d'Orphée n'a rien à voir avec les rêves. Il emprunte au rêve son mécanisme, c'est tout. Car la réalité du rêve nous place dans des situations et des intrigues qui ne nous surprennent pas, malgré leur absurde magnificence. Nous les subissons sans la moindre surprise, et si la magnificence tourne au tragique, nous n'avons aucune possibilité de le fuir, sauf par le réveil, lequel n'est pas à nos ordres. Le film permet à un grand nombre de personnes de rêver ensemble le même rêve, et il faut que ce rêve, qui n'en est pas un, mais une réalité transcendante, ne permette pas au spectateur de se réveiller, c'est-à-dire de quitter notre univers pour le sien, car alors il s'ennuiera autant que ceux à qui nous racontons un de nos rêves. Voilà où la difficulté commence : la moindre longueur, la moindre détente du fil, le moindre trou d'intérêt, et le spectateur échappe à l'hypnose collective et sa fuite risque d'être contagieuse et de provoquer celle des autres. C'est ce que je craignais, et j'ai eu la grande surprise de constater, d'après les rapports qu'on m'en a fait, que mes salles sont attentives et ne résistent pas volontairement ou accidentellement au fakir que doit être un écran cinématographique par sa lumière et par les images qui s'y déroulent.

On m'amuse en me reprochant truquages et artifices : ne pas en user serait amputer les films de leur principal privilège, qui est de pouvoir montrer l'irréel avec l'évidence du réalisme. On se demande pourquoi je renoncerais à des moyens que le cinématographe est seul à posséder, et, à ce compte, pourquoi je n'userais pas du livre ou du théâtre, réserve faite des subterfuges et stratagèmes qui peuvent éviter au théâtre de n'être qu'une plate imitation de la vie.

Notre époque a tendance à prendre l'ennui pour le sérieux, et à suspecter tout ce qui ne lui rappelle pas qu'elle est une grande personne, honteuse de se divertir. C'est ce que résume la célèbre phrase que nous entendîmes, Picasso et moi, dire à un spectateur après le scandale de *Parade* : « Si j'avais su que c'était si bête, j'aurais amené les enfants. » Et n'allez pas croire que je méprise les films pris sur le vif, ou du moins qui parviennent par l'entremise d'une sorte de génie à feindre d'être pris sur le vif. La scène de la chambre d'*À bout de souffle* et l'interrogatoire psychiatrique des *Quatre Cents Coups* sont des chefs-d'œuvre inoubliables. Pour rien au monde je ne voudrais qu'on puisse croire que je me donne en exemple et que je demande qu'on me suive. *Le Testament* est la mise en œuvre d'un domaine qui m'est propre et qui serait fastidieux s'il devenait un genre. Je suis un poète qui déteste le style et le langage poétiques, mais qui ne peut s'exprimer que sous forme de poésie, c'est-à-dire par la transmutation des chiffres en nombres et de la pensée en actes. Si j'ai fait le film des *Parents terribles*, c'est qu'il y avait un problème à résoudre : filmer une pièce de théâtre sans y changer rien, et de telle sorte qu'elle se métamorphose en cinématographe. Le problème à résoudre dans *Le Testament* était de renverser l'impudeur en me déshabillant de mon corps, afin d'exhiber mon âme toute nue.

Alain Resnais m'écrit : « Quelle leçon de liberté vous nous donnez à tous ! », une phrase dont je suis fier. C'est cette liberté que nos juges traitent sans doute d'enfantillage. Savent-ils, nos juges, marcher légèrement sur les eaux profondes ? Savent-ils, épris de modernisme, qu'on sourira vite des chevaliers de l'espace comme des premiers automobilistes, couverts de lunettes et de peaux de bique ? Savent-ils le drame d'être juge ? Savent-ils que la belle science consiste à oublier son savoir ? Resnais, Bresson, Doniol-Valcroze, Franju, Truffaut, Langlois, et vous, critiques, et vous, innombrables jeunes qui m'écrivez des lettres que je conserve amoureusement, de quelle manière vous remercier d'avoir consolé ma longue solitude, de m'avoir rendu le courage de vivre ?

P.-S. – Un journaliste, après m'avoir éreinté de questions pertinentes et impertinentes, me demandant : « Où Cégeste vous mène-t-il à la fin de votre film ? », j'ai dû lui répondre : « Il me mène où vous n'êtes pas. »

Mais il ne faudrait pas confondre ce départ avec la mort. Je quitte pour un autre cet univers, que j'aimerais quitter un jour en murmurant ce que criait un monsieur après une séance de l'Avenue : « Je n'ai rien compris, j'exige qu'on me rembourse. »

LES DATES

Talleyrand disait : « La trahison est une affaire de dates. » Le succès aussi. Il est probable que, contrairement à mes autres films, *Le Testament* est venu à son heure. *Le Sang d'un poète* s'opposait au surréalisme alors en pleine vogue. *La Belle et la Bête* tombait en plein néo-réalisme italien, *L'Aigle à deux têtes* en pleine période psychanalytique, *Orphée* avant *Orfeu Negro*, et, après le succès unanime de Jean Marais dans *Le Bossu*, la reprise de *Ruy Blas*, qui scandalisait par son westernisme, remporterait sans doute un triomphe. Après *Le Testament*, on découvrirait la merveilleuse interprétation de Dermit dans *Les Enfants terribles*. Mais où sont les films d'antan ? *(Cahiers du Cinéma*, n° 108, juin 1960.)

La Voix humaine

Païa est un chef-d'œuvre où un peuple s'exprime par un homme et un homme par un peuple. J'ai confié *La Voix humaine* à Roberto Rossellini parce qu'il a la grâce et qu'il ne s'encombre d'aucune des règles qui régissent le cinématographe.

En vingt-cinq prises dont le total fait mille deux cents mètres de pellicule, il a tourné cruellement un documentaire de la souffrance d'une femme. Anna Magnani y montre une âme, une figure sans maquillage.

Ce documentaire pourrait s'intituler : *Femme dévorée par une jeune fille* ou *Du téléphone considéré comme instrument de torture*. Anna Magnani tourne en italien. Elle se doublera en français, elle-même. (*La Revue du Cinéma*, n° 7, été 1947.)

Les Enfants terribles

De tous les films dans lesquels j'ai mis beaucoup de moi-même, *Les Enfants terribles* est celui que je souhaitais le plus présenter en Amérique parce que l'Amérique salue avec une clairvoyance étonnante ce par quoi une œuvre échappe aux habitudes, ce qu'elle offre d'exceptionnel.

Je n'en veux comme exemple que ce *Sang d'un poète* que j'ai fait il y a vingt-cinq ans, où il me fallait inventer le cinématographe à mon usage. Voilà bien longtemps que New York s'y intéresse. Je lui en garde une profonde reconnaissance.

J'avais décidé de ne jamais porter le roman des *Enfants terribles* à l'écran. Le livre avait trouvé sa route et sa légende. Il jouissait de cette précision vague qui autorise chacun à se représenter les personnages comme il le veut, et je craignais de lui donner une forme visuelle et réaliste.

En outre c'est le livre de la pureté d'âme poussée à l'extrême. Aucun microbe moral ne saurait vivre dans la chambre où Élisabeth et Paul se développent en marge du monde. On y respire un air irrespirable à force d'innocence et cette innocence dangereuse les mène jusqu'au suicide et jusqu'au crime.

Le privilège d'un film est de rendre l'irréel réel et de transformer des imaginations en faits. Je craignais donc que ce désordre pur ne devînt celui d'Électre et d'Oreste et que ce *jeu* par lequel mes enfants s'échappent de la terre ne prît une certaine allure poétique très prétentieuse et que je déteste.

Pour toutes ces raisons et ma crainte de décevoir une foule de jeunes qui se reconnaissent dans le livre, je n'osais le transformer en images.

Je changeai brusquement d'avis lorsque Melville me proposa d'entreprendre le travail. Il était neuf, pas encore encombré de routines. Il me représentait un franc-tireur d'un métier mille fois trop tributaire de la technique. Il acceptait de me suivre, de ne pas changer l'œuvre, de l'amener avec moi la main dans la main.

C'est grâce à cet état d'esprit que j'ai pu me mêler étroitement au tournage, choisir mes acteurs et mes décors, ne pas me perdre dans l'erreur qui consiste à croire qu'il importe de tout changer d'un livre et de le rendre méconnaissable sous prétexte d'atteindre le grand public.

L'expérience a prouvé que c'est ce grand public qui est le vrai juge, car, en général, les juges officiels prétendaient connaître le livre mieux que moi et firent à Melville des reproches sur ce qui assura le succès du film dans les grandes salles.

Nous décidâmes de tourner dans des appartements, des vestibules, des décors improvisés par moi sur place et à la dernière minute.

Cette méthode provoqua dans l'équipe une sorte de feu et d'amour qui ne s'affaiblirent pas d'un bout à l'autre.

Il en résulte que l'intensité l'emporte sur le métier, que les décors ne sont pas des décors, que les acteurs ne sont pas des acteurs, que l'opérateur ne cherchait pas à briller par de belles images, mais à saisir l'insaisissable coûte que coûte et par n'importe quel moyen, fût-il contraire aux règles.

Le seul point sur lequel je ne concordais pas avec Melville était ce rôle de Dargelos-Agathe qu'il tenait à faire jouer par une jeune fille et que j'eusse, en ce qui me concerne, préféré confier à deux jeunes artistes de types analogues.

Tout le reste est *hallucinant* de ressemblance, au point qu'il m'est désormais impossible de penser à mon livre sans en voir les héros sous les traits de ceux qui les représentent. Nicole Stéphane c'est Élisabeth. Édouard Dermit, c'est Paul. Jacques Bernard, c'est Gérard. Le moindre artiste s'incorpore au rôle, jusqu'à Roger Gaillard qui arrive à tirer un délicieux comique du rôle de l'oncle.

Nicole Stéphane et Édouard Dermit n'avaient, pour ainsi dire, pas encore tourné. Lorsqu'ils arrivèrent devant l'appareil ils étaient déjà devenus frère et sœur. La belle âme qu'ils possèdent l'un et l'autre les servait autant que leur physique. Elle l'éclairait et les portait au-dessus d'un métier dont ils ne connaissent aucune des ficelles. Il faudrait être de bien grands comédiens pour rejoindre les merveilles qu'ils exécutent sans même s'en rendre compte. Vers la fin du film ils montent à des sommets auxquels seuls des artistes beaucoup plus âgés et expérimentés qu'eux peuvent prétendre.

Voilà, en substance, les raisons qui valent à Melville ma gratitude et qui m'ont autorisé à ne pas craindre de baigner l'ensemble dans cette musique de J. S. Bach où la fatalité avance avec sa démarche légère et implacable.

J'espère de tout cœur que New York éprouvera devant ce film ce que j'éprouve moi-même. (Texte écrit pour la présentation du film à New York.)

Ruy Blas

Ruy Blas est le contraire de *La Belle et la Bête*, de *La Voix humaine*. C'est un film actif au possible, un drame dont le mécanisme ressemble à ceux du vaudeville. En effet, tout repose sur les quiproquos qui naissent de la ressemblance entre Ruy Blas et don César.

De brillants héros vivent leur folle intrigue au milieu de cette Espagne inventée, véritable catafalque funèbre, bûcher d'Inquisition, échafaud de rois. J'ai confié à Pierre Billon le soin de les mouvoir, à Georges Wakhévitch, celui de les mettre en cage dans un enchevêtrement de portes. Michel Kelber termine l'architecture avec ses éclairages. (*La Revue du Cinéma*, n° 7, été 1947.)

Ruy Blas, inspiré par *La Reine d'Espagne*, pièce de H. de Latouche, a été écrit par Victor Hugo très vite et comme on brossait un décor. À l'étude, la pièce montre des invraisemblances. Le travail du film oblige à un mécanisme rigoureux. Ce ne fut pas simple. En outre, le théâtre empêche Hugo de recourir à la similitude physique de Ruy Blas et de don César. Il en parle, mais on ne peut y croire. Cette similitude devient, par contre, la base même du film. Le même artiste interprétera les deux rôles. C'est le prétexte d'un quiproquo comique et tragique, absolument conforme au style de l'œuvre. Le problème de la diversification était le plus grave. Mais Hugo, malgré sa grande vague, ne renonce pas aux détails. Ils prennent presque toute la place dans notre dialogue et donnent le rythme. D'un bout à l'autre, la vague roule et fait son bruit. Qui ne le connaît ? L'essentiel était que les oreilles le retrouvassent.

Toute l'atmosphère du film doit être celle de Greco d'une part, de Goya de l'autre. Les courtisans de Madrid sont noirs, funèbres, mais de cette élégance suprême des personnages de *L'Enterrement du comte d'Orgaz*. Lorsque le film montre la Reine et Casilda, c'est Goya qui joue. La Reine a des bassets dans sa chambre. Dans les rues, pendant sa fuite, les rues sont des murs, des pans d'ombre et de lune.

L'Espagne se désagrège. Tout croule. L'herbe pousse entre les pavés. Les alguazils ressemblent à des hommes de bandes. Le laisser-aller du palais est incroyable. Seul tient debout le cérémonial autour de la Reine. Le palais de Madrid offre l'aspect d'un grand hôtel vide après une occupation. De temps à autre, on y remarque un meuble magnifique. Il fait chaud. Il y a, par la fenêtre, des guitares orageuses. Ce n'est pas Séville, ni Grenade. C'est Madrid. (Il ne saurait être question d'un style d'époque. C'est l'Espagne imaginaire du romantisme dont il s'agit.)

Les décors de *Ruy Blas* seront en bois ajouré, entrecroisé, en poutres d'échafauds et de catafalques, de telle sorte qu'ils découvrent le vide obtenu par des velours noirs.

Ainsi l'action sera-t-elle plus racontée que véritable ; ainsi la lumière blanche des lampes à arc sculptera-t-elle ces décors dans le style des admirables dessins de Victor Hugo. (Paul Morihien, 1948.)

Le Baron fantôme

Un vieux baron maniaque et hurluberlu, Julius Carol, disparaît avec ses meubles de la chambre qu'il habite dans les ruines de son château. Dix ans après, un autre vieux personnage, vivant, celui-là, se fait passer dans la petite ville voisine pour le Dauphin de France, le fils de Louis XVI, évadé du Temple.

Autour de ces deux figures, l'une fantôme, l'autre cocasse et agissante, vont évoluer quatre jeunes gens. Trois camarades d'enfance : Elfy de Saint-Hélie, dont la mère, la comtesse de Saint-Hélie, est venue habiter le manoir auprès des ruines, après la disparition mystérieuse de son oncle ; Anne, la fille de la nourrice d'Elfy ; Hervé, le garde-chasse, neveu de Toussain, vieux domestique du baron. Un nouveau, Albéric de Maignac, officier de hussards, s'ajoute à la bande. Il est presque fiancé à Elfy, mais son colonel la lui refuse car elle est sans dot.

Le trio Elfy, Anne, Hervé reste soumis aux sortilèges de l'enfance. Les filles cherchent le trésor dont on parle. Hervé croit aimer Elfy, la demoiselle du château, compagne de ses jeux. Il croit aimer Elfy, mais il aime Anne, sans le savoir, et Anne, qui l'aime en secret, croit qu'elle doit se sacrifier à l'amour d'Hervé et d'Elfy. Elle jouera donc le jeu, horrible en apparence, de mettre des bâtons dans les roues au mariage d'Elfy et d'Albéric.

Elfy, le soir de ses fiançailles, en écoutant un conciliabule entre Anne et Albéric, dans la chambre du baron, tombe à la renverse dans le mur. C'est l'oubliette où le vieux fou s'est laissé mourir et momifier avec son testament et ses richesses. Anne y retrouve Elfy, après une longue recherche nocturne qui l'a rapprochée d'Hervé. Elfy avait attaché son collier au cou du chat Carol qui hante les ruines. En retrouvant Elfy, Anne découvre la momie et les trésors.

La nuit de cette découverte, Hervé, dans une crise de somnambulisme, monte chez Anne, la prend dans ses bras et la promène à travers les endroits les plus dangereux. Cette étrange promenade éclaire Anne. Elle voulait cacher le testament. Elle le lira. Car ce testament annonce que Hervé est le fils du baron et qu'il hérite. La comtesse ne voit plus d'un si mauvais œil l'entêtement d'Elfy à refuser Albéric et à vouloir épouser le garde-chasse Hervé. C'est le nom que sa fille a prononcé à son réveil de *Belle au bois dormant*, après la nuit des recherches. La comtesse envoie Anne le dire à Hervé. Une scène d'amour entre Anne et Hervé remet les choses en ordre et les complique. Elfy traite Anne comme une domestique intrigante. Albéric, qui devine les sentiments d'Elfy, menace Hervé. Une fausse chasse, où les deux jeunes hommes se tiennent sous la menace de leurs armes, se termine par le geste généreux d'Hervé qui tire par terre et par la réponse d'Albéric à ce geste. Il tire en l'air et atteint Monseigneur, le faux Dauphin, démasqué, en fuite et ayant repris dans la forêt son ancien emploi de braconnier. Il tombe d'un arbre où il dénichait des nids pour sa vieille Fébronie, instigatrice des intrigues du faux Monseigneur.

C'est autour de Monseigneur, emmené et soigné à la maison forestière, que tout se dénouera par le mariage des deux couples qui viennent, le soir des noces, faire à leur vieil ami, fétiche qui remplace le chat Carol, la surprise de leurs habits de fête.

Cette histoire romantique se déroule dans une atmosphère de Perrault et de Hartmann. C'est un conte de fées sans fées.

Un roman dont les épisodes relèvent de toute la merveilleuse mythologie de l'enfance.

L'Éternel Retour

L'auteur estime que l'époque doit contredire les petites histoires par l'emploi des grandes légendes françaises et qu'entre toutes, une légende d'amour devrait réunir d'innombrables suffrages.
Il s'est arrêté sur la plus belle de toutes : le roman de Tristan et Iseult.
Il s'est dit que, pour la rendre plus accessible et pour prouver aux foules que la noblesse est de tous les âges, il conviendrait de la transporter à notre époque et d'en faire revivre les épisodes célèbres à des personnages comme nous.
C'est ce qui motive son titre : *L'Éternel Retour* emprunté à Nietzsche. Éternel retour des mythes du cœur.
Nul détail sur les lieux et sur le nom des personnages. Le roi Marc sera l'oncle Marc, comme Tristan sera Patrice et Yseult Natalie.
Les épisodes seront à peu près ceux du roman de Joseph Bédier.
Patrice, orphelin, est le neveu de Marc qui le préfère à tous. Le château de Marc, riche industriel, est en outre habité par la sœur de Marc, son mari et leur fils Achille (le nain du conte). Le groupe déteste Patrice et le jalouse.
Patrice essaye de convaincre son oncle de se marier. Il est encore assez jeune et s'il se marie Patrice n'aura plus cette gêne de paraître frustrer la famille. Marc est très seul mais n'imagine pas à quel genre de mariage il pourrait prétendre. Patrice propose de lui trouver une jeune fille.
Patrice la trouve, cette jeune fille, dans une île voisine. Blessé par accident on le transporte chez Anne, vieille femme de pêcheur et guérisseuse. Chez Anne, il est soigné par Natalie. C'est aussi une orpheline. Ses parents l'avaient eue

dans l'île et ne voulurent pas l'emmener dans la croisière de yacht où ils périrent en mer. Natalie est « d'ailleurs » et vit comme on vit dans cette petite île et ce petit port. Patrice lui offre de l'emmener. Elle se mariera. Elle sera riche. Elle vivra. Natalie croit que Patrice qu'elle commence à aimer le lui offre à son compte. Lorsque la naïveté de Patrice lui déclare qu'elle épousera son oncle, sa première révolte contre Patrice se change en dépit profond et par bravade, elle accepte.

Patrice l'emmène au château. Marc est émerveillé par elle. Mariage. Haine et complot de la famille. Le nain observe et rapporte. La vieille Anne a confié *le vin d'herbe* de la légende à Natalie qui n'y croit pas et l'a rangé dans sa pharmacie.

Un jour d'orage où Patrice et Natalie restent seuls au château, la scène du philtre a lieu. Ils le boivent à leur insu par la faute du nain Achille. Les voici liés par le lien surnaturel et, peut-être, simplement par un amour qu'ils comprenaient mal l'un et l'autre et que les circonstances de cette journée les obligent à comprendre.

De cette minute, le film suivra la légende. Les pauvres enfants essayeront de se rejoindre, on les guettera, les accusera. Marc éloignera Patrice pour que cessent les racontars. Il en souffre. Le rappellera et le chassera enfin, ainsi que Natalie, lorsqu'il croira, grâce au nain Achille et à ses ruses, tenir la preuve de leur faute. Mais, peu à peu, on sent que Marc s'acharne à contrecœur et qu'il se rend compte que son mariage était trop hâtif, qu'il aurait dû, avant de se décider, observer davantage et attendre. Son grand cœur souffre plus du mal qu'il fait et qu'il devine que du mal dont il est atteint.

Patrice ne doit pas revoir Natalie et Natalie doit retourner dans l'île. C'est ce qu'elle redoute le plus au monde. Patrice l'enlève et se sauve avec elle. Il la protégera : il attendra que la colère de Marc se calme.

Ils campent en forêt, mais l'automne approche. L'abbé Hogri, que Patrice a été consulter au village, arrive à convaincre Natalie qu'elle doit retourner à son devoir. Comme dans la légende, Marc est venu la nuit et a découvert leur cachette, leur sommeil chaste. Il regrette sa colère. Il reprendra Natalie. L'abbé pousse Patrice à travailler en ville et à y attendre le moment où les choses se détendront et se dénoueront d'elles-mêmes.

C'est dans cette ville voisine que Patrice rencontre son camarade Lionel et sa sœur, l'autre Natalie (Natalie la brune). Au château Natalie dépérit. Patrice est sans nouvelles. Une longue camaraderie l'habitue à l'autre Natalie et à Lionel et l'autre Natalie l'aime. Il ne peut résister à emmener les nouveaux amis en vacances dans l'île et dans la maison d'Anne. Et là, par le même dépit déplorable que Natalie il épouse l'autre Natalie.

Mais ayant avoué sa merveilleuse aventure à Lionel, il veut revoir une fois Natalie sans qu'elle le voie, se sentir définitivement libre et capable de rendre l'autre Natalie heureuse. Il emmène Lionel. Ils voient Natalie. Natalie, malade, ne devine pas la présence cachée de Patrice, mais son chien qu'elle avait gardé la devine et le rejoint. Il se sauve toujours accompagné de Patrice.

Dans les vignes il se prend la jambe dans un piège, s'y blesse gravement. Revenu dans l'île, la blessure s'envenime. Il divague. Anne et les herbes ne peuvent le sauver. Il supplie Lionel de lui chercher Natalie. Il ne veut pas mourir sans la revoir. L'autre Natalie les surveille et sa jalousie est terrible bien qu'elle la dissimule.

Au château où Lionel arrive, Marc a compris sa faute. Il ne devait pas épouser cette fille trop jeune. Il devait l'unir à son neveu. Natalie retrouve des forces pour aller à l'île avec Marc et Lionel. Mais, comme dans *Tristan*, ils arrivent trop tard. Patrice, qui attendait à la fenêtre en regardant la mer, sera trompé sur leur arrivée par l'autre Natalie et mourra de détresse.

Natalie et Patrice se rejoignent dans la mort. Tout s'efface devant ce merveilleux sortilège. Marc restera seul au château avec le chien de Patrice et les deux tombes où fleurissent deux rosiers emmêlés. (Scénario.)

Après *Renaud et Armide*, où j'ai inventé le mythe en ne gardant que le nom de personnages célèbres, j'ai voulu, pour *L'Éternel Retour* ne changer que le nom des personnages et copier un célèbre mythe, celui de *Tristan et Yseult*. *L'Éternel Retour*. Ce titre, emprunté à Nietzsche, veut dire ici que les vieux mythes peuvent renaître sans que leurs héros le sachent.

On devine combien il est difficile de ne pas perdre l'équilibre dans une entreprise qui consiste à doser le monde moderne et la fable. Goethe oppose la vérité à la réalité (une vérité, dit-il, sans l'ombre de réalité) en montrant à Eckermann une gravure de Rubens. Pour cette méthode lyrique, les lithographies du *Faust* d'Eugène Delacroix pouvaient lui servir d'exemple.

Le cinématographe me semble être l'arme type lorsqu'un poète vise un but de familiarité quotidienne, d'insolite, de sublime sérénité, dont le mélange est le propre du rêve.

Mais, même s'il connaît les ressources de l'appareil de prises de vues et ne se limite pas au texte, un auteur de films ne travaille pas seul. Jusqu'à nouvel ordre, cette expérience lui demeure interdite.

J'ai eu la chance, une fois mon mécanisme au point, de pouvoir réunir les hommes capables de le mettre en marche : Jean Delannoy et Roger Hubert. Je devrais ajouter : Georges Auric, car sa musique a coupé le fil qui, jusqu'à la dernière minute, attachait encore notre œuvre.

Jean Delannoy est un monteur professionnel, jamais il ne lui arrive d'improviser sa route, de se laisser aller au hasard, de dévier d'un pas sa démarche de somnambule. Il avance, il dort, il traverse le vide, il longe des précipices, il n'accorde aucune importance à ce qui risquerait d'interrompre son rythme. Rien ne l'éveille.

Voilà, m'objectera-t-on, un étrange collaborateur pour un maniaque comme vous qui n'aime pas rester en arrière. Certes, le travail eût été impossible sans une sorte de prodige d'amitié (un « charme » pour employer le style de Tristan) qui nous a fait nous endormir tous, suivre tous ensemble ce metteur en scène endormi.

Tous : Roger Hubert qui suivait sur un rail nocturne en cinématographiant l'invisible, ses aides, les nôtres, le décorateur, le costumier, les photographes, les artistes, les machinistes et jusqu'au chien Moulouk qui recommençait sans se tromper les prouesses les plus difficiles. Oublierai-je André Paulvé qui nous laissait dormir debout et nous faisait confiance ?

En ce qui me concerne, le réveil de notre singulière promenade a été difficile. Je retrouvais l'actualité, la solitude.

J'eusse aimé ne jamais quitter l'équipe de Nice, continuer toujours à meubler le silence, à obtenir le mystère sans l'emploi de symboles, à supprimer le plus de phrases possible, à ne laisser que celles qu'on cite en racontant une légende, à déguiser un lac en mer, à substituer à la voix de Patrice le chant de l'oiseau qu'il imite, à lancer Yvonne de Bray, Jean Murat, Junie Astor, Roland Toutain dans des rôles dont ils n'avaient pas l'habitude, à essayer de comprendre le phénomène par lequel Sologne et Marais se transfigurent dès qu'ils boivent le philtre (l'ont-ils bu ou ont-ils cru le boire ?) et, sur un pavois royal, s'embarquent, côte à côte, jusqu'aux joyeuses fanfares de la mort.

N. B. – Je n'ai gardé que le nom de Marc, qui n'est plus roi, et le nom du nain (joué par Pieral) que je donne à la famille dont il est le fils et qui représente le parti des traîtres, en lutte contre les amants. (*Comœdia*, n° 116, 18-9-1943.)

Lorsque Nietzsche a fait sa découverte éblouissante de l'éternel retour, découverte sur laquelle il ne donne aucun détail, il lui attribuait, je suppose, une signification plus complexe. Par ce titre que je lui emprunte, je veux dire ici que les circonstances précises d'une légende peuvent renaître éternellement et leur héros suivre, sans qu'ils s'en doutent, le même chemin qui mène de l'amour à la mort.

Prendre des héros illustres, les dépouiller de toute mythologie fantastique, les jeter dans le monde moderne et leur conserver la grandeur, ce n'était pas une petite tâche.

Il fallait, en premier lieu, que je m'interdise la langue poétique et laisser la poésie ne se dégager que de l'image. En second lieu, il fallait trouver l'équipe capable de traverser le vide, sur un fil tendu.

Jean Delannoy, Roger Hubert, Georges Auric et les artistes et ceux qui habillent et ceux qui décorent et ceux qui les aident, tous ont formé avec moi cette force merveilleuse que j'oppose à la collaboration et qui ressemble beaucoup plus à un cri du cœur.

Il ne s'agissait plus de spécialistes ni de prérogatives. Chacun trouvait et cherchait ensuite. Car le secret du lyrisme consiste à trouver d'abord et à chercher après la manière d'exprimer ce qu'on trouve.

La science occulte de Jean Delannoy, l'œil d'oiseau nocturne de Roger Hubert et mon hypnose en face de cette audacieuse entreprise, composaient un mélange non moins actif que le philtre que boivent les amants.

Les artistes en étaient imprégnés, grisés, soulevés, transfigurés de telle sorte que, vers le milieu du travail, nous les vîmes changer leurs timbres de voix, leurs gestes.

Dès cet instant, Sologne et Marais partent à la dérive sur le pavois royal de la barque renversée où ils se rejoignent enfin dans la mort.

Ma grande joie, dans ce film, aura été d'obtenir de Jean Delannoy qu'il me laisse l'assister de la première à la dernière minute, simplifier le texte à l'extrême et orchestrer le silence. Un œil qui s'ouvre dans l'obscurité, une bouche humaine qui chante le chant du rossignol, un chien qui brise sa chaîne et saute dans les bras de son maître, une tête malade qui émerge de l'ombre et qui écoute le bruit d'un moteur sur la mer, tout cela me passionne mille fois plus que des paroles.

Et c'est parce qu'il me comprenait et me laissait mettre la main à la pâte que Jean Delannoy sentait la présence encombrante du texte dont il n'aurait eu que faire et par lequel j'eusse voulu tenir un rôle absurde.

Voilà, puisque vous me le demandez, quelles furent, à mes yeux, les chances de *L'Éternel Retour*. À quoi ces chances aboutissent-elles, ce n'est pas à moi de m'en rendre compte. Mon désir serait qu'elles trouvassent une réponse chez ceux qui n'habitaient pas notre entreprise et la jugeront du dehors. (*Présent*, 27-9-1943.)

Je ne vous répéterai jamais assez que vous n'allez pas voir un film, mais une tentative de pensée par images, de penser tout haut. Cette méthode est aussi loin de moi que possible à l'heure actuelle où le seul problème qui m'intéresse est de chercher l'équilibre (j'allais dire le malentendu) entre quelques personnes difficiles et le gros public.

Auprès du gros public nous ne pouvons réussir que par des moyens de surface. Lorsqu'on me téléphone toutes les trois minutes pour me demander si Jean Marais aime le chocolat, si le chien Moulouk aime le sucre, je me trouve en face des offrandes aux dieux grecs – car toute une jeunesse n'ayant plus aucune base de croyance, comme dans l'Athènes de la domination de Rome, se fait une mythologie avec les héros et les héroïnes de films. C'est un culte assez frivole mais je conseille aux acteurs qui en souffrent de ne pas le prendre avec mauvaise grâce – et de penser au mot de Wilde : « Être reçu dans le monde est ennuyeux, ne pas être reçu dans le monde est un drame. »

Si ce culte d'extravagance venait à manquer à l'artiste, il en souffrirait davantage que de la fatigue qu'il lui impose.

Une seule chose me reste intacte du film que vous allez voir – la certitude que certains auteurs doivent machiner leur film d'avance de telle sorte qu'un metteur en scène deviendrait un pléonasme et un génie quelle que soit son audace. J'emploierai cette méthode pour mon prochain film : *La Belle et la Bête* et nous verrons bien ce qui en résulte.

L'écriture d'un film n'est pas ce qui est écrit, c'est ce qui se voit. Un film de Marcel Pagnol est de son écriture. Un film de moi, même avec un metteur en scène que j'approuve et que j'aime est un film traduit dans une autre langue.

De longue date je caressais ce rêve : prendre le thème de Tristan et Yseult, le situer à notre époque. Le théâtre et le livre m'opposaient des obstacles insurmontables. À force de vivre au milieu du travail des étonnantes usines de féerie du cinématographe, j'ai constaté que le film était le seul véhicule possible pour réussir l'équilibre entre le réel et l'irréel, pour hausser une histoire moderne jusqu'à la légende. C'est grâce à la confiance d'André Paulvé, grâce à l'amitié de Jean Delannoy que j'ai pu essayer de résoudre le problème.

En effet, dans un film, le texte est peu de chose. Il importe de le rendre invisible. La primauté de l'œil sur l'oreille oblige le poète à raconter en silence, à enchaîner les images, à prévoir leur moindre recul et leur moindre relief.

Que serais-je devenu sans Delannoy, qui désirait cet échange d'ondes et me demandait de le suivre lorsqu'il montait et mixait les bandes ; sans Roger Hubert, qui opérait à travers notre œil et notre cœur ?

Je profite de ces quelques lignes pour remercier la firme, les artistes, Georges Auric, dont la musique merveilleuse a coupé le dernier fil qui nous retenait encore au sol et, du décorateur au dernier machiniste, toute l'incomparable équipe de *L'Éternel Retour*. (*Aspects*, n° 1, 5-11-1943.)

J'ai beaucoup ri de certains articles de Londres où l'on accusait *L'Éternel Retour* d'être d'une inspiration germanique à cause de ses héros blonds et, j'imagine, à cause de l'opéra de Wagner. Or *Tristan*, que *L'Éternel Retour* paraphrase, est une œuvre qui appartient autant à l'Angleterre qu'à la France. Yseult s'embarque sur la Tamise pour rejoindre Tristan mourant, et on ne se représente pas plus Tristan et Yseult bruns qu'on ne se représente Carmen blonde.

J'appartiens à la génération qui luttait contre le wagnérisme. J'ai maintenant, et je m'en félicite, l'âge où l'on dépose les armes. Je me laisse porter par les vagues de Wagner, je laisse agir son philtre. Ce n'est donc pas par un anti-germanisme ridicule mais par respect pour son œuvre que je n'ai même pas songé à m'en servir.

Il existe fort peu de grandes histoires d'amour, de triomphes du couple. *Tristan* en est le type. J'ai voulu mettre une légende, illustre entre toutes, au rythme de notre époque et prouver que l'éternel retour de Nietzsche pouvait se traduire par l'éternel retour à travers les siècles de coïncidences, de surprises, d'obstacles et de rêves provoquant une intrigue que d'autres personnes revivent sans même s'en rendre compte.

Je m'obstine à le dire et à le redire : Merveilleux et Poésie ne me concernent pas. Ils doivent m'attaquer par embuscade. Mon itinéraire ne doit pas les prévoir. Si j'estime que tel terrain d'ombre est plus favorable qu'un autre à les abriter, je triche. Car il advient qu'une route découverte et au grand soleil les abrite mieux.

C'est pourquoi je m'attache autant à vivre dans la famille de Belle que dans le château de la Bête (*La Belle et la Bête*). C'est pourquoi l'allure féerique m'importe davantage que la féerie en soi.

C'est pourquoi l'épisode, entre autres, des chaises à porteurs dans la basse-cour, épisode qui ne relève d'aucun fantasme, est, à mon gré, plus significatif que tel artifice du château.

Dans *Le Sang d'un poète*, le sang qui coule à travers le film dérange nos juges. À quoi bon, se demandent-ils, nous dégoûter et nous choquer exprès ? Le sang qui nous écœure nous oblige à détourner la tête et nous empêche de jouir des trouvailles (par *trouvailles*, ils entendent : l'entrée dans la glace, la statue qui bouge, le cœur qui bat). Mais de l'une à l'autre de ces secousses qui les réveillent, quel lien, je vous le demande, sinon ce sang qui coule et auquel mon film emprunte son titre ? Ils ne sentent plus que les pointes. C'est ce qui les enfièvre, leur donne la bougeotte, les oblige à courir d'opinion en opinion et de lieu en lieu.

Dans *L'Éternel Retour*, le château des amants leur semble propre à la poésie. Le garage du frère et de la sœur, impropre ; ils le condamnent. Étrange sottise. Car c'est justement dans ce garage que la poésie fonctionne le mieux.

En effet, à comprendre l'abandon du frère et de la sœur, à leur méconnaissance innée et comme organique de la grâce, on la touche du doigt, et j'approche des terribles mystères de l'amour.

En ce qui concerne le cinématographe, j'estime que le progrès de son âme ne relève pas du progrès de ses machines. Au contraire, il semble que la richesse et la facilité du travail lui ôtent du drame et qu'ils éteignent en quelque sorte sa faculté d'hypnose.

Voilà notre dernière chance dans un pays où l'électricité manque, où les lampes fonctionnent mal, où nos microphones et nos appareils ressemblent à de vieux autobus. Notre imagination et celle des ouvriers, qui est admirable, doivent suppléer au matériel qui manque. Cela nous oblige à l'effort et nous enlève toute possibilité de paresse.

En vérité, je vais plus loin. Le cinématographe, par le rapport immédiat qu'il exige, deviendra de plus en plus semblable aux grosses maisons d'édition qui penchent à demander aux auteurs les romans qu'elles veulent mettre en vente.

C'est pourquoi je me tourne vers le 16 millimètres, arme parfaite avec laquelle le poète peut chasser la beauté, seul, libre, son fusil à prise de vues sur l'épaule.

Un contretype (dont l'Amérique nous offre des exemples extraordinaires) mettra ces entreprises modestes à la portée de tous.

Je viens, personnellement, de prendre un film de ce genre dans mon jardin. J'y ai retrouvé l'aigu et la liberté totale de ma jeunesse où je ne savais rien du métier, où je l'inventais à mon usage.

Entre nous, je préfère ce moyen d'expression aux lourdes entreprises qui nous écrasent sous des responsabilités innombrables et qui emploient trop de monde. Il faudrait que s'ajoutassent aux œuvres officielles ces œuvres de marge, ces œuvres secrètes, qui ont toujours fait la gloire cachée de notre pays où Rimbaud rayonne.

L'Éternel Retour est un film dans lequel je n'exerçais qu'une surveillance amicale. Delannoy le dirigeait. J'en remercie toute l'équipe, et Madeleine Sologne pour qui j'inventai une coiffure, sans savoir que Veronika Lake l'inventait à la même minute à Hollywood, et Jean Marais qui arrive, dans la dernière bobine du film, sur les plus hauts sommets auxquels un acteur puisse prétendre.

Le cinématographe n'a que cinquante ans. C'est très jeune pour une muse. Il fait encore ses premiers pas. Il est, à mon avis, en route pour devenir l'art complet par excellence, un théâtre des foules où ni la musique, ni la danse, ni la parole, ni le masque grec (le gros plan), ni le murmure que des centaines d'oreilles peuvent entendre, ni rien de ce qui compose le drame ne fait défaut. Mais pour le bien employer, il importe que l'auteur, non seulement ne le méprise pas, mais s'y livre corps et âme. Passeront aussi vite papier, pellicule et la terre inconfortable sur laquelle nous sommes. Que l'orgueil humain se le dise et ne craigne plus de s'exprimer par les images sous prétexte que ces images sont moins durables que l'écriture. Rien ne vieillit mieux qu'un beau film.

LA PRINCESSE DE CLÈVES

L'histoire de Mme de La Fayette n'est autre qu'une orgie de pureté. Il était difficile de la faire admettre par une jeunesse très libre. Peut-être un excès de liberté, une impossibilité de désobéir et la fatigue qui en résulte lui permettront-ils de comprendre l'étrange attitude d'une femme qui demande à son mari de la défendre contre les élans de son cœur.

Sauf certaines licences, indispensables à rendre l'intrigue d'un film noir longue, nous avons conservé la ligne vigoureuse d'un style que la romancière opposait aux guirlandes de l'époque. Notre espoir est que la noblesse d'âme et la tenue morale des personnages, correspondant à l'espèce d'armure somptueuse de leurs costumes, transporteront le public à travers les âges et les séduiront par un spectacle semblable à celui que nous réserve, peut-être, la découverte de mondes lointains et inconnus.

Je félicite Jean Delannoy, au lieu d'avoir costumé du présent en passé, d'avoir donné force d'actualité à une période morte, aussi étrangère à la nôtre que la faune et la flore des astres.
(*L'Avant-Scène Cinéma*, n° 3, 15-4-1961.)

IV

Synopsis inédits

Un épisode de La Vie de Coriolan ou Cela va de soi

En 1292 la féodalité n'avait pas encore pris sa forme définitive. Des luttes sournoises mettaient aux prises la noblesse des terres et la noblesse du roi. Il en résultait des guerres, dites guerres des princes, qui lésaient le peuple sans enrichir les seigneurs. C'est une de ces guerres que nous essayons de présenter au public en lui signalant que les personnages sont fictifs et sans aucune réalité historique, sauf le personnage de Coriolan, cela va de soi.

Coriolan

Prisonnier des geôles de Tékalémit, domaine de l'illustre famille des Popof, Coriolan s'évade.

En son château de Tékalémit, le comte Popof, gardé par ses chiens de traîneau, compulse un traité de chasse à l'aigle.

Le luxe de ces époques féodales dépasse l'imagination humaine. La domesticité, comme on le constate, y était innombrable. Aucun de ces grands seigneurs ne serait descendu, pour tourner les pages, à mouiller son doigt sur sa propre langue.

Le comte a égaré ses lunettes. Il appelle son intendant. L'intendant croit que c'est pour le service de langue. Il se trompe. Ivre de rage le comte Popof le frappe sauvagement.

Sa colère est terrible.

Mais il se calme et consulte le ciel. Il cherche des aigles.

Coriolan, libre, se venge sur un de ses ennemis.

Cependant le comte Popof part pour la chasse à l'aigle.

Il croit voir un aigle, il tire. Ciel, un jeune chien tombe à ses pieds.

Le comte Popof, qui adore les chiens, se lamente.

Coriolan a entendu ses lamentations. Il cesse de fouetter son ennemi et court dans la direction des plaintes.

(Son ennemi saigne. Plan muet.)

Popof entend quelque chose de suspect. Il écoute, mais lorsqu'il regarde, le chien est devenu une jeune femme.

Coriolan débouche des fourrés. Il voit le comte. La jeune fille s'est transformée en son ennemi.

Il approche et, profitant de l'effroi du comte, lui arrache son ennemi mort et disparaît.

Le comte le regarde fuir avec stupeur.

Pendant qu'il le transporte, son ennemi est redevenu jeune femme. Coriolan court et dépose la jeune femme sur une pelouse.

C'est la pelouse d'un croquet. Les joueurs, furieux, le menacent.

Coriolan le brave est effrayé par leurs armes inconnues. Il se sauve.

Un joueur croque une boule en se servant de la tête de la jeune femme. Les joueurs se précipitent et ils enchaînent la jeune femme avec les arceaux du croquet.

Horreur, la jeune femme est redevenue l'ennemi de Coriolan.

Un joueur prend l'ennemi de Coriolan par la tête. La tête lui reste entre les mains.

Les joueurs terrifiés assistent à ce spectacle.

Le comte Popof a repris sa chasse. Cherchant des aigles il voit soudain à la fenêtre de la maison du Bailli la jeune femme et l'ennemi de Coriolan qui s'embrassent.

Il tire.

L'ennemi de Coriolan tombe par la fenêtre.

Le comte est cloué sur place.

La jeune femme sort de la maison, en larmes, se précipite sur le corps de l'ennemi de Coriolan et le couvre de baisers.

Le comte va fuir, mais Coriolan appelle et lui touche l'épaule. Le comte se statufie. Coriolan le retourne, lui arrache sa casquette, sa barbe, symbole de sa puissance. Ensuite il lui met la corde au cou. Le comte vaincu meurt.

PAS DE CHANCE

Mon intention est de faire un film de gros public international.

Je procéderai par gags. C'est-à-dire que chaque image devra composer un tout et une trouvaille qui s'enchaîne à l'autre.

Voici les grandes lignes du sujet :

Un jeune marin hâbleur sort du bagne de Calvi et repousse Rachel, poule entre deux âges, qui comptait le suivre après sa libération. Il retourne dans la petite ville de province où il habite chez sa mère avec sa sœur, son frère et une jeune cousine qui l'aime (tout en le connaissant) et qui voudrait l'épouser. Cette jeune cousine a refusé un mariage avec un journaliste qui débutait en province et vient de réussir à Paris.

« Pas de chance » (c'est le tatouage qu'il porte sur la poitrine) trouve une place chez un imprimeur et rêve d'être le « gangster » qu'il se vante d'avoir été en Corse et qu'il se vantait au bagne corse d'avoir été dans la marine.

Lettres sur lettres de Rachel. Il les brûle. Une nuit, elle arrive après avoir annoncé qu'elle venait. « Pas de chance » l'attend non loin de la gare. Sa toilette tapageuse, son maquillage, le scandale l'effrayent. Il lui propose de venir « s'expliquer » à l'imprimerie dont il a la clef.

L'explication est telle qu'il la frappe et par mégarde la tue avec une masse de copie. Il la traîne dehors. La cale contre une borne. Il a une faiblesse et s'appuie contre une vieille affiche décollée. Il y imprime sa main sanglante et, au milieu, le rouge à lèvres de sa victime qu'il a gardé pour l'avoir réduite au silence pendant la scène.

Il rentre, se couche et, le lendemain matin, ivre d'être « célèbre », d'étonner les siens et la petite ville et le monde, il se rend au commissariat pour se livrer.

Trois faux coupables se sont déjà livrés par ce sadisme bien connu des faux criminels. On refuse de le croire, d'autant plus qu'on le connaît comme hâbleur, mégalomane et qu'il raconte le crime en l'exagérant et en disant qu'il a tué avec un couteau.

(Une des singularités violentes de ce film sera que les scènes réelles et les scènes racontées, menties, seront vues et tournées sous d'autres angles.)

Il s'accuse chez lui. On refuse de le croire. Il va se confesser. Secret du confessionnal. Etc.

On l'appelle «l'assassin» en riant. Chaque nuit, il refait le parcours du drame et se plante devant la boutique à l'heure du meurtre.

Un jour, harassé, il se baigne dans la rivière. Sortant du bain, il se trouve en face d'un homme jeune assis sur la berge. Cet homme voit son «Pas de chance» surgir de l'eau. C'est le journaliste envoyé pour l'enquête d'un grand quotidien.

Ce journaliste a vu l'affiche, l'a déchirée, emportée; il a la preuve. Il le lui dit. «Pas de chance» délire! Enfin, on va le *croire*, l'accuser pour de bon. Mais il se trompe, le journaliste le sauvera de force. Il ne veut pas qu'on dise qu'il le fait prendre pour se débarrasser d'un rival. Il le conserve pour l'obliger à rendre cette jeune fille heureuse. Quel rival? Il n'aime que son crime. Il n'aime que cette *heure de sa vie*.

Le film, ce seront les mille obstacles qui l'empêchent de se faire prendre et le refus d'être heureux. Peu lui importe. Il ne veut que *cela*.

Mère, sœur, frère, fiancée, etc.

Il sera vendu par son frère, type de petite classe, qui le jalouse du rôle que la révélation du journaliste lui donne chez eux.

Le journaliste croit que «Pas de chance» lui a volé la preuve. C'est le frère. Course pour le trouver. Trop tard. Une dernière nuit, il refait son chemin de croix et avoue à une femme de bordel qui le conjure de se taire. À l'heure du meurtre, il arrive devant la boutique. À la même minute, la jeune cousine lui saisit les mains pour l'arracher de là et celles des policiers s'abattent sur son épaule. Il demande qu'on lui laisse une minute de calme. Il veut jouir de son triomphe. *Il connaît enfin l'amour.* Il est délivré. Il trouve sa paix. La paix du « Pas de chance ». Le point final de son rêve. La jeune fille et le journaliste sont liés par le destin. Elle aimait un fantôme. Chacun retrouvera son sort.

Un tel film est irracontable sans le découpage. Il n'existe, en effet, que par le contraste des mensonges – par cette chance qui est une malchance – et tous les obstacles à l'envers de l'homme traqué – « l'homme qui n'arrive pas à être traqué ».

Le début au bagne est d'une grosse importance en moi, ainsi que les scènes de la mère et des fils, des interrogatoires, des risées, etc., dont je n'ai pas parlé en cours de route. (*Empreintes*, n°s 7-8, mai-juin-juillet 1950, Bruxelles, Éditions « L'Écran du Monde ».)

Le Bec de gaz : grande comédie à gags

Un jeune homme et une jeune fille font un numéro de danse. Le jeune homme adore la jeune fille et veut l'épouser. Elle a un caractère insupportable et refuse car elle le trouve trop doux et trop simple. La mère (de la jeune fille) la pousse à épouser un impresario très rude qu'elle refuse en se moquant de lui.

Un jour, après leur numéro, ils passent dans la salle pour assister à la séance d'un célèbre fakir. La jeune fille est incrédule et fait un scandale. Le fakir la prie de se prêter à une expérience. Le jeune homme crie : endormez-la et ordonnez-lui d'être douce et charmante jusqu'à demain. La jeune fille l'en défie. Il l'endort et le public voit descendre de l'estrade une jeune fille calme et modeste. Le fakir les invite à revenir le lendemain, il la réveillera.

Sortant du music-hall, le fakir se tue en automobile contre un bec de gaz au bout de l'avenue où se trouve le music-hall.

Impossible de réveiller la jeune fille. Visites des journalistes et visites aux docteurs. Ils se moquent du jeune homme, car il se plaint de ce qu'elle est devenue charmante. La mère la pousse encore à épouser l'impresario riche. Soumise elle accepte. Scènes du jeune homme qui devient fou de rage et peu à peu devient aussi violent qu'elle était violente. Les caractères se renversent.

Un soir, leur voiture se cogne contre le bec de gaz où s'est tué le fakir. La jeune fille s'éveille et gifle le jeune homme qui riposte. Les voilà tous les deux insupportables.

La vie devient tellement infernale qu'un soir de scène en auto, le jeune homme décide d'en finir et précipite exprès la voiture contre le fameux bec de gaz.

Ils s'évanouissent dans la voiture en pièces.

On voit sur l'écran un énorme chemin fleuri sur lequel ils s'éloignent en robe de mariée et en habit. Ils marchent, ils marchent, la main dans la main et rapetissent. Lorsqu'ils sont devenus minuscules au loin, on entend des cloches et une voix crier vaguement : ils en ont pour quinze jours.

Le flou se fait et se change en chambre de clinique. Les lits sont côte à côte. Lui dans l'un, elle dans l'autre et le docteur enchaîne : ils en ont pour quinze jours – à la mère en larmes.

C'est le réveil du chloroforme. Sous leurs bandages ils se regardent – sourient et se prennent la main.

La Ville maudite

Un garçon a été chassé de sa ville de province parce qu'il était élevé par charité dans une famille et qu'il semblait vouloir prendre de l'influence sur la petite fille de la maison. Devant la dureté croissante de cette famille, il s'est sauvé farouchement et a vécu de rapines et de petits métiers. Il pense toujours à cette jeune fille et à se venger. Il revient de la forêt près de la ville et se cache dans une cabane de bûcherons où, jadis, il jouait avec la petite aux romanichels. Là il se trouve nez à nez avec des enfants de la ville qui sont boy-scouts et qui campent dans les bois. Il les étonne, les émerveille et devient chef secret de leur bande. Il les dresse contre les familles avares et méchantes. Ils observent chez eux, fouillent et lui apportent des renseignements. (Penser à Savonarole et à ses gosses).

Un jour le petit frère de la jeune fille fouille chez elle et il est pris en flagrant délit. Elle l'interroge et apprend qu'un garçon les dirige. Elle décide d'aller secrètement voir ce qu'il en est. Elle y va en secret et se trouve tête à tête avec l'ancien garnement. Il est devenu beau. Elle est séduite sans le vouloir et peu à peu le nourrit en cachette – essaye de l'éloigner. En fin de compte il arrive à lui prouver l'horreur de cette petite ville où elle végète et s'en fait un complice.

Peu à peu la jeune fille s'aperçoit que son activité l'entraîne aux lettres anonymes, etc. Elle veut sauver le garçon – le supplie de renoncer à ses vengeances. Il accepte si elle se sauve avec lui. Elle refuse – effrayée devant une vie de vagabondage.

Il la menace. Folle de colère – elle le dénonce – on l'arrête. Scandale – procès. La ville est tellement ignoble que la jeune fille s'aperçoit qu'elle adore ce garçon et veut le sauver. (Il croit l'avoir prise en haine.) Elle commence alors à jouer le même jeu que lui, à grouper les enfants, et arrive à démasquer deux ou trois familles. Cette entreprise la mène à sa propre famille qui tremble de peur. Le fait que les choses continuent malgré l'emprisonnement du garçon le disculpe un peu. On cherche le vrai coupable ou le complice et on aboutit à la jeune fille. Elle avoue et insulte les autorités, la ville. On l'enferme. Le procès et leurs rapports à la prison (genre *Chartreuse de Parme*) doivent être une grosse partie du film. Ils sont tous deux sauvés par les enfants qui témoignent de telle sorte qu'on est obligé de voir que leur travail aidait la justice. Ils sortent et sont accaparés et acclamés par les enfants qui ne veulent plus les quitter. Ils fondent une œuvre (style moderne) où les enfants forment une sorte de camp de jeunesse dirigé par nos héros. Mariage au milieu des enfants.

Ceci est la grosse ligne centrale d'un film de violence, de bois et de petite ville qui doivent devenir le symbole de la propreté jeune victorieuse des combines. Les enfants aussi doivent jouer un grand rôle.

Trois histoires louches des grandes familles doivent mêler un élément à cette œuvre de pureté farouche.

Ce film aurait l'avantage de mettre en branle tous les thèmes actuels avec un élément de violence d'amour et de tragédie bourgeoise. S'inspirer des drames de familles de Lyon.

La Couronne noire

Thème général

Une famille, père, mère, fils de 20 ans (fils de parents âgés) habite une maison de campagne aux environs de Perpignan (près de la frontière espagnole) – Le père est médecin et archéologue. La mère est très inquiète de son fils qu'elle trouve violent et mystérieux avec des crises de tristesse incompréhensibles. Elle les met sur le compte d'un amour d'enfance pour la fille des voisins, fille d'un autre docteur que son mari déteste et leur interdit de voir.

Le jeune homme voit cette jeune fille en cachette. Elle l'adore. Ils n'osent aller contre les familles qui se détestent.

Des gitans romanichels s'installent dans la campagne non loin des propriétés. On les voit autour des roulottes et circulant sur la route. Il y a là une fille d'une très grande beauté et de cette extraordinaire élégance des gitanes sous ses haillons. Son talent est de lancer des couteaux autour de la tête de jeunes gitans, debout contre un arbre. C'est son numéro.

Les gitans veulent lire dans les mains et donner de petits spectacles. Mais on les pourchasse et on les oblige à quitter les lieux.

Une nuit d'orage, la foudre tombe sur un arbre qui écrase la roulotte principale. Les chevaux se sauvent. Les autres roulottes flambent.

Bref c'est à la suite des secours, du désordre et de cette catastrophe que la gitane et un jeune gitan blessé échouent devant la grille du docteur.

Le fils les fait entrer et supplie son père de prendre soin du jeune garçon, pendant qu'il retourne faire la chaîne de l'eau.

Le thème sera que cette gitane ne quittera plus cette maison, les envoûtera en quelque sorte, qu'on prendra le jeune gitan comme aide-jardinier. Au début la gitane travaille, mais, peu à peu, son élégance rend la situation gênante et elle finit par faire partie de la maison.

En fait on l'admire, on l'aime et on la craint. Elle sait se faire aimer et chaque fois qu'elle entre dans une chambre on sursaute et c'est un malaise atroce.

Épisode du chien qui hurle à la mort devant elle. Malaise des animaux et des hommes.

Cette gitane ne parle pas la langue française et s'exprime par le jeune gitan qui lui parle un peu. Leurs conversations agitées, interminables et leurs disputes, au milieu de gens qui ne comprennent pas leur langue, ajoutent au malaise grandissant. Il est normal que le fils romanesque s'éprenne secrètement de cette présence insolite et presque fabuleuse. Le père s'en aperçoit et veut chasser la gitane. La mère le supplie d'attendre car le fils qui essaye d'apprendre le dialecte de la fille et se passionne pour ses moindres actes semble se porter mieux depuis l'arrivée nocturne de la lanceuse de couteaux. Crainte des voisins. Atmosphère de plus en plus gênante.

Une nuit le jeune gitan vole de la volaille chez l'autre docteur. D'où drame et de ce drame naîtra la réconciliation des deux familles (comme dans Roméo – Destin).

La jeune voisine peut donc voir librement le fils et s'aperçoit de l'influence de la gitane. Elle le lui reproche. Il a une colère terrible. Puis demande pardon et la jeune fille lui demande que leur mariage se fasse le plus vite possible. C'est parce que le fils croit qu'il existe un sentiment entre la gitane et le jeune gitan qu'il accepte de hâter les noces, croyant blesser la gitane.

En réalité, la gitane n'aime pas le garçon, mais le garçon l'aime, la surveille et hait le fils. Avant le mariage, un soir, le fils comme fou fait comprendre à la gitane qu'il l'aime et veut se sauver avec elle. Elle rit et le rend encore plus fou. Le jeune gitan les a entendus et il essayera de tuer le fils. Nouveau drame qui le fait chasser et arrêter par la volonté du père. Il est arrêté et part en les couvrant d'injures.

La gitane reste seule et son empire secret augmente. Jusqu'au mariage qui a lieu. Le jour du mariage. Il y a partie de pelote ou de tout autre jeu violent. Fête. Gêné par son alliance, le fils se retire et ne sachant où la mettre, en riant, il la passe au doigt de la gitane. Il l'y oublie. Et elle disparaît. Le soir des noces, on a préparé la chambre nuptiale. Le jeune homme a bu. Il fait, dans la chambre de son père, une scène effrayante où il veut encore renoncer à ce mariage. Son père l'insulte. La mère sanglote. Après cette crise, il se calme, la mère le dorlote et il jure qu'il sera calme. Il reçoit sa jeune femme dans la chambre nuptiale. Lorsqu'ils s'y trouvent, en pleine nuit, et que l'état anormal du jeune homme effraye la jeune fille, la porte s'ouvre et la gitane paraît un couteau à la main. C'est dans cette scène qu'elle parlera français avec volubilité. Stupeur. Elle dira qu'elle a appris la langue mais qu'elle voulait observer sans qu'on l'observe. Le jeune homme veut la désarmer, mais elle lance le couteau et tue la jeune femme.

C'est alors que terrifié le fils se sauvera avec elle. Ils disparaissent dans la nuit.

Leur voyage en se cachant de la police. Ils passent la mer. Sur le bateau comme émigrants. (Transit) Leur vie infernale d'amour et de crainte ? Le couloir du bateau devient le couloir entre des montagnes où, sur un mulet, le fils et la gitane se dirigent vers le village natal de la fille. Partout les oiseaux forment des cercles sur eux et les villages qu'ils traversent croient qu'un mort ou une morte vont apparaître et leur demandent si la mort ne les suit pas.

Arrivée au village. La gitane dit au fils de l'attendre et qu'elle va leur trouver un gîte. Il attend, il attend. Elle ne revient plus.

Alors il interroge et il apprend que cette fille est morte deux ans avant ; on le croit fou. On le conduit au cimetière devant sa tombe.

Il entrera au cloître où le père prieur lui apprendra que les morts, morts de mort violente, peuvent revivre et perdre les humains et les entraîner dans leur monde [1].

LA VÉNUS D'ILLE (D'APRÈS UN CONTE DE MÉRIMÉE)

Dans une maison de santé près de Perpignan, on soigne une jeune femme folle. Le docteur rencontre son père dans un grand jardin aux pieds du Canigou. Ce docteur est venu faire une démarche pour savoir du père, M. de Puygarrig, archéologue, le secret de la folie de sa malade. Elle répète sans cesse : « Elle l'a serré, serré entre ses bras », l'œil hagard et le doigt vers un point de l'espace. Le docteur ne peut tenter de la guérir que s'il apprend les détails d'une histoire très confuse et qui devient peu à peu une légende. M. de Puygarrig et le docteur parlent, assis sur un banc derrière lequel se dresse un socle vide. « C'est là, dit M. de Puygarrig, en frappant le socle de sa canne – c'est là qu'elle était. » « Gardez votre calme, dit le docteur, racontez »… Et le film commence.

Cela débute dans la propriété de M. de Peyrehorade, non loin de celle de M. de Puygarrig. Maison riche et singulière. Jardin magnifique. (Car tout ce merveilleux se déroulera en plein soleil, avec quelques gros orages rapides.)

Le fils de M. de Peyrehorade, Georges, est un poète sans poésie écrite. Il est poète sans le savoir et cet état lui cause de graves désordres. De cette maison de famille, de ce jardin, qui ne sont pour sa mère et son père que maison et jardin de famille, il ne voit que le côté mystérieux. Le vent souffle souvent à Ille. Les portes claquent, les fenêtres s'ouvrent toutes seules, les rideaux volent et vous enveloppent, les meubles gémissent, les branches vous agrippent au passage. Georges se croit poursuivi par la haine des objets qui l'environnent. Tout

---

[1]. Jean Cocteau désavoua *La Corona negra* réalisé par Luis Saslavsky en 1952 : voir Francis Ramirez et Christian Rolot, *Jean Cocteau : l'œil architecte*, ACR Édition, 2000.

lui est un prétexte à malaise, à l'épouvante. Sa seule fuite vers le calme, c'est sa voisine, Julie de Puygarrig, la fille de l'archéologue, qu'il aime, dont il est aimé, qu'il rencontre en cachette sur la route, car son père déteste Puygarrig et le méprise parce qu'il est ruiné par ses recherches et ses fouilles infructueuses. Jamais Georges n'oserait parler chez lui de Julie et de son amour.

Chez les Peyrehorade, il y a un jeu de paume dont M. de Peyrehorade est très fier et qu'il veut embellir d'un petit amphithéâtre à l'antique. On travaille à cette bâtisse. Il dirige les travaux. On pioche, on creuse. En creusant, la pelle d'un ouvrier (Jean Coll) rencontre une résistance et sonne comme sur un gong. On découvre la Vénus. M. de Peyrehorade enthousiasmé, ivre d'écraser son voisin, s'écrie : « Un antique ! Un antique ! » On dégage avec mille précautions un bras noir et une main. Terreur de Georges et des ouvriers. M. de Peyrehorade les traite d'imbéciles et manie lui-même la pelle. On sort la Vénus. Elle bascule et casse la jambe de Jean Coll. Premier drame. La statue. Une Vénus admirable, en cuivre, noire, luisante, couverte d'herbes, de mousses, de moisissures grises, les yeux en émail grands ouverts, l'expression méchante, retenant une draperie d'une main et de l'autre jouant au jeu de mourre – Les doigts (le pouce et les deux premiers doigts) étendus – Elle rappelle l'attitude du joueur de mourre désigné sous le nom de Germanicus.

(Le jeu de mourre se joue encore en Italie. Un des joueurs doit deviner rapidement combien l'autre joueur qui lance sa main en avant a de doigts levés.)

Le bruit de la découverte se répand vite. M. de Puygarrig n'y tient plus. Il crève de jalousie. Il verra l'Idole. Car c'est le nom par lequel on désigne partout la Vénus. L'Idole ! L'Idole ! Tout le Roussillon parle de l'Idole avec crainte. Les ouvriers se signent. Elle a cassé la jambe de Jean Coll !

M. de Peyrehorade sermonne sa femme et son fils. Il a découvert un trésor ! Un seul homme le comprendra, Puygarrig. Sa haine s'efface devant son orgueil et son désir de montrer la Vénus. Il embrasse Puygarrig. Il va le chercher. Il l'amène dans son jardin. Et, pendant que Georges et Julie se cachent ensemble, il lui montre la statue, mise sur le socle dont on a enlevé le faune de plâtre. Puygarrig est émerveillé. La statue est une merveille romaine. Loupes. Études. Les inscriptions *Cave a Mantem*. Disputes. L'un traduit : « Prends garde à celui qui t'aime. » L'autre : « Prends garde à toi si elle t'aime. » Ils s'expliquent le jeu de mourre. Sur le bras, la trace d'un bracelet et le mot *Turbul*. Le reste effacé. Sens de *Turbul*. Vénus qui trouble, qui agite – ou le début d'un nom de ville…

Les deux vieillards ne pensent plus à leur longue haine. Ils sont trop nerveux, trop excités par les problèmes de la Vénus.

De ce fait, les Puygarrig prennent pied chez les Peyrehorade. Julie et Georges se retrouvent le soir sur le banc qui s'appuie au socle de la statue, sous la statue qui penche vers eux sa petite tête sombre et cruelle. Ils s'amusent parfois à jouer au jeu de mourre (au jeu de la mourre) – Un soir, Georges et Julie se promettent de s'épouser, malgré les familles. Ce soir-là, ils s'embrassent, ils s'étreignent. *Lorsqu'ils s'éloignent, la statue tourne lentement la tête et semble les suivre de son regard d'émail.* (La veille, Julie recevait une goutte d'eau. Il avait plu. L'eau tombait des doigts de la statue.) – Aveux aux parents. Colère de Peyrehorade. Naturellement ! Il a ouvert sa porte à la ruine, à l'aventure ! Scènes entre les vieillards. Prenez garde, lui dit Puygarrig, votre fils Georges est un poète qui ne fait pas de vers. S'il faisait des vers ce ne serait pas grave. Mais je le connais mieux que vous. Interrogez votre femme que Georges effraye. Il aime Julie. Julie l'aime. Marions-les. Il lui faut l'équilibre d'un amour qui l'arrache à ses ombres, une femme simple, des enfants… « Vous n'avez pas le sou ! » – « Ma fille vaut une fortune ! » Etc. « Je veux attendre. C'est une amourette, Georges ne sait pas ce que c'est que d'aimer. »

À Perpignan, un jour, Georges, aux Platanes, aperçoit une femme élégante qui descendait les marches et s'immobilise. Elle retient une écharpe et sa robe. Sa pose est celle de la statue. Elle porte un large bracelet d'or. (La même actrice jouant le rôle de la statue et de cette dame.) Il s'immobilise à son tour, étonné. Lorsqu'il cherche à suivre la dame, elle a disparu.

En rentrant à Peyrehorade, Georges est distrait et manque le rendez-vous aux pieds de la statue. Il s'enferme dans sa chambre. Julie est seule sur le banc. Jean Coll, guéri, ne la voit pas, s'approche par le terrain de paume avec un camarade et lance une pierre à la statue. Bruit de gong qui épouvante Julie. Elle se dresse et pousse un cri. Un autre cri. La pierre en rebondissant sur le cuivre a blessé Coll à la tête. Georges qui était à sa fenêtre se précipite. Fureur de Jean Coll. Larmes de Julie. Scène de Georges à son père. La Vénus n'est pas faite pour chez eux. Scène du père, soutenu par les rires de Puygarrig : « Portez-la chez moi. » Julie : « Oh ! non. » Mme de Peyrehorade trouve que les enfants et Coll ont raison. Cette idole ne leur veut que du mal. M. de Peyrehorade ne voit qu'une chose : on a risqué d'abîmer un chef-d'œuvre. Ils vont, avec Puygarrig, essuyer tendrement la marque blanche du caillou.

Autres rencontres de la dame mystérieuse dans Perpignan. Tantôt elle tourne le coin d'une rue en penchant la tête, tantôt, penchant la tête, elle disparaît sous quelque porche. Tantôt, elle s'engouffre sous le Castillet. Georges ne l'aperçoit que par hasard et ne la retrouve plus ensuite. Son humeur devient de plus en plus sombre et Julie se désespère.

Un jour, à Perpignan, la dame mystérieuse est assise sur un banc des Platanes. Georges n'y tient plus et l'aborde. Elle répond sans la moindre gêne. Elle le fait asseoir. Elle le connaît fort bien de vue. Elle est italienne. Elle a loué pour l'été la grande propriété de Prades, plus loin sur la route que Peyrehorade, entre Ille et la mer. Elle y invite Georges. Elle s'éloigne et disparaît.

Georges avoue à Julie, sur leur banc, ses rencontres et le prestige que cette Italienne exerce sur sa personne. Il ne l'aime pas. Mais il est attiré, dérangé, fasciné par elle. Il voudrait que le mariage se fasse le plus vite possible.

Julie, émue par sa franchise, parle de l'Italienne à la mère de Georges et lui demande de hâter le mariage. La mère convaincra M. de Peyrehorade. Elle a pris Julie en affection.

Cependant, Georges ne tient pas en place et se rend à Prades. C'est un vaste domaine très étrange. Une maison très vieille, très bizarre et très incompréhensible du dehors, au milieu d'une forêt d'eucalyptus, de lauriers-roses et de broussailles. Un torrent traverse le parc et longe d'immenses cultures de vignes, de pêches, de tomates, de fleurs. Au loin, on devine la mer. Il pousse la grille. Il entre. Il arrive à la maison. Personne. Il cherche la porte, l'ouvre, pénètre dans des salles fraîches et obscures comme des caves. Enfin, il ouvre une petite porte, découvre un salon obscur où la dame italienne est assise. « Entrez, dit-elle, je vous attendais. » Elle mange des figues et lui en offre. Elle bavarde. Elle dit que la propriété lui plaît tellement qu'elle compte l'acquérir. Elle est veuve. Elle est jeune. Elle voudrait connaître un jeune homme qui aime cette propriété comme elle et l'aide à la cultiver, à la gérer. Elle montre sous son bracelet un tatouage ancien, *Turbul*. Elle rit. Bref, elle fait du charme et laisse entendre que cet homme qu'elle cherche est Georges. Georges se sauve, accompagné par son rire moqueur. Arrivé à Peyrehorade, il supplie son père de l'arracher à un mauvais charme et de lui permettre d'épouser Julie. Chapitré par Mme de Peyrehorade et par Puygarrig, M. de Peyrehorade accepte. Fiançailles. Le mariage se fera le 13. Joie. La veille, le 12 au matin, Georges passe devant Prades et ne résiste pas à y entrer. Il ne peut ouvrir la grille. Il contourne la propriété et s'adresse à un vieux gardien. Il demande si Madame est là. Le gardien, stupéfait, lui répond que personne n'habite Prades, que ses maîtres sont en voyage et n'ont loué à aucune dame. Georges se fâche. Le gardien le croit fou. Il le mène jusqu'à la maison et lui prouve que tout est fermé à clef, que les housses sont mises, les volets clos, que nul n'y habite.

Georges, épouvanté, court jusqu'à Peyrehorade où son père, sa mère, Julie et l'archéologue, inaugurent les nouveaux gradins et regardent les paysans jouer à la paume. Il arrache sa veste et s'élance sur le terrain. Il se met à jouer comme on se bat. La famille essaye de le modérer. Il ne veut rien entendre.

Il se dépense, il joue, il joue. Il manque des balles. Il se met en colère. C'est la faute de sa bague qui le gêne, une grosse bague faite de deux mains entrelacées et qu'il voulait offrir à Julie comme alliance – (Julie la trouvait trop lourde, préférait un simple anneau). Il ôte sa bague, court jusqu'à la Vénus et la lui passe au doigt. Puis il se jette dans le jeu, saute, frappe et s'épuise exprès de fatigue. On le supplie de s'interrompre. Non. Il joue ! Il joue ! Il joue ! Il joue avec tant de fougue qu'il tourne de l'œil. Julie s'élance. On le ramène à la maison presque évanoui. Les deux vieillards se regardent en silence. Mme de Peyrehorade pleure. Julie le soigne. Il se redresse. « Assez ! Je ne suis pas malade. » Il éclate de rire. « Préparons la fête. » Orage. C'était l'orage qui le rendait si nerveux ! Il le déteste. Pluie diluvienne. Soudain, il se rappelle qu'il a oublié sa bague sur la Vénus. Julie l'empêche de sortir. Il reprendra la bague après l'orage. Elle n'aimait pas cette bague. Elle serait heureuse qu'il la laisse où elle est et qu'il lui passe, demain, au doigt, le simple petit anneau d'or.

Le lendemain, un vendredi (jour de Vénus, dit l'archéologue) c'est le tohu-bohu du mariage, du départ des voitures pour Perpignan. La Vénus est oubliée. Soleil. Robes. Ombrelles. Habits neufs. Bouquets.

Perpignan. Le mariage. Le simple anneau d'or. En le passant au doigt de sa jeune femme, Georges pense à sa bague oubliée à Peyrehorade et, pendant la messe, ne pense visiblement qu'à cela. La lune de miel doit se dérouler à Peyrehorade. Retour joyeux. Georges est lointain. Il s'ouvre de son inquiétude à l'archéologue qui se moque de lui. L'orage recommence. On rentre sous la pluie. La foudre tombe non loin du refuge où ils attendent sur la route que la pluie cesse. À Peyrehorade, chacun se précipite dans la maison pour se changer et se sécher. Georges boit un grand verre d'alcool et se grise un peu. Il devient de plus en plus étrange. Il s'échappe en cachette et va chercher sa bague sous des trombes d'eau. La Vénus. Il approche. Il tend la main. Mais sa figure se convulse. La Vénus a plié les doigts. Il ne peut reprendre sa bague.

Il court vers la maison, la tête tournée vers la statue. Il trébuche, tombe, se couvre de boue. Dans cet état il pénètre devant les autres et, sans s'adresser à personne, entraîne l'archéologue dans le vestibule. Il bégaye. Il tremble. Il s'accroche à Puygarrig, très inquiet de son état. Tous essayent d'écouter à la porte ce qui se passe. Il raconte à Puygarrig le phénomène des doigts. Puygarrig le croit ivre. Georges veut l'entraîner dehors. Puygarrig refuse, et tâche de le convaincre qu'il a bu et qu'il a cru voir les doigts repliés. Il l'entraîne par l'escalier vers sa chambre. Là, Georges sanglote à plat ventre, mélange l'histoire de la bague et de la maison vide de Prades. Il parle ensemble de la dame italienne et de la Vénus. Puygarrig tente de le calmer et le laisse seul. Il l'enferme. Il redescend parmi les autres et leur dit que ce n'est rien, que Georges est exalté par son bonheur et qu'il a un peu bu. Larmes de Julie. Mme de Peyrehorade la console. C'est un soir de fête ! Georges va se reposer. Julie doit monter dans la chambre des noces, se coucher et attendre Georges. Elle la conduit à sa chambre, l'aide à se déshabiller, l'embrasse, la dorlote et la laisse seule. La chambre est grande, haute, secouée d'éclairs et de tonnerre. Un énorme lit à baldaquin est au milieu. Julie se coiffe, tourne dans la chambre, s'agenouille en prières. Les parents demandent à Puygarrig de monter chez Georges qui dort. Il le réveille. Réveil terrifié de Georges. Puygarrig lui parle de sa fille, de son amour, le chapitre et le ramène à la vie réelle. Georges a honte et promet à Puygarrig qu'il ne retombera plus dans ses crises. Il rendra sa fille heureuse. Il ne boit jamais. Il avait bu !

C'est la nuit et l'orage redouble. « Julie doit avoir peur toute seule. » Georges doit aller vite dans leur chambre et la rassurer.

Pendant qu'ils parlent et arrivent presque à rire de leurs craintes, on entend un pas lourd qui monte des marches d'escalier. Ils écoutent. « C'est Peyrehorade », dit l'archéologue. « Il va venir. Tiens-toi et ne montre rien. » Mais les pas s'arrêtent. « Il va se rendre compte si tout est en ordre et si tu as rejoint Julie. » Puygarrig ouvre la porte et crie : « Georges dormait, il descend tout de suite. Couchez-vous et laissez les amoureux tranquilles. »

Georges descend. Puygarrig le suit des yeux en souriant et referme sa porte.

Lorsqu'on a entendu les pas cesser, Julie, dans la chambre, ayant fini de prier, s'était mise au lit, dans le coin gauche, et à chaque éclair se cachait la tête sous les draps. Soudain, elle écoute le pas qui monte, se redresse, sèche ses larmes, relève ses mèches, sourit et regarde la porte. La porte commence à s'ouvrir. Elle dit : « Georges, tu as bu ? C'est toi ?... » La porte s'ouvre. Ses yeux s'agrandissent, elle étouffe un hurlement et se trouve mal. C'est alors que nous nous trouvons au seuil de la porte où l'archéologue exhorte Georges et le suit du regard.

Georges descend les marches et longe le corridor. Les rideaux volent. Les fenêtres claquent. Il s'arrête devant la chambre nuptiale, frappe doucement et entre... Il murmure : « Julie !... Tu me pardonnes ?... »

M. et Mme de Peyrehorade dans leur chambre. Ils ne peuvent dormir. Ils guettent. Puygarrig, de même, dans la sienne. Il marche de long en large, souffle sa lampe, la rallume. La foudre tombe non loin avec un fracas épouvantable. La maison vide, traversée de lueurs.

La porte de la chambre nuptiale s'ouvre lentement sur le couloir. Les Peyrehorade et Puygarrig qui écoutent. Ici, l'appareil suivra, non pas la Vénus, mais derrière elle, les traces terribles de son passage. Chaque bruit du pas de bronze se fera entendre et ne montrera que le désastre qui en résulte. Les marches brisées, la balustrade arrachée, les tapis qui pendent, les tringles qui roulent, les dalles des vestibules qui éclatent, la porte d'entrée qui sort de ses gonds, les pas dans la boue, le banc qui se renverse et, en fin de compte, sur le socle, la Vénus, immobile. Elle ramène lentement un pied sous la draperie.

Les parents et l'archéologue ont entendu ce vacarme. Ils sortent de leurs chambres en costume de nuit, des lumières à la main et se rencontrent à mi-étage. Ils s'interrogent. Est-ce la foudre ? Ils voient l'escalier défoncé, la porte qui bat. Ils suivent la trace. La porte de la chambre nuptiale grince, entrouverte. Ils appellent. Pas de réponse. Ils n'osent pas entrer. L'archéologue appelle encore : « Julie ! Julie ! Georges !... » Il veut ouvrir la porte, le bouton de porte et la serrure tombent par terre. « Julie ! Julie !... » Il entre. Peyrehorade entre derrière lui. « N'entre pas ! » crie-t-il à sa femme.

Ce qu'ils découvrent, c'est, l'orage cessé, dans le silence et la lune une chambre de crime. Julie, debout dans un angle, le doigt tendu, immobile, hagarde. Le baldaquin du lit écroulé, les couvertures en désordre et, pendant à moitié du lit, la tête à la renverse, Georges dans la pose d'un homme tombé du cinquième étage, d'une victime de la foudre.

Cependant que Puygarrig se précipite vers sa fille qui ne le voit pas et regarde avec horreur devant elle, Mme de Peyrehorade se jette comme une folle auprès du lit et tente de redresser la tête de son fils. Peyrehorade qui répète : « Mon Dieu ! Mon Dieu ! » essaye de le prendre par les épaules et par la main. C'est alors que la main de Georges laisse échapper la bague de Vénus, qui roule sur le parquet. Julie, que son père supplie de parler, d'expliquer, répète sans timbre et presque à voix basse toujours la même phrase. « Elle l'a serré, serré entre ses bras... Elle l'a serré, serré entre ses bras... Elle l'a serré, serré entre ses bras... »

Obscurité, foudre.

On se retrouve au commencement du film, sur la route où Puygarrig accompagne le docteur vers sa voiture. Il ira demain à la clinique. « Voilà l'histoire... – Et, demande le docteur, la statue, où est-elle ? – M. et Mme de Peyrehorade l'ont fait fondre et l'ont offerte à l'église. C'est la cloche que vous entendez sonner ce matin. » (Gong amplifié, funeste de la cloche.) « Je n'aime pas le son de cette cloche », dit le docteur. Il empoigne ses guides. Le cheval se cabre.

La cloche noire à toute volée. Les nuages qui s'amassent. Le vol d'oiseaux qui se sauvent en criant. Les paysans qui se signent, qui s'enferment, qui regardent les récoltes en hochant la tête et qui murmurent – « L'Idole… l'Idole… l'Idole… c'est l'Idole… c'est l'Idole… c'est l'Idole… c'est la faute de l'Idole… » L'appareil montre le socle sans statue. L'ombre de Georges s'est assise sur le banc et joue au jeu de mourre, dans le vide, avec un geste de fou [1].

---

1. Jean Cocteau consigne dans son *Journal 1942-1945* (Gallimard, 1989, pp. 146, 154, 156 et 157) les étapes de son travail sur *La Vénus d'Ille* en juin 1942.

INDEX DES PRINCIPAUX NOMS CITÉS

ALDO : 174, 177
ALEKAN, Henri : 39, 41, 140, 174, 176, 178, 186
ALLÉGRET, Marc : 122, 123, 125
ALLÉGRET, Yves : 139-140
ANDERSEN, Hans Christian : 113, 119, 124
ANDRÉ, Marcel : 171, 177, 197-198, 200
ANTOINE, André : 127, 184
APOLLINAIRE, Guillaume : 117, 132
ARAGON, Louis : 228
ARLETTY : 14
ARISTOTE : 237
ARTAUD, Antonin : 137
ASTAIRE, Fred : 125
ASTOR, June : 255
AUCLAIR, Michel : 171, 177
AUMONT, Jean-Pierre : 123
AURENCHE, Jean : 129
AURIC, Georges : 39, 40, 123, 132, 166, 168, 173, 176, 182, 188, 192, 198, 254, 256, 258
AURIOL, Jean-George : 195
AUTANT-LARA, Claude : 129

BACH, Jean-Sébastien : 27, 247
BALZAC, Honoré de : 117, 136
BARATIER, Jacques : 135-136
BARDOT, Brigitte : 89-90
BARRAULT, Jean-Louis : 26
BARRÈS, Maurice : 27
BASHTKIRTSEFF, Marie : 194
BASTIDE, François-Régis : 231, 233, 235
BATAILLE, Henry : 200
BAUDELAIRE, Charles : 77, 111, 141, 232, 239
BAZIN, André : 90-91, 119
BECKER, Jacques : 91
BÉDIER, Joseph : 251
BÉRARD, Christian : 37, 39, 40, 41, 172, 174, 178, 180, 182, 188, 190, 193, 194, 198, 207
BERGSON, Henri : 28, 71

BERNARD, Jacques : 247
BERNHARDT, Sarah : 52, 110, 190, 194, 201
BESSY, Maurice : 111, 120, 239
BILLON, Pierre : 248
BOSCH, Jérôme : 52
BOST, Pierre : 129
BOVY, Berthe : 197
BRANDO, Marlon : 26
BRASSEUR, Pierre : 142
BRAUNBERGER, Pierre : 82
BRAY, Yvonne de : 196, 197, 198, 199, 200, 201, 202, 255
BRESSON, Robert : 28, 91, 137-138, 174, 244
BROGLIE, Louis de, 71
BRUMMEL, Georges : 70
BRYNNER, Yul : 222, 235
BUÑUEL, Luis : 13, 22, 68, 87, 122, 155, 159, 168

CANUDO, Ricciotto : 11
CAPGRAS, Roger : 196
CARNÉ, Marcel : 41, 156
CARPACCIO : 53
CARRÉ : 40, 180
CASARÈS, Maria : 204, 211, 229, 230, 235
CÉZANNE, Paul : 100, 111
CHALIAPINE, Fédor : 144
CHANEL, « Coco », 90
CHAPLIN, Charles : 13, 20, 22, 38, 55, 82, 87, 92-93, 97, 98, 145, 146, 155, 159, 161, 167
CHEYNEY, Peter : 63
CHOPIN, Frédéric : 217
CHRISTOPHE, Françoise : 235
CLAIR, René : 75, 93-98, 108, 121, 125, 144, 164, 215
CLÉMENT, René : 41, 172, 174, 177, 178
CLOUZOT, Henri-Georges : 50, 84, 85, 131-133, 152
COCÉA, Alice : 196
COLETTE : 201, 239
COOPER, Gary : 106, 126

COSTA, Lucile : 177
COURCEL, Nicole : 235
CRÉMIEUX, Henri : 229, 235
CUNY, Alain : 26, 38

DANTE ALIGHIERI : 231
DARBON, Émile : 173, 181, 188
DAVIS, Bette : 26
DAY, Josette : 40, 171, 173, 174, 176, 177, 189, 197, 200
DEAN, James : 98-99
DEBURAU, 108
DE HOOGH, Pieter, 40
DELACROIX, Eugène : 29, 254
DELANNOY, Jean : 254, 256, 258, 261, 262
DELLUC, Louis : 122, 124
DE MILLE, Cecil B. : 36, 61, 99-101
DERÉAN, Rosine : 123
DERMOZ, Germaine : 197
DERMIT, Édouard : 221, 230, 235, 236, 244, 247
DESCARTES, René : 219, 240
DE SICA, Vittorio : 140-142
DE VINCI, Léonard : 39
DIAGHILEV, Serge : 150
DIDEROT, Denis : 149, 150, 175
DIETRICH, Marlène : 95, 101-102, 122, 126
DONIOL-VALCROZE, Jacques : 244
DORÉ, Gustave : 40, 173, 180, 189
DOUARINOU-SADOUL (Mme) : 198
DORZIAT, Gabrielle : 196, 200
DREYER, Carl : 136-137, 155
DULAC, Germaine : 125
DUMAS, Alexandre : 146
DUNCAN, Isadora : 127
DUVIVIER, Julien : 125

ECKERMANN : 254
EISENSTEIN, S.M. : 13, 102-104, 134
ÉLUARD, Paul : 183, 188, 189
EMMER, Luciano : 52
EPSTEIN, Jean : 104-105
ESCOFFIER, Marcel : 172, 178

FABRE, Saturnin : 124
FALCONETTI : 137
FANTIN-LATOUR, Henri : 219

FAVRE LE BRET, Robert : 64, 65
FEUILLÈRE, Edwige : 48, 94, 192, 194
FEYDER, Jacques : 122, 125
FLORELLE : 126
FORAIN, Jean-Louis : 208
FRANJU, Georges : 138, 142-143, 244
FRATELLINI (les) : 20
FRÉHEL : 124
FREUD, Sigmund : 45, 160, 242

GABIN, Jean : 124
GABORIAU, Émile : 177
GAILLARD, Roger : 247
GAGNEBIN : 238
GANCE, Abel : 105, 125
GARBO, Greta : 14, 26, 122, 148, 156
GARROS, Roland : 217
GÉLIN, Daniel : 197, 235
GERMON, Nane : 171, 177
GIDE, André : 9, 224, 239
GIONO, Jean : 139
GIOTTO : 52
GIRAUDOUX, Jean : 28
GOETHE : 211, 254
GOLDONI, Carlo : 53, 140, 234
GONCOURT (les) : 184, 194
GOYA : 98, 248
GRECO (le) : 12, 75, 248
GUILLAUME, Paul : 118
GUITRY, Lucien : 109, 110, 127

HAMMAN, Joë : 106-107
HART, William : 13, 21, 100
HARTMANN : 250
HAYAKAWA, Sessue : 13
HEINE, Henri : 20
HEPBURN, Katharine : 26, 123
HÉRACLITE : 70
HITLER, Adolf : 102
HOLT, Jany : 28
HUBERT, Roger : 254, 256, 258
HUGO, Victor : 136, 248, 249

IBÉRIA : 177, 178
IMAGE, Jean : 128

JACOB, Max : 65, 132
JARRY, Alfred : 143

JOUVET, Louis : 150
JUNG, Carl Gustav : 242

KAFKA, Franz : 38, 55, 92, 93
KEATON, Buster : 13, 159, 161
KELBER, Michel : 129, 198, 248
KINUGASA, Teinosuki : 138
KIPLING, Rudyard : 228

LA FAYETTE (Mme de) : 10, 231, 261
LAKE, Veronika : 261
LANG, André : 65
LANGDON, Harry : 55, 147
LANGLOIS, Henri : 11, 13, 105, 244
LATOUCHE, H. de : 248
LAUREL ET HARDY : 107
LAUTRÉAMONT : 77
LÉAUD, Jean-Pierre : 114
LEBRETON, Jacques : 177
LEPRINCE DE BEAUMONT (Mme) : 171, 173, 175, 179, 182, 186
LETERRIER, François : 139
LIDO, Serge : 115, 150-151
LINDER, Max : 125
LISZT, Franz : 214, 217
LLOYD, Harold : 92
LO DUCA : 111
LUBITSCH, Ernst : 13, 124, 155
LUCHAIRE, Corinne : 124
LULLI, Jean-Baptiste : 137, 176
LUMIÈRE, Louis : 64, 65

MAGNANI, Anna : 184, 245
MAIRESSE, Raymond : 177
MALLARMÉ, Stéphane : 53, 194, 210
MANET, Édouard : 98, 194
MANUEL, Jacques : 195
MARAIS, Jean : 15, 26, 37, 40, 81, 101, 109, 110, 171, 173, 177, 181, 183, 186, 189, 192, 194, 197, 200, 209, 210, 222, 235, 244, 255, 257, 261
MARCEAU, Marcel : 107-108
MARCENAC, Jean : 213
MARX, Harpo : 13
MASTEAU, Pierre : 32
MATISSE, Henri : 113
MAURIAC, Claude : 238, 240
MAURIAC, François : 240

MAUROIS, André : 65
MAX, Édouard de : 10, 26, 109, 125, 127
MEERY, Ila : 123
MEI LAN FANG : 189-190
MELVILLE, Jean-Pierre : 84, 85, 108, 246
MÉLIÈS, Georges : 11, 41
MÉRIMÉE, Prosper : 277
MICHEL-ANGE : 133
MOLIÈRE : 84, 85, 143, 185, 206, 212
MONTAIGNE, Michel de : 63
MONTGOMERY, Robert : 87, 156
MORGAN, Michèle : 26, 124, 135
MOULAERT, René : 40, 172, 180
MOUNET-SULLY, Paul : 109, 127
MOUSSORGSKY, Modeste : 58, 148, 215
MOZART, Wolfgang Amadeus : 34, 124, 137, 212
MURAT, Jean : 255

NERVAL, Gérard de : 77, 141
NIETZSCHE, Friedrich : 130, 133, 251, 254, 255, 259
NIJINSKY : 144
NOAILLES, comte et comtesse de : 11, 68, 78, 160, 168, 214
NOVARRO, Ramon : 127

OLIVIER, Laurence : 26, 85

PAGLIERO, Marcello : 56, 141
PAGNOL, Marcel : 35, 179, 184, 258
PAINLEVÉ, Jean : 74
PARÉLY, Mila : 171, 177, 179
PASCAL, Blaise : 205, 220, 240
PAULVÉ, André : 173, 183, 188, 255, 258
PAVIOT, Paul : 108
PÉGUY, Charles : 100
PÉRIER, François : 26, 209, 229, 230, 235, 236
PÉRINAL, Georges : 164, 168
PERRAULT, Charles : 154, 171, 175, 183, 188, 250
PHILIPE, Gérard : 26, 108-110, 129, 140
PICASSO, Pablo : 10, 41, 75, 79, 84, 100, 105, 111, 131-133, 152, 212, 215, 227, 230, 234, 243
PICKFORD, Mary : 145
PIERAL : 255

PIERO DELLA FRANCESCA : 208
PINOTEAU, Claude : 232
POE, Edgar : 71, 186
POINCARÉ, Henri : 71
POLO, Marco : 42
PRÉJEAN, Albert : 124
PRESLE, Micheline : 129
PROUST, Henri : 177

QUINCEY, Thomas de : 211

RACINE, Jean : 206
RADIGUET, Raymond : 108, 110, 129
RAMUZ, Charles-Ferdinand : 238
RAPHAËL : 39
REGGIANI, Serge : 26, 193
REICHENBACH, François : 110-112
RÉJANE : 110, 183, 201
REMBRANDT : 75
RENOIR, Jean : 99, 112-113, 125, 155, 156
RENOIR, Pierre-Auguste : 112, 219
RESNAIS, Alain : 130-131, 243
REVERDY, Pierre : 175
RICHARD-WILLM, Pierre : 124
RIMBAUD, Arthur : 46, 77, 262
RIVERO, Enrique : 221
ROLLAND, Romain : 108
ROSSELLINI, Roberto : 52, 184, 245
ROUSSEAU, Jean-Jacques : 149, 241
RUBENS : 254

SADOUL, Jacqueline : 198
SAINT-SIMON : 111
SASLAVSKY, Luis : 275
SCHOPENHAUER, Arthur : 101
SCOB, Édith : 142
SHAKESPEARE, William : 26, 34, 63, 116, 134, 152, 209, 211
SILVAIN : 137
SIMENON, Georges : 112
SIMON, Michel : 123
SIMON, Simone : 123
SIMONIN, Albert : 61
SOKOLOFF, Vladimir : 123
SOLOGNE, Madeleine : 255, 256, 261
STENDHAL : 136, 153
STÉPHANE, Nicole : 247

STRAUSS, Johann : 124, 192
STRAVINSKY, Igor : 10
STRINDBERG, August : 26
STROHEIM, Erich von : 87, 156, 235
SUE, Eugène : 146

TALLEYRAND : 244
TIQUET, Henri : 174, 177, 178, 198
TOLSTOI, Léon : 9
TOULOUSE-LAUTREC, Henri de : 111
TOUTAIN, Roland : 255
TRÉNET, Charles : 125
TRIOLET, Elsa : 226
TRNKA, Jiri : 113-115
TRUFFAUT, François : 114, 130, 244

UCCELLO, Paolo : 52, 166, 208

VAN GOGH, Vincent : 75, 96, 98, 100, 111, 218
VEIDT, Conrad, 122
VERLAINE, Paul : 77
VERMEER de Delft : 39, 40, 171, 180, 189, 208
VIDAL, Henri : 26
VIDOR, King : 13, 126
VIGO, Jean : 105
VILLON, François : 63, 77
VITOLD, Michel : 26
VOLTAIRE : 112, 217, 240

WAGNER, Richard : 108, 128, 258
WAKHÉVITCH, Georges : 194, 248
WEISWEILLER, Alec (Mme) : 235
WELLES, Orson : 39, 41, 84, 115-120, 134
WEST, Mae : 224
WHISTLER, James McNeill : 134
WIENE, Robert : 120, 122
WILDE, Oscar : 257
WILLIAMSON (les) : 122, 162
WYLER, William : 84

YOUTKEVITCH, Serge : 134, 135

ZIGOTO : 92
ZOLA, Émile : 138
ZWOBADA, André : 133, 134

INDEX DES PRINCIPAUX FILMS CITÉS

À BOUT DE SOUFFLE : 243
À L'AUBE DU MONDE : 70
L'ÂGE D'OR : 13, 68, 87, 155, 159, 168
L'AIGLE À DEUX TÊTES : 11, 43, 48, 53, 94, 118, 190-195, 201, 244
L'ANGE BLEU : 102, 126
LES ANGES DU PÉCHÉ : 13, 28
ANNA KARENINE : 13
L'ATALANTE : 105

LE BARON FANTÔME : 249-251
LA BATAILLE DE L'EAU LOURDE : 102-103
LA BATAILLE DU RAIL : 188
LES BÂTISSEURS : 105
LE BEC DE GAZ : 269-270
LA BELLE ET LA BÊTE : 9, 34, 39, 59, 153, 170-190, 206, 244, 247, 257, 259
LA BELLE NIVERNAISE : 105
BEN HUR : 126-128
BONJOUR, PARIS : 128
LE BOSSU : 246

LE CABINET DU DOCTEUR CALIGARI : 120-122
CARMEN DU KLONDYKE : 13
CHARLOT SOLDAT : 13
LE CHEMIN DU PARADIS : 125
CITIZEN KANE : 117
CŒUR FIDÈLE : 105
CORIOLAN : 79, 81, 265-267
LA COURONNE NOIRE : 272-275
LE CRIMINEL : 60, 117
LE CUIRASSÉ POTEMKINE : 13, 103-104, 134, 136, 137

LA DAME AUX CAMÉLIAS : 13
LA DAME DE SHANGHAI : 117
LES DAMES DU BOIS DE BOULOGNE : 138, 174-175
LA DANSEUSE DE SAN DIEGO : 125
LE DEUIL SIED À ÉLECTRE : 56

LE DIABLE AU CORPS : 129-130
DRÔLE DE DRAME : 156

LES ENFANTS TERRIBLES : 166, 245-247
L'ÉTERNEL RETOUR : 37, 173, 206, 234, 251-261

LA FEMME DU BOULANGER : 184
FIÈVRE : 124
LA FORCE DES TÉNÈBRES : 55, 84, 87, 156
FORFAITURE : 13, 100, 144

LA GRANDE ILLUSION : 155
GRAND HÔTEL : 122
LE GRAND JEU : 122, 124

HALLELUIA : 22-23
L'HOMME QUI SE JOUAIT LA COMÉDIE : 87

JEUNES FILLES EN UNIFORME : 124
LE JOURNAL D'UN CURÉ DE CAMPAGNE : 138
JULES ET JIM : 130

LAC AUX DAMES : 122-123
LADY LOU : 156, 224
LA LIGNE GÉNÉRALE : 103
LIMELIGHT : 93

MACBETH : 115-116, 118
MADAME SANS-GÊNE : 13
LE MILLION : 96
MODERATO CANTABILE : 111
MONSIEUR VERDOUX : 55, 155
MOROCCO : 102
MURIEL : 130-131
LE MYSTÈRE PICASSO : 131-133

LES NOCES DE SABLE : 133
NOSFERATU : 142
LA NUIT PORTE CONSEIL : 56, 140, 141

Orfeu Negro : 244
Orphée : 10, 50, 85, 202-214, 217, 227, 221-222, 235-236, 244
Othello : 134-135

Païsa : 52, 140, 184, 246
Parade d'amour : 87, 124, 155
Les Parents terribles : 10-11, 26, 43, 109, 118, 131, 183, 195-202, 243
Paris la nuit : 135-136
Pas de chance : 267-269
La Passion de Jeanne d'Arc : 136-137
Pépé le Moko : 124
Peter Ibbetson : 55, 84, 155
Pickpocket : 137-138
La Porte de l'enfer : 65, 138
La Princesse de Clèves : 9-10, 90, 261-262
Prison sans barreaux : 124
Le Procès de Jeanne d'Arc : 155

Quai des Brumes : 124
Les Quatre Cents Coups : 243
Quatre pas dans les nuages : 140

Les Rapaces : 55, 87, 156
Robert Macaire : 105
Rome ville ouverte : 140
Le Rossignol de l'empereur de Chine : 113
La Ruée vers l'or : 13, 92, 106, 155
Ruy Blas : 51, 246, 247-249

Le Salaire de la peur : 65
Le Sang des bêtes : 138-139, 143
Le Sang d'un poète : 11, 36, 45, 68, 78-79, 82, 147, 159-169, 173, 187, 195, 204, 206, 217-218, 222, 233, 237, 244, 259
Shanghai Express : 102
Sherlock Holmes junior : 13
La Splendeur des Ambersons : 39, 117, 118
Sur les toits de Paris : 95

Tarzan s'évade : 13
Le Testament d'Orphée : 10-11, 214-245
Tonnerre sur le Mexique : 104
Tumultes : 125-126

Un chien andalou : 13, 22, 68, 131
Un roi sans divertissement : 139
Une femme dans chaque port : 23, 125
Une si jolie petite plage : 139-140
La Vénus d'Ille : 275-284
La Ville maudite : 270-272
La Voix humaine : 245, 247
Le Voleur de bicyclette : 140-142

X. 27 : 102

Les Yeux sans visage : 142-143

Les textes suivants ont été retrouvés et publiés à Montpellier (Centre d'études littéraires françaises du XXᵉ siècle, université Paul-Valéry) en 1989 par François Amy de La Bretèque et Pierre Caizergue sous le titre *Une encre de lumière : Notes autour du cinématographe* [page 19-22], *Avis aux crétins* [84-85], *Le Voleur de bicyclette* [140-142], *Le Génie américain* [143-147], *Cinémathèque idéale* [155-156], *Le Sang d'un poète* [168-170], *La Belle et la Bête* [170-171, 179-181], *Les Parents terribles* [195-196, 199-200], *Orphée* [204, 210-212], *Le Testament d'Orphée* [214-217, 237-239], *Les Enfants terribles* [246-249], *Le Baron fantôme* [250-252], *L'Éternel Retour* [252-255, 257-259], et *La Couronne noire* [274-276].

Le Cinéma et la Jeunesse [60-64], *René Clair* [93-98] et *Le Sang d'un poète* [161-167] ont été retrouvés et publiés par Jean Touzot dans son *Jean Cocteau*, La Manufacture, Lyon, 1989.

La Belle et la Bête [171-173] provient du Fonds Jean Cocteau de l'université Paul-Valéry de Montpellier.

A.B. et C.G.

TABLE DES MATIÈRES

Remerciements 6
Préface 9
I. – Cinématographe et poésie 17
II. – Hommages et notes 87
III. – Poésie de cinéma 157
IV. – Synopsis inédits 263
Index 285

CET OUVRAGE
A ÉTÉ ACHEVÉ D'IMPRIMER
SUR ROTO-PAGE
PAR L'IMPRIMERIE FLOCH À MAYENNE
EN SEPTEMBRE 2003

Éditions du Rocher
28, rue Comte-Félix-Gastaldi
Monaco

Dépôt légal : septembre 2003.
N° d'édition : CNE section commerce et industrie
Monaco : 19023.
N° d'impression : 57998.

Imprimé en France